"十二五"职业教育国家规划教材
经全国职业教育教材审定委员会审定

中等职业教育改革创新示范教材

全国医药中等职业教育药学类"十四五"规划教材（第三轮）

供药学类专业使用

医药市场营销技术 （第3版）

主　编　崔　艳　卢延颖
副主编　杜小红　万　欢
编　者　（以姓氏笔画为序）
　　　　万　欢（江西省医药学校）
　　　　卢延颖（本溪市化学工业学校）
　　　　杜小红（四川省食品药品学校）
　　　　陈　浩（上海市医药学校）
　　　　赵瑞瑞（河南医药健康技师学院）
　　　　贾　莉（北京市实验职业学校）
　　　　夏　梦（广西中医药大学附设中医学校）
　　　　崔　艳（上海市医药学校）

中国健康传媒集团
中国医药科技出版社

内 容 提 要

本教材是"全国医药中等职业教育药学类'十四五'规划教材(第三轮)"之一,系根据医药市场营销技术教学大纲的基本要求编写而成。本教材坚持以岗位需求为导向,以增强学生就业创业能力为核心,以"必需、够用、实用"为原则,内容上共包括十章,分别为医药市场营销认知,医药市场营销环境分析,医药消费者与组织市场分析,医药市场调查,医药目标市场分析,医药产品策略实施,医药产品价格策略实施,医药产品分销策略实施,医药产品促销策略实施,以及大数据时代的医药市场营销等。

本教材为书网融合教材,即纸质教材有机融合电子教材、教学配套资源(PPT、微课、视频等)、题库系统、数字化教学服务(在线教学、在线作业、在线考试),使教学资源更加多样化、立体化。

本教材可供全国医药中等职业教育院校药学类专业教学使用,也可供国家医药卫生行业从业人员继续教育和培训使用。

图书在版编目(CIP)数据

医药市场营销技术/崔艳,卢延颖主编.—3版.—北京:中国医药科技出版社,2020.12
(2024.8重印)

全国医药中等职业教育药学类"十四五"规划教材.第三轮

ISBN 978-7-5214-2174-3

Ⅰ.①医… Ⅱ.①崔…②卢… Ⅲ.①药品-市场营销学-中等专业学校-教材
Ⅳ.①F724.73

中国版本图书馆 CIP 数据核字(2020)第 235979 号

美术编辑　陈君杞
版式设计　友全图文

出版　**中国健康传媒集团**｜中国医药科技出版社
地址　北京市海淀区文慧园北路甲 22 号
邮编　100082
电话　发行:010-62227427　邮购:010-62236938
网址　www.cmstp.com
规格　787mm×1092mm $^1/_{16}$
印张　16
字数　337 千字
初版　2011 年 5 月第 1 版
版次　2020 年 12 月第 3 版
印次　2024 年 8 月第 5 次印刷
印刷　大厂回族自治县彩虹印刷有限公司
经销　全国各地新华书店
书号　ISBN 978-7-5214-2174-3
定价　**49.00 元**

获取新书信息、投稿、为图书纠错,请扫码联系我们。

出版说明

2011 年，中国医药科技出版社根据教育部《中等职业教育改革创新行动计划（2010—2012 年）》精神，组织编写出版了"全国医药中等职业教育药学类专业规划教材"；2016 年，根据教育部 2014 年颁发的《中等职业学校专业教学标准（试行）》等文件精神，修订出版了第二轮规划教材"全国医药中等职业教育药学类'十三五'规划教材"，受到广大医药卫生类中等职业院校师生的欢迎。为了进一步提升教材质量，紧跟职教改革形势，根据教育部颁发的《国家职业教育改革实施方案》（国发〔2019〕4 号）、《中等职业学校专业教学标准（试行）》（教职成厅函〔2014〕48 号）精神，中国医药科技出版社有限公司经过广泛征求各有关院校及专家的意见，于 2020 年 3 月正式启动了第三轮教材的编写工作。

党的二十大报告指出，要办好人民满意的教育，全面贯彻党的教育方针，落实立德树人根本任务，培养德智体美劳全面发展的社会主义建设者和接班人。教材是教学的载体，高质量教材在传播知识和技能的同时，对于践行社会主义核心价值观，深化爱国主义、集体主义、社会主义教育，着力培养担当民族复兴大任的时代新人发挥巨大作用。在教育部、国家药品监督管理局的领导和指导下，在本套教材建设指导委员会专家的指导和顶层设计下，中国医药科技出版社有限公司组织全国 60 余所院校 300 余名教学经验丰富的专家、教师精心编撰了"全国医药中等职业教育药学类'十四五'规划教材（第三轮）"，该套教材付梓出版。

本套教材共计 42 种，全部配套"医药大学堂"在线学习平台。主要供全国医药卫生中等职业院校药学类专业教学使用，也可供医药卫生行业从业人员继续教育和培训使用。

本套教材定位清晰，特点鲜明，主要体现如下几个方面。

1. 立足教改，适应发展

为了适应职业教育教学改革需要，教材注重以真实生产项目、典型工作任务为载体组织教学单元。遵循职业教育规律和技术技能型人才成长规律，体现中职药学人才培养的特点，着力提高药学类专业学生的实践操作能力。以学生的全面素质培养和产业对人才的要求为教学目标，按职业教育"需求驱动"型课程建构的过程，进行任务分析。坚持理论知识"必需、够用"为度。强调教材的针对性、实用性、条理性和先进性，既注重对学生基本技能的培养，又适当拓展知识面，实现职业教育与终身学习的对接，为学生后续发展奠定必要的基础。

2. 强化技能，对接岗位

教材要体现中等职业教育的属性，使学生掌握一定的技能以适应岗位的需要，具有一定的理论知识基础和可持续发展的能力。理论知识把握有度，既要给学生学习和掌握技能奠定必要的、足够的理论基础，也不要过分强调理论知识的系统性和完整性；注重技能结合理论知识，建设理论－实践一体化教材。

3. 优化模块，易教易学

设计生动、活泼的教学模块，在保持教材主体框架的基础上，通过模块设计增加教材的信息量和可读性、趣味性。例如通过引入实际案例以及岗位情景模拟，使教材内容更贴近岗位，让学生了解实际岗位的知识与技能要求，做到学以致用；"请你想一想"模块，便于师生教学的互动；"你知道吗"模块适当介绍新技术、新设备以及科技发展新趋势、行业职业资格考试与现代职业发展相关知识，为学生后续发展奠定必要的基础。

4. 产教融合，优化团队

现代职业教育倡导职业性、实践性和开放性，职业教育必须校企合作、工学结合、学作融合。专业技能课教材，鼓励吸纳 1～2 位具有丰富实践经验的企业人员参与编写，确保工作岗位上的先进技术和实际应用融入教材内容，更加体现职业教育的职业性、实践性和开放性。

5. 多媒融合，数字增值

为适应现代化教学模式需要，本套教材搭载"医药大学堂"在线学习平台，配套以纸质教材为基础的多样化数字教学资源（如课程 PPT、习题库、微课等），使教材内容更加生动化、形象化、立体化。此外，平台尚有数据分析、教学诊断等功能，可为教学研究与管理提供技术和数据支撑。

编写出版本套高质量教材，得到了全国各相关院校领导与编者的大力支持，在此一并表示衷心感谢。出版发行本套教材，希望得到广大师生的欢迎，并在教学中积极使用和提出宝贵意见，以便修订完善，共同打造精品教材，为促进我国中等职业教育医药类专业教学改革和人才培养作出积极贡献。

数字化教材编委会

主　编　崔　艳　卢延颖

副主编　杜小红　万　欢

编　者　（以姓氏笔画为序）

　　　　万　欢（江西省医药学校）

　　　　卢延颖（本溪市化学工业学校）

　　　　杜小红（四川省食品药品学校）

　　　　陈　浩（上海市医药学校）

　　　　赵瑞瑞（河南医药健康技师学院）

　　　　贾　莉（北京市实验职业学校）

　　　　夏　梦（广西中医药大学附设中医学校）

　　　　崔　艳（上海市医药学校）

为深入贯彻落实《国家职业教育改革实施方案》精神，发挥教材的人才培养基础性作用，满足全国医药中等职业教育药学类专业教学的需要，依据教育部最新颁布的职业教育国家教学标准体系等最新文件要求和"实施健康中国战略"对医药营销专业人才培养的要求，第 3 版《医药市场营销技术》教材是在上一版教材的基础上进行的重新修订和编写。教材在内容的组织安排上遵循了现代职业教育的发展理念，坚持以岗位需求为导向，以增强学生就业创业能力为核心，以"必需、够用、实用"为原则，以真实的医药市场营销项目和典型工作任务为载体，优化重构了每一个教学单元的教材内容。

教材本次修订主要突出以下几个特点。

1. 吐故纳新，与时俱进

本次教材修订和编写紧密结合了当前医药营销理论的新发展和医药营销实践的新应用，将 2019 年新修订的《中华人民共和国药品管理法》、药品"4 + 7"集中采购等最新政策法规以不同形式融入教材中，做出阐述，教材的案例选取了大量医药行业最新改革实践和经验，内容新颖，体现了教材的前瞻性。

2. 注重实践，强化能力

将职业技能等级考核标准有关内容及要求有机融入教材内容中，强调职业能力培养，力争让学生学会运用医药市场营销理论分析和解决实际问题，树立现代医药市场营销新思想和新理念。教材有利于学生考取职业资格证书，具有实用性。

3. 优化模块，书网融合

本教材设有"实例分析""你知道吗""请你想一想""课堂活动""目标检测"等模块内容，适合项目学习、案例学习、模块化学习等不同学习方式。教材同步建设了配套的数字化资源，包括 PPT、习题、视频、微课、图片等，从广度和深度上拓展了纸质教材的内容，有利于师生互动，提升教学效果，满足信息化教学的需要。

本教材由崔艳、卢延颖担任主编，杜小红、万欢担任副主编。编写分工如下：第一章由万欢编写，第二章由杜小红和卢延颖编写，第三章由陈浩编写，第四章由杜小红和崔艳编写，第五章由崔艳编写，第六章由贾莉和卢延颖编写，第七章由夏梦和卢延颖编写，第八章由卢延颖编写，第九章由卢延颖和崔艳编写，第十章由赵瑞瑞编写。崔艳和卢延颖负责全书的写作框架以及文字统撰、整理和审核工作。

本教材涉及的企业、品牌、案例、广告语等，借鉴了多种文献资料及媒体新闻报道，仅用于帮助学习者加强对医药营销理论知识的认识，不作为其他商业用途使用。在此，对所有被涉及的企业和资料作者为我国医药职业教育的贡献表示最衷心的感谢！

本教材为书网融合教材，即纸质教材有机融合电子教材、教学配套资源（PPT、微课、视频等）、题库系统、数字化教学服务（在线教学、在线作业、在线考试），使教学资源更加多样化、立体化。

本教材可供中等职业教育院校药学类专业教学使用，也可作为国家医药行业从业人员继续教育和培训的教材。

本教材在修订过程中，承蒙各编者所在院校的大力支持，在此，表示深切的感谢！此外，本书编写汲取了上一版教材的优点，参阅了大量的文献、资料，在此，向原书编者和引文的作者致以诚挚的谢意！

受编者水平所限，书中难免有不足之处，恳请有关专家学者和广大读者提出宝贵意见，以便修订时完善。

编　者
2020 年 10 月

目录

1. 掌握医药市场与医药市场营销的概念和特点。

2. 熟悉医药市场营销的研究内容和影响因素。

1. 掌握医药市场营销宏观环境和微观环境的内容。

2. 熟悉医药市场营销环境的概念、构成及其特征。

1. 掌握营销心理常识。

2. 熟悉医药消费者市场的特点及市场分析内容。

1. 掌握医药市场调查的方式、方法及流程；医药市场调查问卷的结构和问题设计技巧。

2. 熟悉医药市场调查的内容；医药市场调研报告的格式及主要内容。

1. 掌握医药市场细分、医药目标市场和医药市场定位的概念；医药市场细分的标准、医药目标市场覆盖的模式、医药市场定位的方法。

2. 熟悉目标市场选择的营销策略，市场定位的流程。

1. 掌握医药产品整体概念；产品生命周期含义及各阶段特点。

2. 熟悉医药产品组合策略、包装策略和品牌策略。

● 1. 掌握医药产品定价方法和定价策略。

● 2. 熟悉影响医药产品价格的因素。

● 1. 掌握影响医药分销渠道选择设计的因素；分销渠道选择设计原则及策略实施。

● 2. 熟悉医药分销渠道管理和调控的方法。

1. 掌握人员推销、广告促销、营业推广、公共关系等促销组合策略。

2. 熟悉促销组合的概念及影响组合的因素。

1. 掌握大数据时代的各类医药市场营销的内涵。

2. 熟悉大数据时代的医药市场营销模式分类及具体实施。

第一章 医药市场营销认知

学习目标

知识要求

1. **掌握** 医药市场与医药市场营销的概念和特点。
2. **熟悉** 医药市场营销的研究内容和影响因素。
3. **了解** 现代医药市场营销理念。

能力要求

1. 学会医药市场营销方法，树立正确的现代医药市场营销理念。
2. 能够运用市场营销理论分析医药企业的市场营销行为。

实例分析

丁桂品牌的线上、线下营销

实例 亚宝药业集团旗下丁桂品牌凭借"丁桂懂宝贝计划——小身体大信号"项目斩获"2018中国医药十大营销案例"奖。

2018年，丁桂携手中国儿童少年基金会，举办了"丁桂懂宝贝计划——小身体大信号"全国公益活动，通过线上推广+线下活动，开展了一场全民刷屏的营销。

在线上，丁桂8月联合知名母婴APP开展了问卷调查，发布了"懂宝贝"创意短片，并通过多个母婴KOL进行传播。同时，丁桂与腾讯健康合作，邀请众多人气明星齐发声，呼吁全社会关注儿童的"小身体，大信号"，加入"丁桂懂宝贝计划"。在线下，丁桂9月联合中国儿童少年基金会在北京中国儿童中心启动了"丁桂懂宝贝计划——小身体大信号"全国系列线下活动，并持续深入沈阳、广州等全国6大中心城市开展活动；还特邀中医儿科专家王素梅教授，编撰了《中国儿童身体信号辨识手册》，针对儿童腹泻等八大常见疾病进行解析，引导家长学会预防并合理应对孩子的健康问题。

通过线上、线下全方位深入传播品牌理念和产品，丁桂营销效果显著。据统计，"丁桂懂宝贝计划——小身体大信号"项目累计直接影响受众超过1.1亿人次。

问题 1. 亚宝药业丁桂品牌的市场营销是否成功？有哪些创新？

2. 你认为良好的医药市场营销活动具备哪些特点？

第一节 医药市场与医药市场营销

PPT

近年来，随着我国国民经济的发展和人们生活水平的提高，民众对健康需求的水平不断提高，我国的医药市场日渐成熟，竞争也越来越激烈。医药企业既要面对与国内同行企业的竞争，还要面临跨国医药企业的挑战，想要在市场竞争中求得生存和发展，就必须牢固树立市场观念，制定营销战略和策略，提高企业核心竞争力。

一、市场与医药市场

（一）市场

"市场"一词最早是卖主和买主聚集在一起进行物品交换的场所。在我国古代社会，生产力有了一定发展后，人们开始有少量剩余农产品可以交换，因而产生了原始市场。传统观念的市场是商品交换的场所，如零售药店、中药材批发市场、商场等。

经济学家认为，市场是社会分工的产物，哪里有社会分工，哪里就有商品的生产和交换，哪里就有市场。因此，市场是供求关系，是商品交换关系的总和。

管理学家认为，市场是供需双方在共同认可的交易条件下自由进行的商品交换活动，是商品流通领域一切商品交换活动的总和。

社会学家认为，市场具备两层意义：①场所，如传统市场、股票市场等，市场既包括真实的场所或地点，也包括虚拟的空间，如计算机网络等；②交易行为的总称。

部分学者认为，市场是指顾客群体，即那些具有特定需要或欲望，愿意并能够通过交换来满足这种需要或欲望的全部顾客。有学者指出：营销者经常利用市场这个术语来代表各种各样的顾客。一般来说，他们把卖方的集合看成行业，而把买方的集合看成市场。

综上所述，市场概念至少有四层含义：①商品交换的场所和领域；②商品生产者和消费者之间各种经济关系的总和；③消费者有购买力的需求；④某种商品现实和潜在顾客的总和。以上四层关系相互联系，形成现代市场范畴。

（二）医药市场

1. 概念 从市场营销学角度看，医药市场是指个人和组织对某种医药产品现实和潜在需求的总和，即对医药产品的需求构成了医药市场。

2. 分类 按照不同分类标准，可将医药市场分为不同的类别。

（1）按医药产品的形态分类 分为药品市场、保健及特殊医学用途配方食品市场、医疗器械市场和医疗服务市场。

（2）按购买者及其购买目的分类 分为消费者市场和组织市场。

（3）按营销区域分类 分为国内市场和国际市场。

1）国内市场 又可分为城市市场、农村市场、沿海市场、中部市场和西部市场等。

2）国际市场 按地域又可分为北美市场、南美市场、欧洲市场、澳洲市场、非洲市场和亚洲市场等。

（4）按营销环节分类 分为批发市场和零售市场。

1）医药批发市场 为零售企业、生产企业或其他商品转卖者提供大宗医药产品交易的市场。

2）医药零售市场 为个人、家庭和公共团体非生产性消费需求提供零星医药产品交易的市场。

3. 特点 医药企业的营销活动的开展离不开医药市场，不同类别的医药市场因为运作对象的性质和活动规律不同而各有其特点。通常情况下，医药产品的特殊性决定医药市场普遍具有以下特点。

（1）相关群体主导性强 这是与其他商品市场的本质区别。医药产品需要对症使用，但是患者往往对于医药产品的适应证、性能、毒副作用、疗效等缺乏专业了解，不能自行决策，需要医生或药师给予指导和决策。即使是非处方药（OTC），大部分消费者仍会在咨询医生或药师后才会放心地购买。他们对医药产品的购买和使用，在很大程度上受到处方医生或执业药师的影响。

（2）需求缺乏弹性 患者对药品的价格变动不敏感，整个医药市场的需求受价格变动的影响较少。不会因为价格的下降，药品的需求就快速增加；也不会因为价格的上升，药品的需求就快速减少。因为不生病就不会吃药，哪怕价格再低，也不会去买药；但一旦生病，即使价格上升，也需要立即购药治病。用于治疗重大疾病的医药产品，其需求弹性更小。但保健品市场和同种多品牌 OTC 药品的需求和普通商品相似，受价格影响较大，即需求弹性较大。

（3）需求具有不确定性 由于存在个体差异性，人的疾病表现非常复杂，使需求出现不确定性，即很难预测患病时间、疾病类型、严重程度、医学需求类型和数量等。

（4）需求波动性较大 主要是由于突发性、流行性疾病等原因造成的。突发性、流行性疾病会使相关的医药产品在一定时期、一定区域的需求量增加，呈现波动性。如在防治流行性乙型脑炎、甲型 H1N1 流感、流行性出血热、SARS、新冠病毒肺炎等传染病中，中医药具有鲜明的特色和优势，发挥了突出作用，市场需求突增。

（5）需求结构多样化 从医药产品需求者的消费习惯分析，由于消费者之间存在民族、地区、教育程度、经济状况、用药习惯等明显差异，医药市场的购买需求差异很大，消费层次多样。

（6）社会责任性 由于医药产品关系着人类健康，所以为保证人民群众能买得起药、用得到药，国家逐步建立健全基本医疗保险制度和国家基本药物制度，通过对基本医疗保险药品等影响大的医药产品实行药品集中采购，对市场上医药产品价格进行调控，医药费用一般由政府、社会、保险和个人共同承担。医药企业必须以社会责任为己任，不能单纯追求经济利益，即使是微利产品或是无利产品，一旦公众需要，也应该组织生产销售。

> **请你想一想**
>
> 请你结合实际案例谈一谈医药企业应如何履行社会责任？

二、医药市场的构成要素

医药市场具有三个构成要素：人口、购买力和购买欲望（图1-1）。人口是构成市场的基本要素。购买力就是人们支付货币购买商品或劳务的能力。购买欲望是指消费者购买商品的动机、愿望和要求，它是由消费者的生理需要和心理需要引起的。这三个要素是相互制约、缺一不可的，只有三者结合起来才能构成市场，才能决定医药市场的规模和容量。例如，用于治疗神经衰弱、经常失眠症状的医药产品，在农村，虽然人口众多，但患此类疾病的人群较少，缺乏购买需求和购买欲望，此类药品在农村市场的容量和规模不大；而在城市，患此类疾病的人群较多，有较强的购买力和购买欲望，此类医药产品在城市市场的容量和规模就很大。此外，每一个医药企业所面临的产品市场的规模和容量的大小还取决于竞争者的情况。因此，医药企业在衡量市场时，不仅要考察市场需求，还要考察竞争者。

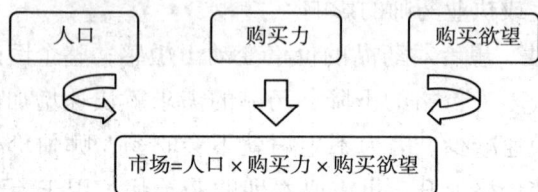

| 人口 | 购买力 | 购买欲望 |

市场＝人口×购买力×购买欲望

图 1-1 医药市场构成要素

三、医药市场的相关概念

1. 需要、欲望和需求 这是医药市场营销三个相关核心概念，其含义和内在关系如下。

（1）需要（need） 消费者生理和心理的最基本要求，是人类的生存基础要求没有得到满足的感受状态，是人们某种不足或短缺的感觉。它是促使人们产生购买行为的原始动机。需要对人类而言有共性，如人们为了生存，需要满足衣、食、住、行等生理需要，以及克服危险、恐惧等社会和个人需要，这是人们与生俱来的需要。

（2）欲望（want） 想得到某种具体的东西以满足或部分满足某种需要的愿望，满足这种需要可以通过不同的东西来实现。欲望与消费者所处的社会、经济、文化层次和个性特征密切相关。欲望对消费者个体而言具有特性，这种有差异的需要就是欲望，不同的欲望可以通过不同的产品和方式得到满足。欲望随着消费者条件的变化而变化，市场营销者能够通过营销活动刺激消费者的欲望。

（3）需求（demand） 人们有支付能力并且愿意购买具体产品或服务的欲望。并非所有的欲望都能转化为需求，购买能力是关键问题。所以，需求是以购买能力为基础的欲望。人类欲望无限，而购买能力有限。消费者的需求是现代企业营销活动的根本。影响市场需求变化的两个最基本因素是收入和价格。

综上所述，需求是一定条件下的欲望，欲望是需要的具体化。需要是客观存在的，医药营销者不能创造需要，但可以发现需要。医药营销者可以影响人们的欲望和需求，医药企业既可以开发适当的医药产品满足人们的欲望和需求，又可以通过营销活动去创造和引导适当需求，变潜在需求为现实需求。

你知道吗

营销创造了需求

市场营销被定义为满足一切现实和潜在的顾客的需求。然而部分企业的成功证明了营销在某种程度上创造了消费者不曾有的需求和欲望。例如 PLYH 药业有限公司在生产推出排毒养颜胶囊之前，消费者可能没有通过排毒以养颜的需求，然而这款胶囊排毒养颜的概念创意，将"排毒"和"养颜"的功能组合，乍一看似乎没有太多的联系，稍一琢磨则会觉得非常有理。体内有"毒"，皮肤自然美不起来，这使普通消费者直接、朴素地理解并接受信服，造就了一个"排毒"行业，排毒养颜胶囊不止一次排名全国药品销量和销售额之首。

2. 产品和医药产品

（1）产品 泛指一切能满足某种需求和欲望的东西，主要包括商品与服务等，产品不仅是指那些看得见摸得着的物质产品，也包括那些同样能使人们的需要得到满足的服务，甚至是创意。

（2）医药产品 能够提供给医生/患者使用，并能满足某种利益和需要的具有特殊功能的有形物质和服务。医药产品具有狭义和广义之分。狭义的医药产品是指药品和药学服务。广义的医药产品是指药品、保健及特殊医学用途配方食品、医疗器械、药妆品、医疗服务等一切与健康相关的产品和服务。本教材所指的医药产品一般是指广义的医药产品。

3. 顾客满意、顾客价值和质量

（1）顾客满意 取决于消费者所感觉到一件产品的效能与其期望值进行比较。

（2）顾客价值 顾客让渡价值，即顾客拥有和使用某种产品所获得的总价值与取得该产品所付出的成本之差。顾客拥有和使用某种产品所获得的总价值包括：①产品价值，由产品的质量、性能、特征、式样、品种等所产生的价值，它是决定顾客总价值大小的主要因素；②服务价值，由产品的附加服务的多少及质量、态度与水平等所产生的价值，服务项目越多越周到，服务价值越高；③人员价值，由员工的知识水平、业务能力、工作效率、态度、作风、责任感、应变能力等所产生的价值；④形象价值，由企业及其产品的社会形象所产生的价值，包括有形象价值、行为形象价值、理念形象价值。

（3）质量 一种产品或服务满足顾客明示或潜在需要的能力有关的各种特色和特征的总和。高度的顾客满意来自高度的顾客价值。在构成顾客价值的四大价值要素中，产品价值是顾客价值的基础性因素。没有产品价值作为依托，其他价值的创造都是徒劳的。而产品价值的决定性因素是产品质量。因此，产品质量是顾客满意的根本。

4. 交换、交易和关系

（1）交换　只有通过市场交换，产品才存在市场营销，交换是市场营销的核心概念。交换是通过提供某种东西作为回报，从别人那里取得所需物品的行为。交换是一个过程，而不是一种事件。

从交换实现的必要条件来看，必须满足以下几条件：①交换必须在至少两人之间进行；②双方都拥有可用于交换的东西；③双方都认为对方的东西对自己是有价值的；④双方有可能相互沟通并把自己的东西递交给对方；⑤双方都有决定进行交换和拒绝交换的自由。

（2）交易　交换的基本组成部分，由双方之间的价值交换构成的行为，涉及两种以上有价之物、协议一致的条件、时间和地点等。

（3）关系　与顾客及其他利益相关者建立、维持并加强富有特定价值的牢固关系的过程。关系是关系营销大观念中的一部分，关系营销可以减少交易费用和时间。

第二节　医药市场营销现状及发展趋势

PPT

一、医药市场营销的概念

医药市场营销是个人和医药组织通过创造并同他人交换医药产品和价值以满足需求的一种社会管理过程。可以从以下五个方面理解医药市场营销的含义。

1. 主体是个人和医药组织　现代市场营销的主体包括一切面向市场的个人和组织，既包括工商企业等营利性组织，又包括医院、学校、公共事业单位等面向市场的非营利性组织，还包括一些拟通过交换获取产品和价值的个人。医药市场营销的主体为个人和医药组织。医药组织包括医药生产企业、医药经营企业和医疗机构（图1-2）。

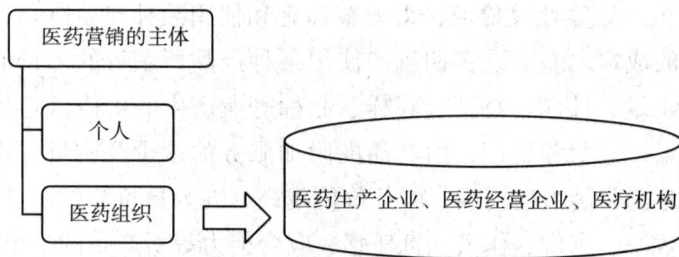

图1-2　医药市场营销的主体

2. 客体是医药产品和价值　医药市场营销不仅仅是医药产品的交换，而且更加强调价值的交换。这里的价值主要指顾客价值（图1-3）。市场营销学主要研究顾客认知价值，即顾客从购买和消费某种产品中所获得的利益与所付出的成本之差，反映了顾客对利益和成本的比较认知。顾客一般会选择他们认为可以带来最大价值的医药产品，因此，医药营销者应该适度提高医药产品的价值，让顾客满意。

3. 核心是交换 交换是医药市场营销的核心，交换是通过提供他人所需所欲之物来换取自己所需之物的过程（图1-4）。只有通过交换，才能产生营销活动。交换过程是一个主动、积极寻找机会，满足双方需求的过程，也是一个创造价值的过程。交换过程能否顺利进行取决于营销者提供的产品、价值满足顾客需求的程度和交换过程的管理水平。

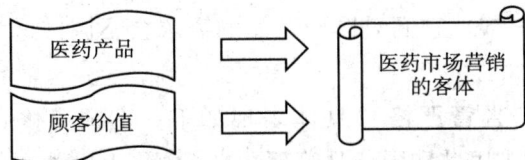

图1-3 医药市场营销的客体

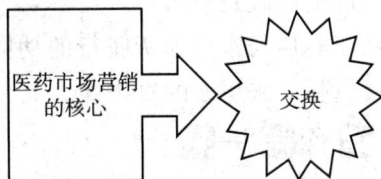

图1-4 医药市场营销的核心

4. 最终目的是有利益地满足需求 医药组织开展市场营销通过满足顾客及其他相关利益者的需求来实现自身利益，实现共赢。其中，满足顾客需求是医药市场营销的中心，因此，满足顾客需求，让顾客满意成为医药市场营销的基本精神（图1-5）。

图1-5 医药市场营销的最终目的

5. 既是一个社会管理过程，又是一种顾客价值管理过程 医药市场营销过程是由一系列活动构成的，包括营销调研、产品开发、价格制定、渠道开发、促销、售后服务、计划控制等活动。整个过程不仅是一个计划、组织、实施、控制的管理过程，而且是一个社会过程，医药企业在营销过程中必须注重自身的社会责任。整个过程也是一种顾客价值管理过程，个人和医药组织通过分析市场，评估顾客价值；通过规划营销战略，选择顾客价值；通过制定并实施营销策略创造，传递和传播顾客价值。

二、医药市场营销的特点 ▣微课

医药产品是特殊商品，直接关系到人们的生命健康，与一般商品的市场营销相比，医药市场营销具有以下特征（图1-6）。

1. 营销人员专业化 具体要求如下：①掌握营销管理知识；②具备医学、药学专业知识；③掌握产品的适应证、用法用量、配伍禁忌、不良反应等；④了解医药行业的实际情况和相关医药法规等。

2. 营销对象双重化 ①顾客：主要的营销对象。②相关群体（医生、执业药师）：在医药产品的购买决策过程中，由于顾客对于相关群

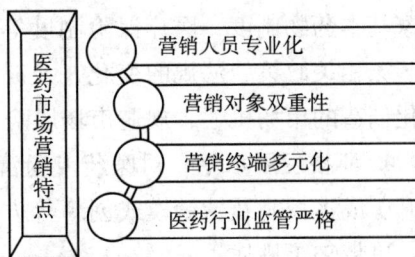

图1-6 医药市场营销的特点

体有较强的依赖性，所以需要医生或执业药师提供指导和帮助决策。

3. 营销终端多元化

（1）医药市场营销的三类终端　①医院；②药店；③城镇社区服务站、厂矿校医务室、乡镇卫生院、村卫生室等，尤其是农村市场已成为第三终端的主战场。

（2）终端的表现形式　①专门提供医药产品的各类药店；②同时提供医疗服务和医药产品的医院及诊所。

由于药店与医院诊所履行的功能不一样，它们对医药产品的需求会不同，这为医药市场营销带来更多的复杂性。

4. 监管严格　具体表现如下：①国家修订了《中华人民共和国药品管理法》《中华人民共和国药品管理法实施条例》等法律法规，且在广告法、刑法等法律上也有体现；②药品的生产、经营管理，医疗机构的药剂管理、新药管理、特殊药品管理、药品质量管理、药品包装管理、药品价格和广告管理、药品监督管理等，都有明确规定；③政策法规是医药营销活动的重要环境，都必须严格遵守。

三、医药市场营销的影响因素

医药市场营销的影响因素复杂多变，既有企业内部的因素，又有企业外部因素。有些影响因素企业可以把控和改变，但有些无法把控、改变，需要通过调整自身营销战略主动适应对其的影响。

1. 人口因素　影响医药市场营销的第一要素，也是决定性因素。人口数量直接决定医药市场的规模，人口的特征如性别、年龄、文化水平、风俗习惯、人口分布等，决定医药市场的消费结构。人口因素对医药市场的影响主要体现在人口的数量和人均用药水平方面。

2. 消费者的需求和购买力　市场营销的本质是满足现实的需求和挖掘潜在的需求。购买力的高低影响购买行为的实现，消费者的需求与购买力对医药市场营销有一定的影响。

3. 国家政策与法规　国家政策对医药市场营销的影响是宏观的。如新医改方案、国家基本药物制度、医疗保险制度等政策对医药市场影响巨大。医药企业必须密切关注国家相关政策、法规的变化，及时制定或调整相应营销政策，积极主动地利用政策变化创造的市场机遇，规避市场风险。

4. 科技发展水平　对医药市场营销的影响主要体现在医药产品的升级换代、质量提升、成本控制及营销模式创新等方面。科技发展给医药企业的市场营销既创造了机会，也带来了挑战。

5. 医药企业自身因素　直接影响其营销活动。不同风格、类型的企业领导对医药市场的把握、认知、预测不同，必然会制定不同的营销战略与营销策略；医药组织结构、企业文化、内部管理、财务状况、产品组合等因素都会影响医药企业的营销活动；医药营销团队成员知识、能力、形象等总和素质对医药市场营销业绩有较大的影响。

四、医药市场营销的研究内容

医药市场营销的研究内容以医药市场营销活动及其规律为重点，主要包括以下三部分。

1. 医药市场分析 包括医药营销环境分析、医药消费者市场购买行为分析、医药组织市场购买行为分析、医药市场调研等。

2. 医药营销战略 包括医药市场细分、医药目标市场选择、医药产品市场定位。

3. 医药营销组合 包括医药产品、品牌、价格、渠道、促销等营销策略。

五、医药市场营销的研究方法

医药市场营销除了需要遵循一般市场营销规律外，还受到医药市场特殊性的制约。

因此，准确把握医药市场营销的概念，还必须对医药市场的研究方法有充分的了解。下面介绍四种研究方法（图1-7）。

1. 系统研究法 医药企业进行市场营销管理决策时，要把与具体营销活动有关的市场环境和营销活动过程看作一个系统，按照系统论的客观要求，统筹兼顾其营销系统中的各个相互影响、相互作用的构成部分，内部一致、内外协调，千方百计地使各个部分协同行动，密切配合。

所谓系统，是指由两个或两个以上的相互影响、相互作用的部分所构成的统一整体。医药企业所处的市场和营销活动过程实际上也是一个非常复杂的大系统，它一般包括以下相互关联的因素（构成部分），见表1-1。

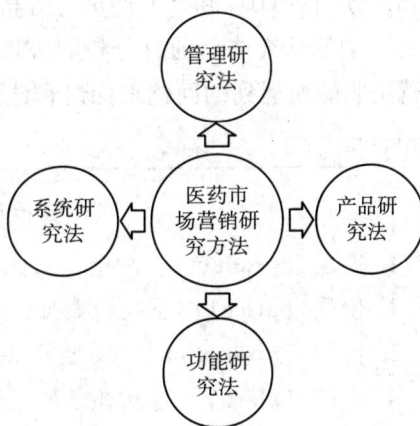

图 1-7 医药市场营销研究方法

表 1-1 系统构成内容

系统构成项目	项目内容
企业自身	属于内部系统
营销伙伴（渠道）	医药经销公司、医院等
目标顾客	患者、消费者
竞争对手	同行、潜在竞争者
医药企业面临的公众	政府部门、新闻媒介、银行、社团组织、合作者等
外部宏观环境	技术环境、自然环境、政治法律、社会文化等

　　医药企业要想成功地为其目标市场服务，提高经营效益，在制定营销策略时必须统筹兼顾，全面审视和考虑系统构成内容等各个方面的情况，使市场营销系统的各个因素（或称为构成部分、子系统）在行动上步调一致，密切配合，从而产生"增效作用"。

　　2. 管理（或决策）研究法　医药企业在制定市场营销管理决策时，要按照目标市场的需要，全面分析研究外界"环境因素"（企业不可控制因素），同时考虑企业内部资源和能力，权衡利弊，选择最佳的市场营销组合，以满足目标市场的需要，扩大销售，增加盈利，提高企业经济效益。这就是从管理（决策）角度分析研究市场营销问题。

　　医药市场营销与其他有形产品领域的营销一样，其营销战略中应包括两个相互关联的部分，即目标市场和市场营销组合。医药企业为满足目标市场的需要，必须对"4P"（产品、价格、分销、促销）做出最佳的组合。但企业的营销活动不是在真空中进行的，它必须全面考虑企业的目标与资源、外界制约因素（经济因素、技术因素、社会文化因素、政治法律因素等）。医药企业市场营销管理的工作任务和重点是合理安排市场营销组合，使企业的营销管理决策与外界不断变化的环境相适应。这就是医药企业经营管理能否成功、企业能否在竞争中获得生存发展的关键。

　　3. 产品研究法　以产品为中心的研究方法，对各类产品的市场分别进行分析研究。例如，分别对 OTC 和处方药进行分析研究，以便采取适合其特点的营销策略。

　　4. 功能研究法　通过分析研究医药采购、销售、运输仓储、融资、促销等各种市场营销职能所遇到的问题来探讨和认识市场问题。

你知道吗

现代营销理论"10P"

　　1. 产品（product）　质量、功能、款式、品牌、包装等方面。

　　2. 价格（price）　合适的定价，在产品不同的生命周期内制订相应的价格。

　　3. 促销（promotion）　好的广告尤其重要。

　　4. 渠道（place）　建立合适的销售渠道。

　　5. 公共关系（public relations）　利用新闻宣传媒体的力量，树立对企业有利的形象，消除或减缓对企业不利的形象报道。

　　6. 探查（probe）　市场调研，通过调研了解市场对某种产品的需求状况如何，有什么更具体的要求。

　　7. 分割（partition）　市场细分的过程，按影响消费者需求的因素进行分割。

　　8. 优先（prioritization）　选出自身面向的目标市场。

　　9. 定位（position）　为自己生产的产品赋予一定的特色，在消费者心中形成一定的印象，是确立产品竞争优势的过程。

　　10. 人员（people）　"只有发现需求，才能满足需求"，而这个过程是需要靠员工实现的，企业应想方设法地调动员工的积极性。

第三节 现代医药市场营销理念

PPT

市场营销是一种观念,一种态度,或一种企业思维方式。市场营销观念是一种"以消费者需求为中心,以市场为出发点"的经营指导思想。营销观念认为,实现组织诸多目标的关键在于正确确定目标市场的需要与欲望,并比竞争对手更有效、更有利地传送目标市场所期望满足的东西,且不一定是以竞争为目的的。

随着医药市场的发展,孕育而生了不同的医药市场营销观念,医药市场营销观念是企业对医药市场的根本看法、思维方式和行为准则的高度概括。企业的营销观念不同,其营销活动的方式、范围、目标、效果也迥然不同。医药市场的发展可以用医药市场营销观念的演变与发展来概述,从 20 世纪初至今形成了生产观念、产品观念、推销观念、市场营销观念、社会营销观念和大市场营销观念等营销观念(图 1 - 8)。其中网络营销成为当下最热门的市场营销新领域,它是传统市场营销在网络环境下的继承、发展和创新,是企业营销实践与现代通信技术、计算机网络技术相结合的产物。

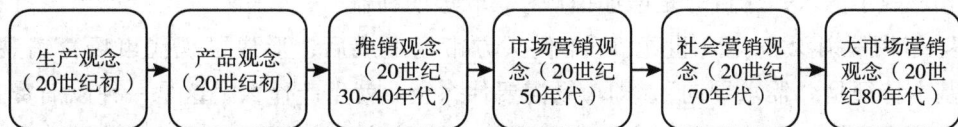

生产观念(20世纪初) → 产品观念(20世纪初) → 推销观念(20世纪30~40年代) → 市场营销观念(20世纪50年代) → 社会营销观念(20世纪70年代) → 大市场营销观念(20世纪80年代)

图 1 - 8 医药市场营销观念发展

一、市场营销理念的发展

1. 生产观念 以生产为导向的生产观念,是历史最悠久的营销哲学。生产观念是 20 世纪初期普遍奉行的营销理念。生产观念下的市场营销,企业关注大规模生产,靠大规模标准化的生产来降低价格进行市场竞争。生产观念认为企业能生产什么产品就销售什么产品,消费者喜欢那些可以随处买到的价格低廉的产品,企业应致力于提高生产效率和分销效率。在这种观念指导下的企业经营重点是努力提高生产效率,增加产量,降低成本,生产出让消费者随处可以买得起的产品。这种观念的基本出发点在生产而不在市场。生产观念并没有考虑消费者的需求和产品的质量、品种,是以企业为中心的经营理念。因此,生产观念只适用于卖方市场。

生产观念下市场营销理念具有以下特点:①以生产为中心;②关键手段是降低成本,提高产量;③忽视了产品、品种、推销、需求;④目标是提高产量,获取短期利益。

2. 产品观念 20 世纪初期由生产导向转为产品导向,企业开始关注产品质量的提升,认为产品质量过硬就会得到市场的认可,从而出现了"营销近视症"。产品观念认为,消费者喜欢那些质量高、功能多、有特色的产品,企业应致力于提高产品质量,并不断加以改进。在产品供给不太紧缺或稍有宽裕的情况下,产品观念常常成为一些企业的经营指导思想。"酒香不怕巷子深"是这种观念的形象说明。产品观念忽视消费者的需求和市场的变化，还只是从企业出发，以生产为中心，使产品改良和创新处于"闭门造车"的状态。

产品观念下市场营销理念具有以下特点：①以生产和质量为中心；②关键手段是加强生产管理，提高产品质量；③忽视了推销、需求；④目标是提高质量，获取短期利益。

3. 推销观念　以推销为导向的推销观念是生产观念、产品观念的延伸。推销观念是 20 世纪 30 ~ 40 年代，在从卖方市场向买方市场的过渡中产生的。推销观念认为仅有优良的产品和低廉的成本并不一定会本能地吸引顾客，而必须通过企业对顾客的宣传和推销，促使顾客对产品理解和接受。推销观念将顾客看成被动的、迟钝的，认为只有强化刺激才能吸引顾客。推销观念（或销售观念）认为，如果不经过销售努力，消费者就不会大量购买，因而企业必须积极推销和大力促销。由生产观念、产品观念转变为推销观念，是企业经营思想上的一大变化，但这种变化没有摆脱"以生产为中心"的范畴。

推销观念下市场营销理念具有以下特点：①以产品为中心；②关键手段是加强推销；③忽视了需求；④目标是增加销量，获取短期利益。

4. 市场营销观念　20 世纪 50 年代买方市场形成后，形成了现代市场营销观念。它的基本特征是"需求导向"，即市场需要什么企业就生产什么。这是一种以消费者为导向或称为市场导向的经营观念。市场营销观念认为，实现企业目标的关键，在于正确确定目标市场的需要与欲望，进而比竞争者更有效地满足目标市场的需要和欲望。市场营销观念需要准确把握消费者需求，有三种形式，即响应营销、预知营销、创造营销。

（1）响应营销　寻找已存在的需要并满足它，即对顾客表达出来的需要做出反应。

（2）预知营销　走在顾客需要前头，即预见顾客将要产生的需要，并对此做出反应。

（3）创造营销　发现和解决顾客并没有提出要求，但他们会热烈响应的产品。

市场营销观念下营销理念有以下特点：①以消费者需要为中心；②关键手段是整体（整合）营销；③忽视了社会利益；④目标是满足需求，获取长远利益。

5. 社会营销观念　随着社会经济的不断变化，20 世纪 70 年代形成了社会营销观念。社会营销观念认为，企业的任务在于确定目标市场的需要、欲望和利益，并比竞争者更有效地使消费者满意，同时维护与增进消费者和社会的福利。

社会营销观念下营销理念具有以下特点：①以消费者利益和社会利益为中心；②关键手段是整体（整合）营销；③目标是满足需求，增进社会利益，获取长远利益。

企业在市场营销中，要将市场需求、企业优势、社会利益三者结合起来，来确定企业的经营方向和经营重点。

二、现代市场营销理念的应用

(一) 消费联盟

消费联盟，是指某个营销主体以自愿入会的方式吸纳消费者加盟消费，取得该主体及其营销网络（结盟企业）的消费资格，营销主体将消费者在其营销网络中的累计消费金额换算成消费积分，然后根据消费者积分的多少，按一定比例给予消费者回报的一种营销方式。消费者加盟某一营销网络之后，即获得该网络统一颁发的消费卡，持卡可在行销网络中的任何一家结盟企业以正常价格刷卡消费，每一笔消费金额都将累积自己的积分，根据自己消费积分的多少可以享受结盟企业联合提供的优厚利益回馈——现金或其他奖励。

1. 运作方式 有两种运作方式：①消费者加盟，即消费者通过填表入会的方式取得消费资格，成为联盟中的固定消费者，如此发展下去形成一个庞大的、辐射状的消费网络；②企业结盟，即营销主体与生产和经营衣、食、住、行、乐等的厂家和商家结盟，签订结盟协议，使其成为联盟中的固定供应商，如此发展下去形成一个庞大的、跨地域、跨行业的行销网络。营销主体将这两个网络作为营销资源进行有机整合，形成了一种符合 21 世纪营销趋势的合作型营销方式。

2. 主要优势 主要表现在以下方面。

（1）优势互补，共同发展 消费联盟是以企业结盟方式作为基础的，不同企业间通过签订结盟协议，共同开拓市场，能使企业间建立一种长期稳定的协作关系。对同行业企业来说，它能避免同业间为争夺市场而进行的"价格战"等恶性竞争，通过共同制定销售政策，促使同业竞争的良性发展；对异行业企业来说，它能实现营销要素的优势互补，发挥联盟的多功能综合优势。

（2）利益回馈，稳定客户 联盟企业通过消费者的重复消费累计消费积分，将过去由中间商瓜分的利润用制度化的方式直接回馈给消费者，有利于建立一个忠实的消费者群体。而且，由于消费联盟实行的是生产、消费、销售、服务一体化，杜绝了仿冒和不公平行为，还可以使消费者获得超值的品质和服务利益。

（3）资源共享，减低费用 消费联盟的资源共享是多方面的。消费卡持有者是结盟企业彼此拥有的最大的"共享资源"。此外，联盟企业在资信、技术、信息、管理、渠道等方面形成共享资源，可以节省市场调研、产品开发、渠道开拓和促销等方面的费用。同时，结盟企业联手开拓市场平摊的费用比单体企业开拓市场的低。

（4）产销合一，提高效率 在当今消费节奏不断加快、消费个性化趋势日益明显的情况下，营销方式的设计必须加强产、销直接联系，而消费联盟所倡导的正是厂商与消费者的直接联盟，架起双向沟通的桥梁，形成一个产、销共生双赢的良性局面，从而提高营销效率。

（二）大市场营销

大市场营销发展了市场营销观念和社会营销观念：①在企业与外部环境关系上，突破了被动适应的观念，认为企业不仅可以通过自身的努力来影响，而且可以控制和改变某些外部因素，使之向有利于自己的方向转化；②在企业与市场和目标顾客的关系上，突破了过去那种简单发现、单纯适应与满足的做法，认为应该打开产品通道，积极引导市场和消费，创造目标顾客需要；③在市场营销手段和策略上，在原有的市场营销组合中，进一步完善和补充，从而更好地保证了市场营销活动的有效性。

（三）连锁营销

连锁经营渠道是一种纵向发展的垂直营销系统，是由生产者、批发商和零售商组成的统一联合体，它把现代化工业大生产的原理应用于商业经营，实现了大量生产和大量销售相结合，对传统营销渠道是一种挑战。

传统渠道中，各分销商都同时承担买、卖两个职能。连锁经营中，这两种职能由总部和分店分别承担，总部集中进货不仅可取得价格优势，增加竞争实力，采购者还可以在实践中不断提高选购商品的准确性和科学性；而各分店则既能享受到集中进货带来的低成本优势，还可集中精力从事销售业务，及时了解销售市场变化趋势，以供总部作为进货依据。

（四）绿色营销

绿色营销，也叫"生态营销""环境营销"，它是指企业在营销活动中，谋求顾客利益、社会利益和企业利益的协调，既要充分满足顾客需要，实现企业利润目标，又要注意生态环境，实现经济与市场的可持续发展。

制药企业的绿色营销战略是指企业在整个营销过程中充分体现环保意识和社会意识，向消费者提供科学的、无污染的、有利于节约资源和维护良好社会道德准则的药品和药学服务，并采用无污染或少污染的生产和销售方式，引导并满足消费者有利于环境保护及身心健康的需求。

（五）网络营销

网络营销，也叫网络市场营销。广义指企业利用一切计算机网络（包括企业内网、行业系统专网及互联网）进行的营销活动。狭义指以互联网为主要营销手段，为达到一定营销目标而开展的营销活动。网络营销是以互联网为媒体，以全新的方式、方法和理念实施市场营销活动，使交易参与者（企业、团体、组织以及个人）之间的交易活动能更有效地实现的新型市场营销方式。

（六）整合营销

整合营销是以顾客需求为中心，通过对各种营销工具和手段的系统化组合，以使交换双方在交互中实现价值增值的营销理念与方法。整合营销的实质是系统化地集成各种营销要素，以产生协同效应。

整合营销包含水平整合和垂直整合。

1. 水平整合　包括传播信息整合、传播工具整合、传播要素资源整合三个方面。

2. 垂直整合　包括市场定位整合、传播目标整合、品牌形象整合三个方面。

从战略上讲，整合营销是将企业营销活动的各方面、各环节、各阶段、各层次、各策略加以系统地规划和有机组合。从战术上讲，整合营销的具体模式主要是成本整合、渠道整合、资源整合、信息整合、传播整合等。

（七）文化营销

文化营销，指企业在营销活动中有意识地通过发现、培养或创造某种核心价值观念，针对企业目标市场的文化环境采取一系列的文化适应和沟通策略，以实现企业经营目标的一种营销方式。文化营销的实质性内涵在于核心观念的培养和塑造，以文化为媒介，通过营销策略建立与顾客及社会公众全新的利益共同体关系，进而达到使顾客满意的目的。

文化营销体现在产品、品牌、企业文化三个层面。

1. 产品　文化价值观的实体化或载体，产品文化体现在产品的设计、研发、生产、使用等各个方面。

2. 品牌　其优势取决于独特的个性和文化内涵，品牌的背后是消费者的文化认同和价值选择。

3. 企业文化　指导和约束企业整体行为、员工行为及企业风格的价值观念。文化营销就是把企业的精神、价值观、伦理等理念文化整合并传播给目标市场。

你知道吗

连锁药房的中药养生推广方式

连锁药房如何把握养生市场，抓住顾客的核心需求，实现中药营销的升级呢？可采用以下方法。

1. 举办各类中药养生节　如中药文化节、膏方节、参茸节、花茶节等中药养生节。比如很快就将进入夏季，热了花茶就来了，药店可以开始大力推广花茶节，打造"自然清凉，轻松过夏"的概念，制造卖点。同时提供中医辨证、望闻问切、健康咨询、健康讲座等医疗保健养生服务，将中医"体质辨识，精准调理"的健康理念传达给每位消费者。

2. 节气养生　这是一种针对一年二十四节气的养生行为，因为二十四节气气候特点各不相同，因此养生方式也不尽相同。所以节气养生根据种类划分可以分为二十四种。连锁药房可以顺应节气养生，营造中药养生销售氛围，从地面到空中都要根据二十四节气，布置相应药食同源的中药养生产品销售。

3. 冬病夏治　夏天对冬天容易发生的疾病进行治疗或干预，益气温阳，散寒通络，从而达到防治冬季易发疾病的目的。

【课堂活动】

连锁药房行业市场分析

一、活动目的

选择一家实体与网络营销并举的连锁药房企业，从市场营销角度分析其医药市场营销活动所涉及的范围；并运用现代市场营销观念及网络营销理论分析企业的经营模式。

二、活动内容

益丰、老百姓、大参林等全国连锁药房家喻户晓，学生分组选择感兴趣的一家连锁药房企业进行市场分析，针对企业总体介绍、主营业务、实体连锁模式、网络营销模式、市场环境分析、营销效果评价等六个方面进行分析总结。

三、背景资料

益丰大药房：国内首家在沪市上市交易的药品零售企业、湖南省第一家上市的连锁药房。

老百姓大药房：中国服务业500强企业、中国连锁百强企业、湖南省百强企业、中国药品零售企业综合竞争力百强冠军，于2015年4月23日在上海证券交易所上市。

大参林大药房：一家集医药制造、零售、批发为一体的集团化企业，2017年7月31日正式在上海证券交易所主板上市。

四、活动准备

1. **场地准备**　模拟药房或教室。
2. **物品准备**　彩色笔、彩色纸、磁铁等。
3. **人员准备**　将同学分成若干项目小组，每组4~6人，推选一人担任组长，负责分配组内成员任务，共同完成活动操作。

五、活动步骤

【第一步】分析药房行业宏观背景、行业政策法规和发展前景。

【第二步】选择一家感兴趣的连锁药房，从网络、期刊资料、报纸等渠道收集企业的相关资料。

【第三步】对调研资料进行分类统计整理，选取具有代表性的资料数据。

【第四步】行业市场分析展示：每组派学生代表上台展示。

【第五步】根据各组展示情况，学生互评，教师点评。

六、注意事项

1. 筛选调研对象时，注意要具有一定规模和典型性，以便分析其网络营销的方法及其营销模式。

2. 活动开始前，要科学合理地做好小组的分工安排，确保人人参与，并能充分调动全体成员的积极性。

3. 搜集资料要注意材料的全面性、价值性和针对性，避免过时、片面的资料。

目标检测

一、选择题

（一）单项选择题

1. 关于市场的含义，下列说法不正确的是（　　）。

  A. 指买方和卖方进行商品交换的场所

  B. 商品交换关系的总和

  C. 某种产品（服务）所有现实和潜在需求的总和

  D. 从营销学角度理解和使用的市场概念专指买方和卖方

2. 以下不属于医药市场的是（　　）。

  A. 原料市场　　　　　　　　　　B. 处方药市场

  C. 化学药市场　　　　　　　　　　D. 心血管药市场

3. 以下属于医药市场特点的是（　　）。

  A. 相关群体主导性强，主动消费现象突出　B. 需求波动小

  C. 需求结构多样化　　　　　　　　D. 需求确定性

4. 医药市场营销的客体是（　　）。

  A. 买方市场　　　　　　　　　　B. 医药产品和价值

  C. 个人和医药组织　　　　　　　　D. 组织市场

5. 以下不属于网络营销特点的是（　　）。

  A. 交互的便捷性　　　　　　　　B. 传播的超时空性

  C. 媒介的二维性　　　　　　　　D. 市场的全球性

6. 以下不属于医药市场研究方法的是（　　）。

  A. 管理（或决策）研究法　　　　B. 系统研究法

  C. 效能研究法　　　　　　　　　D. 产品研究法

7. 医药市场营销的核心是（　　）。

  A. 需求　　　　　B. 交换　　　　　C. 利润　　　　　D. 交易

（二）多项选择题

1. 以下属于医药市场营销4P的是（　　　）。

A. 产品　　　　　　　　B. 价格　　　　　　　　C. 分销　　　　　　　　D. 公共关系

2. 医药市场营销的终端有（　　　）。

A. 医院　　　　　　　　B. 药店　　　　　　　　C. 乡镇卫生院　　　　　D. 村卫生所

3. 以下属于网络营销的是（　　　）。

A. C2C　　　　　　　　B. B2B　　　　　　　　C. B2C　　　　　　　　D. A2B

二、思考题

1. 什么是医药市场？市场的要素包括哪些？

2. 如何理解市场营销？其实质是什么？

书网融合……

微课　　　　　　　　划重点　　　　　　　　自测题

第二章

医药市场营销环境分析

学习目标

知识要求

1. **掌握** 医药市场营销宏观环境和微观环境的内容。
2. **熟悉** 医药市场营销环境的概念、构成及其特征。
3. **了解** 医药市场营销环境对企业营销活动的影响。

能力要求

1. 学会SWOT分析法。
2. 能够对药品市场营销环境进行初步分析。

实例分析

医药企业的机遇与挑战

实例 受全球"新冠肺炎疫情"影响，我国医药行业机遇与挑战并存。

延迟开工、停工停产、运输受阻等情况给药企的经营带来了不小的影响；随着两票制、零差价销售、"4+7"带量采购、新医保目录的执行，多数药企计划在2020年强化宣传推广活动，但受疫情影响，被迫延期或者转为线上进行，影响了推广效果；与疫情无关的药企在医院端和药店端线下的销量受到挤压，收入的下降直接对企业的经营性现金流产生不利影响。

国家卫生健康委发布的《新型冠状病毒肺炎诊疗方案（试行第六版)》的通知中，将连花清瘟胶囊、血必净注射液等药品列入其中，对中药行业形成一定利好；国家建立应急审批、快速审批机制，加速创新药的上市；线上模式异军突起，互联网医疗、医药电商采销、医药物流配送等业务将迎来新一轮高增长。

问题 1. "新冠肺炎疫情"对企业的影响属于微观层面还是宏观层面？
2. "新冠肺炎疫情"影响下，药企面临的挑战和机遇有哪些？

第一节 概述

PPT

一、医药市场营销环境的概念

医药市场营销环境指影响和制约医药企业市场营销活动的各种内外部因素的总和。根据医药企业的营销活动受制于营销环境的紧密程度来划分，医药市场营销环境分为微观环境和宏观环境（图2-1）。

1. **微观环境** 直接影响和制约医药企业市场营销活动的组织和因素，包括医药企

图 2-1　医药市场营销环境

业本身、营销渠道、顾客市场、竞争者和公众。

2. 宏观环境　以微观环境为媒介，间接影响和制约医药企业市场营销活动的企业外部因素的总和。因此，前者又可称为直接营销环境，后者又可称为间接营销环境。两者之间并非并列关系，而是主从关系，即直接营销环境受制于间接营销环境，间接营销环境通过直接营销环境对医药企业起作用。

二、医药市场营销环境的特点

医药企业市场营销环境较为复杂，具有以下特点。

1. 客观性　医药市场营销环境是不以企业意志为转移而客观存在的，有其自身的运行规律和发展趋势。医药企业必须科学分析、积极面对、主动适应市场营销环境，及时准确制订并依据环境变化不断调整市场营销计划，才能使企业立于不败之地。如我国出台新医改方案，全面推行国家基本药物制度，所以如何开展基本药物营销是企业必须面对的客观问题。

2. 动态性　医药市场营销环境各因素经常处于发展变化中，是一个动态系统。国家医药政策、医药科技水平、人民的生活水平、消费者的健康观念等都在变化，医药企业需要根据具体的环境来分析，以动态的营销方案应对动态的环境变化。例如，我国医药消费理念正在发生变化，从过去以治疗为目的，向现在以治疗、预防、养生、保健等综合诉求转变，这无疑对医药企业的营销行为产生最直接的影响。因此，医药企业要不断地修正和调整自己的营销策略，使企业的市场营销活动主动适应环境的变化。

3. 差异性　不同国家和地区的医药政策、经济社会发展水平、文化风俗等都不尽相同，所以，医药市场营销环境存在差异性。医药企业在制定营销方案时，要根据具体环境分析。

4. 关联性　医药市场营销环境是一个系统。在这个系统中，各个因素都不是孤立的，而是相互渗透、相互制约、相互联系、相互依赖、相互影响的，其中一个因素的变化，会引起另外多个因素相互变化，形成新的医药市场营销环境。例如经济因素不能脱离政治因素而单独存在。

5. 不可控性　医药市场营销环境系统复杂多变，其客观性决定了它的不可控性，医药企业要主动适应和利用它，趋利避害，调整市场营销战略和策略，更好地适应环境。例如，针对近年来中药材价格上涨的市场行情，中药制药企业可以通过建立自己的药厂基地来适应这种环境变化。

请你想一想

我国实施健康中国战略对医药企业有哪些影响？

三、医药市场营销环境分析的重要性

1. 是医药企业营销活动的基础 各种环境因素会对医药企业的营销产生综合的影响作用。医药企业只有遵循环境变化的规律，深入细致地对市场营销环境进行调查研究，准确分析各种可能的或潜在的药品市场营销环境，才能及时地把握消费者需求。否则，医药企业便不可能很好地实现其满足社会需求和创造良好经济效益与社会效益的目的。实践证明，医药市场营销环境分析是医药企业市场营销活动的立足点和前提。

2. 有利于企业抢占机遇和规避威胁 环境变化有时会给企业带来一些新的发展机遇，有时也可能带来威胁。医药企业通过分析外界环境，就能够寻找到新的发展机遇，并为企业所用；或能够及时发现环境威胁，从而采取措施，规避环境威胁或将环境对企业的威胁降低到最低程度。因此，医药企业营销的关键在于要善于细致地分析市场营销环境，抓住机会，化解威胁，使企业在竞争中求生存、在变化中谋稳定、在经营中创效益。

3. 为企业经营决策提供依据 由于医药产品的特殊性，医药企业任何经营战略或策略的制定都建立在调研的基础上。医药市场营销环境分析得正确与否，直接关系到企业决策层对企业投资方向、投资规模、产品组合、促销组合等一系列经营活动的制定。因此，只有认真分析并掌握营销环境、药品市场供求关系和竞争态势的变化之后，才能发现和把握药品市场机遇，选择正确的目标市场，生产和经营适销对路的产品。

第二节 医药市场营销宏观环境

PPT

医药市场营销宏观环境是与医药企业市场营销联系较为直接的企业外部因素的总和，是医药企业不可控制的因素。

一、政治法律环境 微课

政治环境是指企业市场营销活动的外部政治形势和状况，以及国家方针政策的变化对市场营销活动带来的或可能带来的影响。政治环境包括国家政治体制、经济管理体制及国家的方针政策等。政府是企业的监管者、倡导者和消费者，并对企业实行鼓励、支持、许可或限制等。

法律是任何一个国家政治力量强制性的一种表现。与药品生产和经营企业相关的法律法规如下：《中华人民共和国药品管理法》《中华人民共和国药品管理法实施条例》《药品注册管理办法》《进口药品管理办法》等。医药企业应该严格遵守相关的法律法规，密切关注法律环境的变化，根据变化及时调整自己的营销战略和策略。

二、人口环境

人口是市场构成中的第一要素，人口的多少决定市场的容量多少。人口环境包括

人口的规模、密度、地理分布、年龄、性别、婚姻状况、出生率、死亡率、人口流动性及其文化教育等（图2-2），会对市场格局产生深刻的影响，并直接影响企业的市场营销活动和经营管理。医药企业必须重视对人口环境的研究，密切注视人口特征及其发展动向，不失时机地抓住市场机会，当出现威胁时，应及时、果断地调整营销策略以适应环境的变化。

图2-2 人口环境

（一）人口规模和增长速度

医药市场可以简单地理解为由具有药品购买欲望和拥有药品购买力的公众所组成。所以，医药企业在判断一个国家或地区的医药市场规模时，首先要分析的就是该国家或地区的人口规模和增长速度。

1. 人口规模 一个国家或地区总人口的多少，是影响市场规模大小的最基本因素。如在某种疾病发病率一定的条件下，人口越多，则患该种疾病的人数就越多，该市场规模就越大。

2. 人口增长率 一个国家或地区人口的出生率和死亡率的差，用于衡量一个国家或地区人口增长速度的快慢。

（二）人口自然构成和社会构成

人口自然构成主要包括人口年龄构成和性别构成，人口社会构成主要指教育程度、职业分布等。

1. 年龄构成 少年儿童、青壮年和老年人口的比例。年龄层次不同的人，对药品市场的需求有着很大的不同。如少年儿童市场，对药品的需求主要集中在上呼吸道感染（伤风感冒）、退热（清热解毒）以及消化不良（化积）腹泻等，对保健食品的需求则集中在增进食欲、增强体质、促进身体的生长发育以及改善智力等方面。而中老年市场对药品的需求主要集中在心脑血管系统的疾病，对保健食品的需求集中在抗衰老、益寿延年等方面。随着社会经济的发展、科学技术的进步、生活条件和医疗条件的改善，人类平均寿命大大延长。据联合国预测，到2030年，全世界60岁以上的老人将比1990年增加2倍，人口的这种发展趋势，将对社会经济产生深远的影响。医药企业应认识到这一趋势，把握市场机会，努力开发老年人医疗保健产品。

2. 性别构成 一般来说，在一个国家或地区，男女人口总数相差并不大。但在一个较小的地区，如矿区、林区、较大的工地等往往是男性占较大比重，而在学校、医院等，则女性占比较大。

人口的性别不同，其市场需求也有明显的差异，而且购买习惯与行为方式也会有所不同。比如，在保健品市场上，男性多需要养肝、壮阳等保健品，而女性多数需要养颜、减肥等保健品。

3. 社会构成 包括人口的受教育程度、职业状况等，人口的社会构成影响购买对象、购买力、品牌的选择、购买行为等，医药企业在制定营销策略时，必须考虑消费群体这一因素，将适销对路的医药产品投放到合适的市场中去。

> **请你想一想**
> 分析目前我国家庭人口的结构特点，这会对药品产生什么不同的需求？

（三）人口的地理分布和流动

1. 人口的地理分布 人口在居住地区上的疏密状况，主要受到自然地理条件和经济发展程度等多方面因素的影响。它对企业营销活动的影响表现在：①直接影响各个地区市场需求的大小；②影响购买对象和需求结构。这意味着药品企业在开展营销活动时应重视农村与城市、东部与西部、南方与北方、热带与寒带、山区与平原等不同地理环境对医药企业市场营销活动的影响。

2. 人口的流动 人口分布的另一特征是人口的流动。目前，我国的城镇化进程在加快，大量农村人口向城市流动，城市医药市场进一步扩大，各地医药企业在开展市场营销活动时应充分认清这一变化情况，制订相应的营销计划，并对医药分销渠道进行调整。

三、经济环境

医药市场营销的经济环境是指医药企业所面临的外部社会经济条件，包括经济发展阶段、地区发展状况、产业结构、货币流通状况、收入因素及消费结构。

消费者购买力是构成市场的主要因素。影响消费者购买力水平的因素主要是消费者收入、消费者支出、消费者信贷及居民储蓄。其中，消费者的收入水平是影响消费者购买力，进而影响医药企业市场营销的最重要的因素。

（一）消费者的收入变化

消费者的购买力来自消费者的收入。因此，消费者的收入高低，直接影响购买力的大小，从而决定了市场规模的大小和消费者的支出模式。消费者的收入包括个人的工资、红利、租金、退休金、馈赠等。其变化一方面取决于国民经济发展水平，另一方面也会由于不同地区、不同年龄、不同学历、不同职业等而产生差异。

除了消费者的收入总量外，还有"可支配的个人收入"和"可任意支配的个人收入"两个概念。所谓"可支配的个人收入"是指个人收入中扣除税款和非税性负担之后所剩的余额，它是个人收入中可以用于消费支出或储蓄的部分，直接决定了消费者的购买力和支出的规模。所谓"可任意支配的个人收入"是指在"可支配的个人收入"中减掉用于购买生活必需品的支出和固定支出后所剩余的部分，这部分收入是消费者需求变化中最活跃的因素（图2-3）。

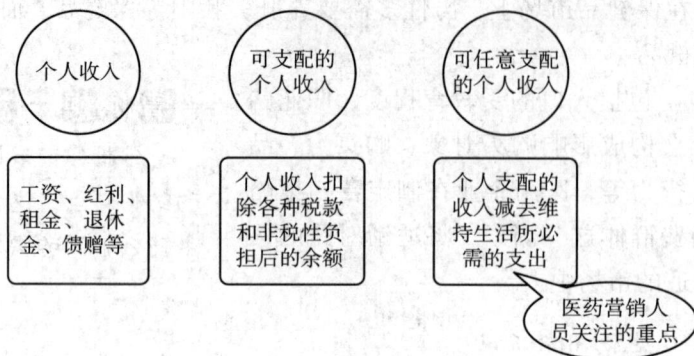

图2-3　消费者收入

（二）消费者的支出变化

消费者的支出变化是指消费模式和消费结构的变化。在研究一个国家或地区的总体消费模式时，往往利用"恩格尔系数"（或称恩格尔定律）来评价。

恩格尔系数（％）＝食品支出总额/家庭或个人消费支出总额×100％

恩格尔系数表示一个家庭收入多少，直接影响家庭总支出中用来购买食物的支出所占比例大小。恩格尔系数越小，人们的收入越多，生活水平越高，用于其他方面的支出（如服装、交通、娱乐、卫生保健、教育）和储蓄占家庭收入的比例越大，对消费需求就会提出更高的要求。恩格尔系数受诸多因素的影响，各国恩格尔系数并无可比性。

消费模式和消费结构的变化既受收入数量的影响，也会受年龄、职业、价值观念、消费观念、社会风尚、生活负担等的影响。例如，年轻人一般消费意识超前，敢于冒险，消费支出大多围绕学习、体育锻炼、旅游、时尚商品等，而老年市场畅销的主要是防病治病、延年益寿的药品和保健食品等。

你知道吗

国内生产总值与国民收入

1. 国内生产总值（GDP）　宏观经济中最受关注的经济统计数字，因为它被看作衡量国民经济发展情况最重要的一个指标。GDP是按市场价格计算的国内生产总值的简称，是指一个国家（或地区）所有常住单位在一定时期内生产的全部最终产品和服务价值的总和。

2. 国民收入（NI）　一个国家一年内用于生产的各种生产要素所得到的全部收入，即工资、利润、利息和地租的总和。这是衡量一个国家经济实力与购买力的重要指标。通过对国民生产总量、国民收入、消费与积累的比重，以及国民经济发展计划确定的规模与结构的分析，可以预测其对行业发展和产品需求的影响。

四、社会文化环境

文化是在某一社会里，人们所共有的由后天获得的各种价值观念和社会规范的综合体，即人们生活方式的总和。它包括这种社会组织、生活规则、信仰、艺术、伦理道德、风俗习惯、审美观、语言文字等（图 2-4）。文化一般由两部分组成：①全体社会成员所共有的基本核心文化；②具有不同价值观、生活方式、风俗习惯的亚文化。下面分析与企业营销关系较为密切的几种社会文化因素。

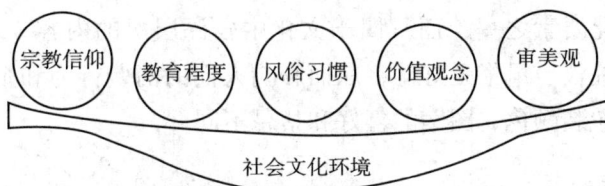

图 2-4 社会文化环境

（一）价值观念

价值观念是人们在长期社会生活中形成的对事物的普遍态度和看法。如时间观念、财富观念、创新观念和风险观念等。生活在不同社会环境下，人们的消费价值观念往往有明显的差异，如有的消费者往往把医药产品的价格合理、疗效明显看作首选标准；有的消费者喜欢选择大品牌企业的医药产品，非常看重药品的包装和剂型的方便性等。不同的价值观也造成人们对时间、风险等问题产生不同的态度，从而导致行为差异，医药企业在开展不同地区市场营销活动时需要特别注意。

（二）教育程度

药品不同于一般的商品，在其消费过程中需要有一定的文化知识作为支撑，做到对症买药、安全用药。消费者受教育的层次水平能影响或改变原有的价值观念和风俗习惯，直接影响人们的消费行为和消费结构，制约着企业的市场营销活动。受教育程度高的消费者对商品的内在质量、外观形象以及技术说明和服务有着较高的要求，而受教育程度低的消费者则往往要求更多的实物样品和通俗易懂的说明书。医药企业在制定产品营销策略时，应使产品的复杂程度、技术性能与目标消费者的受教育程度相适应，对不同文化程度的消费者采用不同的推广手段。

（三）风俗习惯

风俗习惯是人们自发形成的习惯性的行为模式，是一定社会中大多数人共同遵守的行为规范。风俗习惯所包含的范围十分广泛，涉及社会生活的方方面面，如消费习俗、节日习俗、商业习俗等。目标市场的风俗习惯深刻影响着医药企业的营销策略。

（四）审美观

审美观是指人们对不同事物所产生的好坏、美丑、善恶的评价。不同地区、不同类型的消费者往往有不同的审美标准。同时，人们的审美观会受社会舆论、社会观念等多种因素影响。企业要了解不同消费者关于颜色、线条、图形、标志与符号等各方面的偏好，针对这些不同的偏好，采取不同的产品、包装、商标和广告设计。

（五）宗教信仰

宗教信仰是文化要素之一，而且属于文化中较深层次的内容。宗教信仰直接影响人们的生活习惯、礼仪、风俗爱好等，从而影响人们的消费行为和企业市场营销活动。如不同地区对药品包装颜色、图案的喜好和禁忌不同。

五、自然环境

自然环境是影响企业营销活动的基本因素。一般而言，自然环境包括自然资源、地理位置、地形、气候等。

（一）自然资源

医药企业的运营和市场营销活动的开展都必须考虑自然环境的承受能力，实现可持续的发展。如中药材作为特殊的经济作物，具有严格的道地性和对生态环境的选择性，环境质量好坏直接影响中药材质量的优劣，而药材品质优劣不仅直接影响药理、药效和人体健康，而且涉及中药制剂的质量安全。此外，土壤、气候条件、灌溉水源、空气质量等均是影响中药材质量的重要环境因素。

（二）地形及地理位置

企业所在区域会影响企业的产品适应性、销售量、运输情况等方面。从经营成本上考虑，平原地区道路平坦，运输费用比较低；而山区、丘陵地带道路崎岖，运费自然就高。地理位置影响着当地经济发展的水平，如我国沿海地区由于交通便利、信息灵通，经济发展水平高于中西部地区。从医药市场营销角度看，我国四川、湖南、湖北等地区属于盆地地形，空气湿度大，常年生活在山区的人易患关节炎等疾病，治疗这类疾病的药品销量较好。因此，医药企业开展营销活动，应该使其营销策略能适应当地的地理自然环境。

（三）气候

气候条件作为自然环境的重要组成部分，直接受地形因素的影响，并且常常影响产品在市场上的供求状况。在药品市场营销中，不同的季节气候条件不一样，有各自的疾病流行规律，给企业提供了不同品种药品的营销机会。

你知道吗

道地药材

药材好、药才好。要想药效好，就得保障中药材的质量。然而中药材根据地域的不同、气候的不同等条件，药效也有所不同，其中道地药材效果才是最好的。

"天下枸杞出宁夏，中宁枸杞甲天下。"中宁枸杞以其药用、食用价值高而闻名中外。"北人参，南三七"指的就是云南文山的三七。新会陈皮，位列广东"三宝"之首，素有"千年人参，百年陈皮"的美誉。河南焦作的沁阳、武陟、温县等地为山药地道产区，所产怀山药具有较高的药用和滋补价值。浙江磐安、新昌、嵊州市等地产的白术因产品质量高而成为药材市场的名优产品。甘肃岷县所产当归个体色泽、形状质地、药效都属上乘，已有 1700 多年的栽培历史。产于安徽霍山的铁皮石斛被誉为"九大仙草之首"，是一种十分名贵的中药材。四川当地气候温和、雨量充沛、日照充足又较湿润，非常适宜川芎生长，产量可占到全国90%以上。

六、科学技术环境

科学技术是第一生产力。科学技术作为营销总体环境的一部分，不仅影响企业的内部环境，而且与其他环境因素相互依存，直接影响经济环境和社会环境。科技环境对医药企业市场营销活动的影响主要有以下几方面。

（一）对医药生产的影响

随着信息技术、新能源、新材料等新一轮科技和产业革命的兴起，医药制造行业正经历由"传统制造"向"智能制造"转型。"智能制造"已经成为药品企业优化产品设计制造、规范生产过程及管理、提高生产效益和质量，增强企业核心竞争力的最佳途径之一。

（二）对药品企业经营管理的影响

随着计算机及信息技术的快速发展，在医药物流方面也引进了先进技术，比如电子分销、全程信息化配送中心、条形码识别系统、销售数据平台等，极大提高了药品企业物流工作的效率，减低了费用支出，提升了管理水平。

（三）对药品消费习惯的影响

随着全球互联网络的建立及网络购物的开通，人们可以在家通过网络平台，完成远程就医问诊，将医生开的处方转到药店，通过网络平台实现送药到家。

（四）对企业市场营销策略的影响

科学技术对医药企业营销最主要的影响是使广告媒体多样化，克服了传统媒体单向传递的弊端，使信息传递更迅捷、受众面更广、效果更优。目前，多数药企通过自建团队开发网站、APP 或者运营公众账号等方式，广泛进行了数字化营销。

请你想一想

药品作为一种特殊的商品，近年来也开始逐步试水网络销售，我国对药品网络销售有哪些规定？

第三节　医药市场营销微观环境

PPT

微观环境指直接影响医药企业活动的组织和因素，医药企业微观环境主要包括企业内部环境、营销渠道、顾客市场、竞争者、公众。

一、医药企业内部环境

1. 医药企业内部组织结构　首先，医药企业的运作是建立在企业内部各部门分工协作的基础上的，不同部门之间的业务活动虽各有侧重，但却是互相关联的一个整体，部门之间分工协作，共同制订企业的各项长期计划。其次，企业营销的最高管理层，即由厂长、经理或董事会等组成的决策层，公司的任务、目标、重大策略和政策都由最高层管理部门制定。这些组织结构形成了一个有机的整体，药品企业的发展就取决于这个有机的整体。

2. 人员、管理、资金、厂房　在企业内部微观环境因素中，企业人员是企业营销策略的确定者和执行者，是企业重要的生产资源；企业的管理水平、管理制度的优劣等决定企业的营销目标能否有效被执行及目标最终被实现的程度；资金及厂房设备等条件，是药品企业进行一切营销活动的物质基础，决定企业经营的规模。

二、营销渠道

医药企业营销渠道是指协助药品企业促销、分销其产品给最终购买者的机构，包括医药中间商、营销中介机构、实体分配公司和财务中间机构等。

1. 医药中间商　中间商是协助公司寻找顾客或直接与顾客进行交易的商业企业。中间商对企业产品从生产领域流向消费领域具有极其重要的影响。在与中间商建立合作关系后，要随时了解和掌握其经营活动，并可采取一些激励性合作措施，推动其业务活动的开展，而一旦中间商不能履行其职责或适应市场环境变化时，企业应及时解除与他的关系。

医药中间商包括商人中间商和代理中间商。

（1）商人中间商　又称经销商，是指从事商品购销活动，拥有所经营的商品所有权，通过购进和出售产品的差价来获取利润的中间商。

（2）代理中间商　又称代理商，是指专门介绍客户或协助双方商定合同，不拥有商品所有权的中间商。主要通过促成商品的交易来获取佣金收入。

2. 营销中介机构　主要包括市场调研机构、营销咨询机构、广告公司、公共公司等，他们协助企业选择最恰当的市场，并帮助企业向选定的市场推销产品。例如，企业在市场营销过程中，在进入新的细分市场之前或发生销售业绩下滑时需要进行市场调研，准确掌握目标市场情况，找准业绩下滑原因，对症施策。营销中介机构的水平和能力直接影响企业在市场上的形象以及市场信息收集的准确性，对企业营销策略制定的正确性有着深刻的影响。

3. 实体分配公司　又称物流公司，具有协助生产商储存货物并将其运送至目的地的职能。主要包括包装、仓储、运输、装卸、搬运、库存控制和订单处理等工作内容。

我国医药流通领域发展迅猛，决定了医药物流建设的重要性和必要性。拥有高效物流的大型药品批发企业将逐渐演变成集药品代理、配送、药品连锁零售为一体的医药商业集团。现今第三方物流发展迅速，企业在发展过程也可充分利用第三方物流，作为自己的有益补充。第三方物流有利于集中主业、减少库存和投资、加快资本周转、灵活运用新技术、提高顾客服务水平、降低物流成本。

4. 财务中间机构　主要包括银行、信托、保险等金融机构。财务中间机构不直接参与医药产品的经营活动，它们是协助厂商融资或保障货物购销储运风险的机构。如一个企业的经营需要资金融通，必然需要和银行合作，进行资金的融通以及改善企业的资金周转速度。银行提供给医药行业和企业的资金融通政策以及银行提供企业的金融服务水平直接影响企业的资金状况和营销效率。

三、顾客市场

医药企业的一切营销活动都是以满足顾客需要为中心的，顾客是医药企业营销最重要的环境因素。企业营销活动必须充分考虑消费者的需求及其变化。影响消费者需求的因素很多，有社会的因素，如经济、文化等；也有消费者个人的因素，如观念、收入水平、职业、家庭状况等。医药企业要深入研究目标市场，要针对顾客的特点，提供适合的药品产品。顾客市场一般可以分为五种。

1. 消费者市场　为满足个人或家庭需要而购买商品和服务的市场。

2. 生产者市场　为赚取利润或达到其他目的而购买商品和服务来生产其他产品和服务的市场。

3. 中间商市场　为赚取利润而购买商品和服务以转售的市场。

4. 政府市场　为提供公共服务或将商品与服务转给需要的人而购买商品和服务的政府和非营利机构。

5. 国际市场　国外买主，包括国外的消费者、生产者、中间商和政府等。

四、竞争者

竞争环境直接影响医药企业能否有效地进入目标市场、能否实现企业营销活动的目标。

竞争会造成行业平均利润率的下降、企业的市场份额减少，甚至会使企业的产品过早地退出市场。医药企业要想在市场竞争中获得成功，就必须要比竞争者更有效地满足消费者的需要与欲望。从根本上讲，医药企业所要做的并非仅仅是迎合目标顾客的需要，而是要通过有效的产品定位，使企业产品与竞争者产品在顾客心目中形成明显差异，从而取得竞争优势。竞争者有以下几种。

1. 愿望竞争者　购买者当前所要满足的各种愿望，如娱乐、保健、旅游等。

2. 平行竞争者　能满足同一需要的各种产品的竞争，如决定购买健身用品时，是买健身器材还是保健品。

3. 产品形式竞争者　满足同一需要的医药产品各种形式之间的竞争，如医疗设备的各种型号。

4. 品牌竞争者　满足同一需要的同种形式产品的各种品牌之间的竞争，如感冒药有各种品牌。

五、公众

医药企业在满足目标市场需求、开展营销活动过程中要注意同周围各类公众建立良好的关系。公众在医药企业实现既定经营目标时既可以帮助企业，也可能阻碍企业的活动。一个医药企业所面临的公众主要有以下七种（图 2-5）。

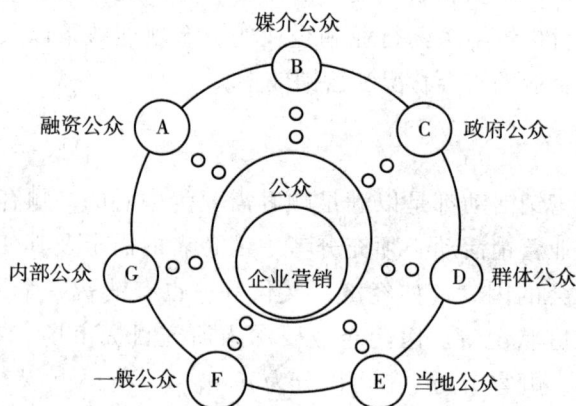

图 2-5　医药市场公众类型

1. 融资公众　关心并可能影响企业获取资金能力的团体，包括银行投资公司、保险公司、证券交易所等。

2. 媒介公众　互联网、报纸、杂志、电台、电视台等大众传播媒介。

3. 政府公众　同企业营销活动有直接关系的政府机构，包括医药行业主管部门及财政、工商、税务、物价、商品检验、司法检察等部门。

4. 群体公众　有可能影响企业营销活动开展的消费者组织、环境保护组织及其他相关有影响力的公众团体。

> **请你想一想**
> 医药企业应如何处理好与当地公众的关系？

5. 当地公众　企业所在地附近的居民群众和社区组织等。

6. 一般公众　企业在经营活动中所面临的其他具有实际或潜在影响力的团体或个人。

7. 内部公众　企业内部的员工，包括企业董事会、经理、管理人员、工人等。

综上所述，构成医药企业微观环境要素与企业之间形成协作、竞争、服务、监督的关系，组成了医药企业的市场营销体系，直接影响和制约医药企业服务目标市场的能力。

第四节　医药市场营销环境 SWOT 分析

PPT

一、SWOT 分析法的概念

SWOT 是一种战略分析法，通过对被分析对象的优势（strengths）、劣势（weaknesses）、机会（opportunities）和威胁（threats）等加以综合评估、分析得出结论，并通过内部资源、外部环境的有机结合来清晰地确定被分析对象的资源优势和劣势，了解所面临的机会和挑战，制定适宜企业发展的营销策略。

你知道吗

波特五力分析模型

五力分析模型是迈克尔·波特（Michael Porter）于 20 世纪 80 年代初提出的，对企业的战略制定产生了全球性的深远影响。该模型用于竞争战略的分析，可以有效地分析客户的竞争环境。这五力分别是供应商的议价能力、购买者的议价能力、潜在竞争者进入的能力、替代品的替代能力、行业内竞争者现在的竞争能力。五种力量不同组合的变化最终影响行业利润潜力的变化。

二、医药市场营销环境 SWOT 分析法的要点

企业在进行 SWOT 分析时，优势和劣势分析主要着眼于企业自身的实力及其与竞争对手的比较，而机会和威胁分析将注意力放在外部环境的变化及对企业的可能影响上。在分析时，应把所有的内部因素集中在一起，然后用外部的力量对这些因素进行评估。其分析要点如下。

（一）优势与劣势分析

1. 竞争优势（strengths）　一个医药企业超越其竞争对手的能力，或者指医药企业所特有的能提高医药企业竞争力的东西。如当两个医药企业处在同一市场、提供相同医药产品时，其中一家医药企业具有更高的盈利能力，我们就认为这个医药企业比另一个医药企业更具有竞争优势。

2. 竞争劣势（weaknesses）　某种医药企业缺少或做得不好的东西，或指某种会使医药企业处于劣势的条件。

医药企业竞争优势和劣势主要表现举例见表 2-1。

表 2 - 1 医药企业优势与劣势（SW 项目）表现举例

优势（S）	劣势（W）
领先的技术技能	缺乏具有竞争力的技术、技能
充足的资金和先进的设备	设备落后，资金缺乏
先进的医药生产设备	关键设备落后
良好的企业管理方法和完善的管理体系	管理不善，经营成本高
优秀的团队合作	部门缺乏沟通，协作不力
与供应商、经销商合作稳定	销售渠道不畅
良好的企业形象	企业形象不良

（二）机会与威胁分析

1. 潜在机会（opportunities） 影响公司战略的重大因素。企业管理者应当确认每一个机会，评价每一个机会的成长和利润前景，选取那些可使企业获得竞争优势最大的机会。

2. 外部威胁（threats） 医药企业的外部环境中对医药企业的盈利能力和市场地位构成威胁的因素。企业管理者应当及时确认危及医药企业未来利益的威胁，做出评价并采取相应的战略行动来抵消或减轻所产生的影响。

医药企业潜在的机会和外部威胁主要表现举例见表 2 - 2。

表 2 - 2 医药企业机会与威胁（OT 项目）表现举例

潜在机会（O）	外部威胁（T）
客户群的扩大趋势或产品细分市场	替代品抢占医药企业销售额
政策的支持	不利的政策出台
市场尚缺乏领袖品牌	出现即将进入市场的强大新竞争对手
获得购并竞争对手的能力	客户或供应商的谈判能力提高
市场需求增长强劲，可快速扩张	市场增长缓慢
资源充足	市场需求减少
出现区域扩张扩大市场份额的机会	人口特征、社会消费方式的不利变动

请你想一想

分析医药企业营销环境的方法还有哪些？

（三）构建制定相应的营销策略

医药企业把列出的内部优势、劣势与外部潜在机会、威胁进行组合，形成适宜企业现状和发展的营销策略，见表 2 - 3。

表 2-3 医药企业 SWOT 分析矩阵

	优势（S） (1) 领先的技术技能 (2) 充足的资金和先进的设备 (3) 与经销商、供应商稳定合作	劣势（W） (1) 在研药品少 (2) 员工知识更新慢 (3) 销售渠道不畅
潜在机会（O） (1) 行业发展迅猛 (2) 市场规模大 (3) 需求差异大 (4) 缺少领袖产品	SO 策略（扩张型战略） 发挥优势，抓住机会 (1) 扩大市场占有率 (2) 增加产量 (3) 创设品牌 (4) 创新营销模式	WO 策略（扭转型战略） 利用机会，克服劣势 (1) 加强渠道建设 (2) 加强科技研发 (3) 加强员工培训 (4) 加强物流建设
外部威胁（T） (1) 新竞争者出现 (2) 消费者对价格敏感 (3) 品牌竞争加剧 (4) 替代品热销	ST 策略（多元化战略） 利用优势，回避威胁 (1) 加速新产品研发 (2) 实行差异化战略 (3) 适当降价	WT 策略（防御型战略） 减小劣势，规避威胁 (1) 筹措资金 (2) 维护客户 (3) 加强经营管理

【课堂活动】

SWOT 分析法在医药企业营销环境分析中的应用

一、活动目的

能够通过资料查找，获得某个医药企业的市场营销环境信息，运用 SWOT 分析法，对该企业的外部环境状况和自身实力进行分析，并给出企业营销策略的初步设想。

二、活动内容

选择一家有代表性的医药企业，通过网络或其他方式收集该企业的市场营销环境信息，运用 SWOT 分析法，对该企业的市场营销环境信息进行分析，并给出企业营销策略的初步设想，所有成果都通过 SWOT 表格呈现出来。

三、背景资料

上海医药集团股份有限公司是覆盖医药研发与制造、分销与零售全产业链的，在沪、港两地上市的国有控股大型医药产业集团，在医药产品和分销市场方面均长期处于领先地位，综合排名位居全国前列。

九州通医药集团股份有限公司是以药品经营为核心业务的，湖北省最大民营股份制企业集团，连续多年位列中国医药商业企业第四，领跑中国民营医药商业企业。

四、活动准备

1. 场地准备 营销情景室、计算机室或教室。

2. 物品准备　通过互联网搜集活动所需相关资料，并做好记录。

3. 人员准备　将同学分成若干项目小组，每组 4~6 人，推选一人担任组长，负责分配组内成员任务，共同完成活动操作。

五、活动步骤

【第一步】收集医药企业的市场营销环境信息。选择一家有代表性的医药企业，通过网络或其他方式收集该企业的市场营销环境信息。

【第二步】评估医药企业自身的优势和劣势。根据获取的医药企业资料，分析该企业在产品竞争力、组织架构、营销策略等方面具有的优势，与竞争对手比较存在哪些不足，并在 SWOT 表格中分别列出。

【第三步】找出医药企业面临的机会和威胁。根据获取的宏观营销环境资料，分析并寻找企业在外部人口环境、经济环境、社会文化环境、科学技术环境中可能面临的机会和威胁，并在 SWOT 表格中分别列出。

【第四步】提出医药企业营销策略的初步设想。将第二步和第三步列出的优势、劣势和机会、威胁进行组合，分别给出 SO 策略、WO 策略、ST 策略、WT 策略的初步设想。

【第五步】整理 SWOT 表格内容并提交。

六、注意事项

1. 活动开始前，要科学合理地做好小组的分工安排，确保人人参与，并能充分调动全体成员的积极性。

2. 搜集资料要注意材料的全面性、价值性和针对性，避免过时、片面的资料。

目标检测

一、选择题

（一）单项选择题

1. 一个国家或地区的恩格尔系数越小，反映该国家或地区的生活水平（　　）。

　　A. 越稳定　　　　B. 越低　　　　　C. 越高　　　　　D. 比较波动

2. 并不购买医药企业产品，但深刻地影响着其他消费者对医药企业及其产品的看法的个人称为（　　）。

　　A. 政府公众　　　B. 媒介公众　　　C. 地方公众　　　D. 一般公众

3. 感冒药 A 与 B 属于一对（　　）。

　　A. 欲望竞争者　　B. 平行竞争者　　C. 形式竞争者　　D. 品牌竞争者

4. 下列因素中属于医药市场宏观环境的是（　　）。

　　A. 营销中介机构　　　　　　　　　B. 税务部门

C. 消费者的收入　　　　　　　　　D. 国际竞争对手

5. 向医药企业及其竞争者提供生产产品和服务所需资源的企业或个人是（　　　）。

    A. 供应商　　　　　B. 经销商　　　　　C. 顾客　　　　　D. 中间商

6. 采用 SWOT 分析法对企业内外部环境进行综合分析。其中，SO 战略应该（　　　）。

    A. 发挥优势，利用机会　　　　　　B. 克服劣势

    C. 回避威胁　　　　　　　　　　　D. 清理或合并

7. 企业的营销活动不可能脱离周围环境而孤立地进行，要主动地（　　　）。

    A. 控制环境　　　B. 征服环境　　　C. 改造环境　　　D. 适应环境

（二）多项选择题

1. 企业进行经济环境分析时，要着重分析的主要因素有（　　　）。

    A. 人口出生率　　　　B. 消费者收入　　　　C. 消费者储蓄

    D. 消费者信贷　　　　E. 消费者支出

2. 企业的直接营销环境的构成要素主要有（　　　）。

    A. 竞争者　　　　　　B. 公众　　　　　　C. 供应商

    D. 营销中介　　　　　E. 目标顾客

3. 现代市场条件下，企业所面临的竞争者类型有（　　　）。

    A. 欲望竞争者　　　　B. 平行竞争者　　　　C. 形式竞争者

    D. 品牌竞争者　　　　E. 寡头竞争

二、思考题

1. 简述医药市场营销环境的特点。

2. 简述医药市场营销宏观环境和微观环境的构成。

书网融合……

e微课　　　　　划重点　　　　　自测题

第三章

医药消费者与组织市场分析

学习目标

知识要求

1. **掌握** 营销心理常识。
2. **熟悉** 医药消费者市场的特点及市场分析内容。
3. **了解** 医药组织市场的特点及市场分析内容。

能力要求

1. 学会分析消费者的一般心理活动。
2. 能够分析医药消费者市场和医药组织市场。

实例分析

低价就能打动消费者吗?

实例 某市几家平价药房的领航者,先后呈现出连锁扩张的发展态势,企业决策者认为价格低廉必然能吸引顾客。

该市一家咨询公司对消费者药店购买行为进行了调查分析,调查显示本市消费者在购买医药健康产品时,最重要的考虑因素是品牌和安全,价格因素是其次。医药市场专家指出,片面追求低价的经济药房有必要及时调整营销策略,除了在价格上吸引消费者外,还需要考虑消费者需求的多样性,如对品牌、产地、送货服务等方面的要求,采用符合消费者真正购药需求的营销策略。

问题 1. 人们购买药品、保健品最关心的是什么?

2. 这个实例反映了消费者怎样的消费心理?

消费心理是消费者的所思所想,而消费行为是指消费者对于商品或服务的消费需要,以及使商品或服务从市场上转移到消费者手里的活动。任何一种消费活动,都同时包含消费者的心理活动和消费行为。准确把握消费者的心理活动,是准确理解消费行为的前提。而消费行为是消费心理的外在表现,消费行为比消费心理更具有现实性。

第一节 消费者心理分析

PPT

消费者是有差异的,每个消费者都有其特定的心理活动方式。同一个消费者对于不同的商品会有不同的认识,不同的消费者对于相同的商品也会有不同的认识,从而形成不同的态度、情感和意志。

一、消费心理

心理是人脑的机能，人脑是心理的器官。人脑作为心理活动的器官，其活动方式是反射，一切心理现象不论是简单的还是复杂的，从产生方式来说都是反射。反射是有机体通过神经系统对内外刺激所做出的有规律的反应，它可分为无条件反射和条件反射。

1. 无条件反射　遗传得来的、不学而能的反射。例如，食物放到嘴里会引起唾液分泌，强光刺激眼睛会自动闭合等。无条件反射主要可以分为食物的、预防的、性的三类，对机体生命的维持、种族的延续具有重大意义。

2. 条件反射　在无条件反射的基础上，在一定条件的刺激影响下，通过大脑皮层神经的暂时联系所造成的反应活动。例如，喜爱跳舞的人，每逢听到节奏性较强的乐曲时，脚就会不自觉地动起来；吃过酸梅的人不仅望见梅会分泌唾液，即使看见、听见"酸梅"这个词也会分泌唾液。条件反射具有极大的可塑性和灵活性，它的建立，扩大了有机体对外界事物的反应范围，提高了适应环境的能力。

消费心理就是消费者在社会总体消费环境的影响下，调节、控制自身消费行为的心理现象，是指消费者在购买商品过程中的心理活动。例如，消费者从进入药店之前到把药品买走的整个过程，由于存在着影响心理活动的各种因素，其心理变化是复杂的。消费者的心理现象可以从心理过程、个性心理和心理状态三个层面进行描述，具体见表3-1。

表3-1　心理现象的描述

心理过程	认识过程：感觉、知觉、记忆、想象、思维
	情感过程：道德感、理智感、美感
	意志过程：做出购买决定、执行购买决定、体验执行效果
个性心理	个性倾向性：需要、动机、兴趣、信念、理想、价值观
	个性心理特征：能力、气质、性格（核心）
心理状态	觉醒状态：注意
	非觉醒状态：睡眠、催眠

请你想一想

你对下列名词是否具有好（恶）感或者没有感觉？请根据上述所学内容说明为什么。

口罩、疫苗、酸奶、网红、呼吸机、药酒

二、消费者的需要

需要与需求是两个既相互联系又相互区别的概念。需要（need）是人们对某种目标的渴望或欲求，是人的一种心理活动，这种心理活动会强烈地推动消费者去实现自己的行为。当然，消费者是否能实现自己的购买行为，取决于各种内外因素的共同作用，尤其是外部因素中是否具备满足消费者需要的条件，例如，是否存在这种商品，是否能购买到这种商品，消费者是否具备相当的购买力等。所以，消费者的需要是一个心理学上的概念。而需求（demand）仅仅是指用货币等价物保证的那一部分需要，它是一个与市场营销密切相关的概念。通俗地说，消费者需求包含两个必要条件，即消费者的需要和消费者的购买力。心理学家认为，消费者的购买行为和任何其他行为一样，都产生于某种尚未得到满足的需求。

心理学家马斯洛提出了"需要层次论"，他的理论基于两种前提（图 3 - 1）。

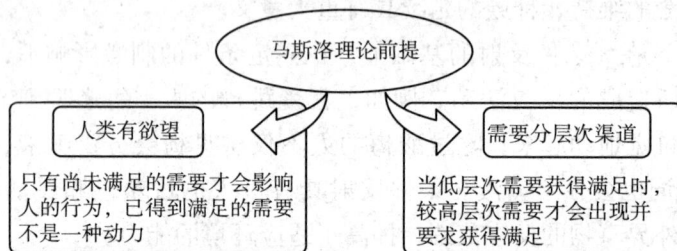

图 3 - 1 马斯洛理论前提

需要层次论把人的多种多样的需要归纳为七大类，并按照它们发生的先后次序分为七个等级（图 3 - 2）。

1. 生理需要 为了求得延续生命的基本需要，是最低层次的需要，例如食物、饮水、睡眠和其他生理机能的需要。马斯洛认为人的生理需要是最重要的，只要这一需要还没得到满足，就会无视其他需要或把其他需要搁置一边。

2. 安全需要 表现为人们要求稳定、安全、受到保护、有秩序，能免除恐惧和焦虑等，它是保障人身安全，以免遭受危险和威胁，如保险、保健、药品等的需要。当人的生理需要得到一定程度的满足后，紧接着就会出现对安全的需要。

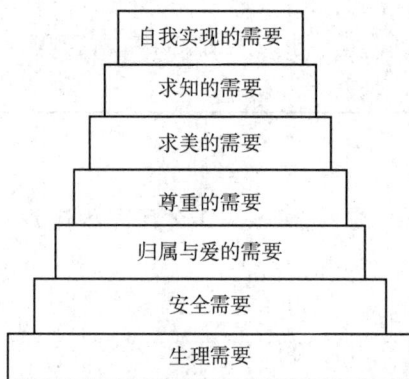

图 3 - 2 马斯洛需要层次论

3. 归属与爱的需要 包括两个方面：①爱的需要，即人都希望朋友之间、同事之间的关系融洽并保持友谊和忠诚，希望得到爱情，人人都希望爱别人，也渴望得到别人的爱；②归属的需要，即人都希望从属于一定的群体，被群体所接纳和认同，否则就会感到失落、空虚。

4. 尊重的需要 包括两个方面：①自尊，人们都希望自己有实力、有成就、能够胜任工作，自尊得到满足会使人相信自己的力量和价值，从而有利于发挥自己的潜能，否则会使人自卑和丧失信心；②希望受到他人尊重，人们希望获得荣誉、受到尊重和尊敬、被他人赞赏。对个人而言，他人的评价是非常重要的，有时会影响个体对自己的判断与认识。

5. 求美的需要 对于秩序、对称、完整、和谐、结构及存在于人们活动中的行为的完美的需要。如希望自己的行动更完美，对事物的对称性、秩序性等美的形态的欣赏，对于美的结构和规律性的需要等。

6. 求知的需要 对于各种事物的好奇、学习并探究事物的哲理、对事物进行试验和尝试的欲望，即人们用来获取知识、发展智能、提高思想修养和道德情操等方面的需要。这种需要是社会文明的标志。

7. 自我实现的需要 实现个人的理想、抱负、发挥自己的潜能。工匠精神就是自我实现需要的体现，持之以恒，一丝不苟，对任何工作都坚守初心，精益求精。这种需要是人生对事业追求的最高境界。每个人都希望完成与自己能力相匹配的工作，发挥自己的才能，成为对社会有用的人。

三、心理感受

1. 心理感受过程 心理学认为，感受是人们通过感觉器官接受外界环境的刺激后在大脑中留下的评价与反映。

潜在消费者产生购买动机后，其购买行为还取决于对刺激物的感受。任何消费者购买商品，都要通过自己五官感受（视觉、听觉、嗅觉、味觉或触觉）得到的印象，进行综合分析，才能决定是否购买。所以，一切产品和广告，只有通过人的感觉，才能影响消费者的购买行为（图3-3）。

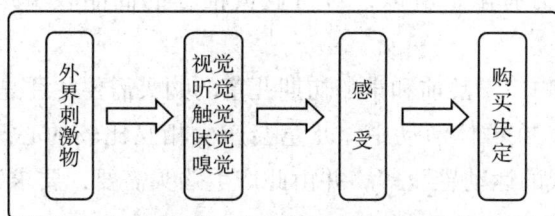

外界刺激物 ⇒ 视觉听觉触觉味觉嗅觉 ⇒ 感受 ⇒ 购买决定

图3-3 心理感受过程

消费者的感觉，并非完全由外界刺激物的特点决定，它还受到消费者固有的文化、社会和心理评判标准、价值观念等主观因素的影响。例如，同样一种药品，其产品名称、包装外观、广告方式和用语、价格等，有人认为很好，而有人却认为不好，这会直接影响购买行为的发生。

2. 过滤效应 值得注意的是，并不是每一件事物都能在所有人的心里产生感觉效应。因为每一个人在从感觉器官接受外界刺激到形成感受的过程里，会发生过滤效应（心理学上称为知觉的选择性），即所谓的选择性注意、选择性理解、选择性记忆（图3-4）。

选择性注意	选择性理解	选择性记忆
由于兴趣、精力等原因，人们在五彩缤纷的世界中往往注意预期的刺激物和变化较大的刺激物	人们对感觉到的外界刺激物进行理解时，往往按自己的想象（如个人经历、偏好及当时情绪）去理解	人们真正在大脑中留下印象、产生记忆的往往是与个人兴趣、爱好、态度、信念相一致的事物

选择性注意 想买保健品的消费者，会十分注意相关保健品的广告、商店、生产厂家，并留下对各类保健品的印象；尽管他同时也接触许多洗涤剂和杀虫剂的广告，但大脑里不会留下什么印象

某药品同时具有助消化及助睡眠功能，消化不良者会注意其助消化功能，而失眠症患者则会根据其助睡眠功效来判断疗效 **选择性理解**

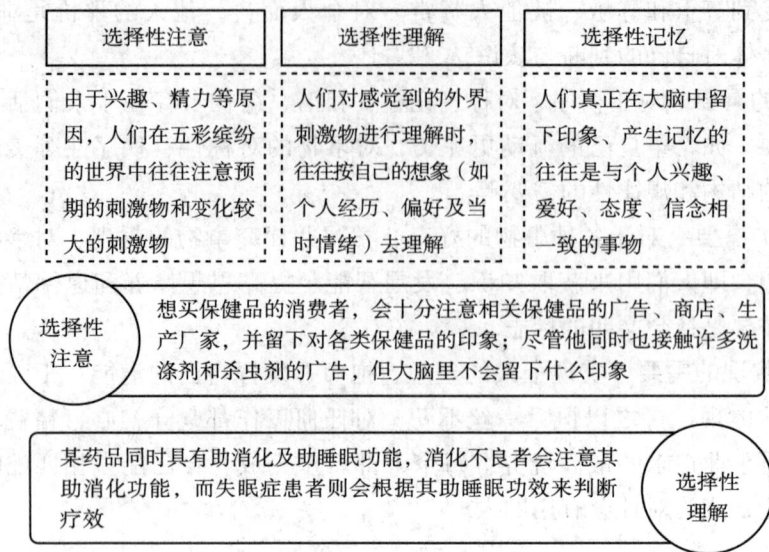

图 3 - 4　过滤效应

四、常见的消费心理

（一）少年儿童消费心理

1. 目标明确，购买迅速　少年儿童购买商品多由父母事前确定，决策的自主权十分有限，因此，购买目标一般比较明确。加上少年儿童缺少商品知识和购买经验，识别、挑选商品的能力有限，所以，对营业员推荐的商品较少产生异议，购买比较迅速。

2. 容易受群体影响　学龄前和学龄初期儿童的购买需要往往是感觉型、感情性的，非常容易受他人影响。在群体活动中，儿童会产生相互比较的心理，如"谁的玩具更好玩""谁有什么款式的运动鞋"等，并由此产生购买需要，要求家长为其购买同类同一品牌同一款式的商品。

3. 具有较强的好奇心　少年儿童的心理活动水平处于较低的阶段，虽然已具有简单的逻辑思维，但仍以直观、具体的形象思维为主，对商品的注意和兴趣一般由商品的外观刺激引起。因此，在选购商品时，有时不是以是否需要为出发点，而是取决于商品是否具有新奇、独特的吸引力。

4. 具有依赖性　由于少年儿童没有独立的经济能力和购买能力，一般由父母负责购买商品，所以，在购买商品时具有较强的依赖性。父母不但代替少年儿童进行购买，而且往往会将个人的偏好投入购买决策中，忽略儿童本身的好恶。

（二）青年人消费心理

青年消费者是企业竞相争夺的主要消费目标。了解青年消费者的消费心理特征，对于企业经营和发展具有极其重要的意义。一般来说，青年消费者的消费心理具有以

下特征。

1. 追求时尚和新颖　青年人的特点是热情奔放、思想活跃、富于幻想、喜欢冒险，这些特点反映在消费心理上，就是追求时尚和新颖，喜欢购买一些新的产品，尝试新的生活。在他们的带领下，消费时尚也会逐渐形成。

2. 表现自我和体现个性　青年人具有较强的自我意识，追求独立自主，在做事情时，力图表现出自我个性。这一心理特征反映在消费行为上，就是喜欢购买一些具有特色的商品，而且这些商品最好能体现自己的个性特征，对那些一般化、不能表现自我个性的商品，他们一般不会将其作为首选目标。

3. 容易冲动，注重情感　青年人对事物的分析判断能力还没有完全成熟，他们的思想感情、兴趣爱好、个性特征还不完全稳定，因此在处理事情时，往往容易感情用事，甚至产生冲动行为。这种心理特征表现在消费行为上，就是容易产生冲动性购买，在选择商品时，感情因素占主导地位，往往以能否满足自己的情感愿望来决定对商品的好恶，只要是自己喜欢的东西，便迅速做出购买决策。

（三）中年人消费心理

中年人的心理已经相当成熟，个性表现比较稳定。这一心理特征在他们的购买行为中也有同样的表现。

1. 理智性胜于冲动性　中年人在选购商品时，很少受商品外观因素的影响，比较注重商品的内在质量和性能，往往经过分析、比较以后，才做出购买决定，尽量使自己的购买行为合理、正确、可行，很少有冲动、随意购买的行为。

2. 计划性多于盲目性　中年人在购买商品前常常对商品的品牌、价位、性能要求乃至购买的时间、地点都妥善安排，做到心中有数，不需要和不合适的商品绝不购买，很少有计划外的开支和即兴购买。

3. 求实用，节俭心理较强　中年人更关注商品的结构是否合理，使用是否方便，是否经济耐用、省时省力等。当然，中年人也会被新产品所吸引，但他们更关心新产品是否比同类旧产品更具实用性。商品的实际效用、合适的价格与较好的外观，是引起中年消费者购买的动因。

4. 有主见，不受外界影响　由于中年人的购买行为具有理智性和计划性，他们做事大多很有主见且经验丰富，对商品的鉴别能力很强，大多愿意挑选自己所喜欢的商品，所以对于营业员的推荐与介绍有一定的判断和分析能力，对于广告一类的宣传也有很强的评判能力，受广告这类宣传手段的影响较小。

5. 随俗求稳，注重便利性　中年人不像青年人那样完全根据个人爱好进行购买，不再追求丰富多彩的个人生活用品，需求逐渐稳定。他们喜欢购买大众化的、易被接受的商品，尽量不使人感到自己花样翻新、不够稳重。

中年人十分欢迎具有便利性的商品，如减轻劳务的自动化耐用消费品，食物半成品、现成品等，这些商品往往能被中年顾客认识并促成其购买行为。

（四）老年人消费心理

在竞争日益激烈的环境中，企业必须注重分析老年消费者的心理特征。老年消费者所具有的心理特征主要表现如下。

1. 富于理智 老年消费者生活经验丰富，情绪反应一般比较平稳，很少感情用事，大多会以理智来支配自己的行为。因此，他们在消费时比较仔细，一般不会产生冲动的购买行为。

2. 精打细算 老年消费者会按照自己的实际需求购买商品，量入为出，注意节俭，对商品的质量、价格、用途、品种等都会做详细了解，很少盲目购买。

3. 坚持主见，不受外界影响 老年消费者在消费时，大多会有自己的主见，而且十分相信自己的经验和智慧，即使听到商家的广告宣传和别人介绍，也要先进行一番分析，以判断自己是否需要购买这种商品。企业应该尊重和听取老年消费者的意见，对他们"晓之以理"。

4. 追求方便易行 老年人在购物的时候，常常希望比较方便，不用花费很大的精力。因此，企业应该为他们提供尽可能多的服务，以增加他们的满意度。

5. 品牌忠诚度较高 老年消费者在长期的生活过程中，已经形成了一定的生活习惯，而且一般不会做较大的改变，因为他们在购物时抱有怀旧和保守心理。他们对于曾经使用过的商品及其品牌，印象比较深刻，而且非常信任，是企业的忠诚消费者。

（五）男性消费心理

男性消费者的购买动机具有以下特征。

1. 形成迅速、果断，具有较强的自信性 男性的个性特点与女性的主要区别之一就是具有较强的理智性。他们善于控制自己的情绪，处理问题时能够冷静地权衡各种利弊因素，从大局着想。有的男性则把自己看作能力、力量的化身，具有较强的独立性和自尊心。这些个性特点也直接影响他们在购买过程中的心理活动。因此，动机形成要比女性果断、迅速，并能立即导致购买行为，即使是处在比较复杂的情况下，如当几种购买动机发生矛盾冲突时，也能够果断处理，迅速做出决策。

2. 具有被动性 就普遍意义讲，男性消费者不如女性消费者经常料理家务，照顾老人、小孩，因此，购买活动远远不如女性频繁，购买动机也不如女性强烈，比较被动。在许多情况下，购买动机的形成往往是由于外界因素的作用，如家里人的嘱咐、同事朋友的委托、工作的需要等，动机的主动性、灵活性都比较差。我们常常看到许多男性顾客在购买商品时，事先记好所要购买的商品品名、式样、规格等，如果商品符合他们的要求，则采取购买行动，否则，就放弃购买。

3. 感情色彩比较淡薄 男性消费者在购买活动中心境的变化不如女性强烈，不喜欢联想、幻想，他们往往把幻想看作未来的现实。相应地，感情色彩也比较淡薄。所以，当动机形成后，稳定性较好，其购买行为也比较有规律。即使出现冲动性购买，也往往自信决策准确，很少反悔退货。需要指出的是，男性消费者的审美观同女性有明显的差别，这对他们动机的形成也有很大影响。比如，有的男性认为，男性的特征就是粗犷有力，因此，他们在购买商品时，往往对具有明显男性特征的商品感兴趣，如烟、酒、服装等。

（六）女性消费心理

企业在市场销售中，应当充分重视女性消费者的重要性，挖掘女性消费市场。女性消费者一般具有以下消费心理。

1. 注重形象 俗话说"爱美之心，人皆有之"。对于女性消费者来说，就更是如此。不论是青年女性，还是中老年女性，她们都愿意将自己打扮得美丽一些，充分展现自己的女性魅力。尽管不同年龄层次的女性具有不同的消费心理，但是她们在购买某种商品时，首先想到的就是这种商品能否展现自己的美，能否增加自己的形象美，使自己显得更加年轻和富有魅力。例如，她们往往喜欢造型新颖、包装别致、气味芬芳的商品。

2. 追求美观 女性消费者还非常注重商品的外观，将外观与商品的质量、价格当成同样重要的因素来看待，因此在挑选商品时，她们会非常注重商品的色彩、式样。

3. 感情强烈 女性一般具有比较强烈的情感特征，这种心理特征表现在商品消费中，主要是用情感支配购买动机和购买行为。同时，她们经常受到同伴的影响，喜欢购买和他人一样的东西。

4. 追求品质 对于许多女性消费者来说，之所以购买商品，除了满足基本需要之外，还希望通过产品来提升自己的修养和生活品质。在这种心理的驱使下，她们会在注重商品实用性的同时，追求产品的附加价值。

5. 从众心理 在从众心理诱导下的购买动机具有跟随性，常常表现为群体集体购买，其购买行为具有无目的性、偶然性、冲动性的特点。

6. 怀旧心理 在怀旧心理诱导下的购买动机具有复古性，常常表现为购买只有某一历史特征的传统商品的仿古制品，其购买行为具有明确的目的性、专一性和观赏性的特点。

7. 保值心理 在保值心理诱导下的购买动机具有保值性，常常表现为购买金属制品、耐用消费品和生活必需品，其购买行为具有盲目性、冲动性和抢购性的特点。

你知道吗

消费心理的类型

1. 求实心理 以追求商品或劳务的使用价值为主要目的的消费心理。

2. 求美心理 以追求商品的艺术价值和欣赏价值为主要目的的消费心理。

3. 求便心理 以追求商品购买方便或携带方便为主要目的的消费心理。

4. 偏好心理 以追求商品能满足自己某些特殊爱好为主要目的的消费心理。

第二节　医药消费者市场分析

一、医药消费者市场的概念和特点

（一）概念

医药消费者市场是指个人或家庭为了满足其防病、治病、健身等生活需要而购买药品和服务所形成的市场。

随着社会经济的不断发展，民众自我保健意识的提高，人们越来越注重生命质量，不仅在总量上扩大了医药市场的规模，而且对药品质量、疗效提出了更高的要求。在我国，广泛意义上，医药市场包括药品市场、医疗器械市场和保健品市场。其中药品市场是医药消费者市场的重要构成部分。药品市场按药品分类管理要求可分为处方药市场和非处方药市场；按药品产品大类可分为中药市场、化学药市场、生物制品市场等。企业只有动态地研究分析消费者市场的全面情况，提供适销对路的医药产品，并采取正确的营销策略，才能把握市场机会。

（二）特点

我国医药消费者市场的特点如图 3-5 所示。

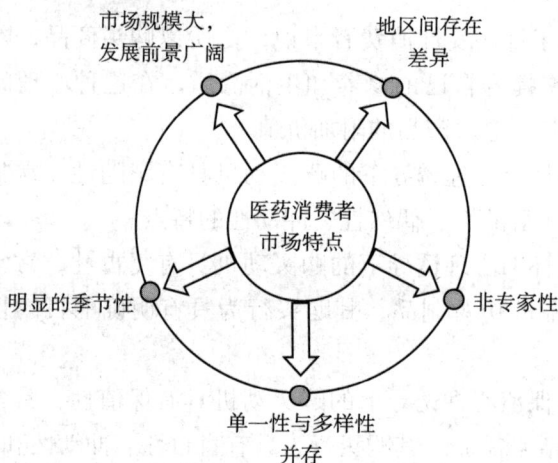

图 3-5　医药消费市场特点

1. 市场规模大，发展前景广阔　我国人口基数大，是全球最大的医药市场之一。从目前的经济发展现状看，民众普遍偏重疗效确切、价格合理的医药产品。随着我国经济的发展，人民群众生活水平和生活质量不断提高，我国医药市场的发展前景将是十分广阔的。

2. 地区间存在差异　农村市场与城市市场在药品品种、质量、价格、用药知识、观念与习惯等方面存在差别，随着我国经济社会的发展和人民生活水平的不断提高，农村市场将逐步成为我国医药经济新的增长点。此外，由于地区之间存在着地理环境、气候条件等差别，不同地区居民需求的药品品种也不尽相同，如北方寒冷地区对一些驱寒药物、抗感冒药物的需求量较大；江南或江河边缘地区在预防和治疗真菌感染方面疾病的药品需求量较其他地区要大。

3. 非专家性 由于医药产品在使用过程中需要一定的专业知识，而大部分消费者无法达到这一要求，所以缺乏正确选择药品和服用药品的能力，无法区别药物之间的差别，非专家性特点对于药品而言可谓特别突出。

4. 单一性与多样性并存 药品不同于其他商品，其潜在消费者要变为现实消费者的条件，就是当一个人生病或防病时，才会产生购买欲望，外界刺激对其影响相对于一般商品而言比较小。这就是药品消费的目的单一性特点。因而药品促销过程中的"诉求点"不像一般商品那样丰富。同时，由于存在消费者个体的差异，如民族传统、宗教信仰、经济收入、文化程度、风俗习惯、兴趣爱好、性别、年龄、职业等，使其在药品购买行为方面也产生一定差异，如有的关注价格、有的关注品牌、有的自己能够简单诊断、有的完全听从别人介绍。这就要求医药企业充分认识消费者的差异，针对不同的市场采取相应的营销策略，以便更好地满足消费者需求。

5. 明显的季节性 医药消费需求与季节有一定的关系，用药需求呈现出较明显的季节性特点。如春冬之交是感冒药的需求旺季，夏季多用防暑降温药，冬季多用滋补药等。

二、医药消费者市场分析的内容

由于医药市场涉及的内容复杂纷繁，通常的分析方法是围绕"6W1H"展开消费者市场的分析。这6个W分别代表：购买者（WHO）和购买决策者（WHO）、为何购买（WHY）、购买什么（WHAT）、何时购买（WHEN）、何处购买（WHERE）、如何购买（HOW）等（图3-6）。

这七项内容可以说涵盖了营销人员在进行消费者市场分析时需掌握的情况，也是搞好医药企业市场营销的前提和基础。例如，一家医药企业要生产一种新药，它事先必须分析研究，回答以下几个问题：目前市场上最需要什么药品？顾客为什么要购买这种药品？哪一类顾客会选用这种药品？他们在什么情况下（何时、何处、如何）会购买？如果对这几个问题的分析是正确的，那么对消费者的消费心理和购买行为也就摸清楚了，这种药品的市场需求就基本形成了。

图3-6 6W1H

（一）购买者和决策者

1. 购买者　了解谁是购买者，主要是要求医药企业了解特定药品的购买者情况，如需求量、消费者年龄构成、收入情况、职业、地区分布、受教育程度等。这是企业研究消费者市场的基础和开始，找准消费者后才能展开有关的进一步研究工作。比如感冒药购买者的特征：要求感冒药能迅速消除症状；有人习惯用西药感冒药，有人习惯用中药感冒药；大部分人喜欢用知名品牌；自己做主，对医生的依赖性不如其他药物。感冒药的生产厂家就应当以此为依据开发感冒药，并加强对自己品牌的宣传。

2. 决策者　在消费者市场中，消费者的购买活动一般以消费者个人或以家庭为单位，但是购买的决策者通常不是家庭集体，而是家庭中的某一个或几个成员。因此，企业就必须进一步了解家庭成员在购买决策中所起的作用和影响。有时候购买药品的决策者似乎是患者本人，但实际上有可能是其家庭成员中的某一员起了决定性的作用，也有可能是药店营业员。这时，企业的促销策略就必须同时兼顾真正具有决定性或影响力的顾客的需求。在消费者的实际购买活动中，人们可能以不同的身份出现（图3-7）。

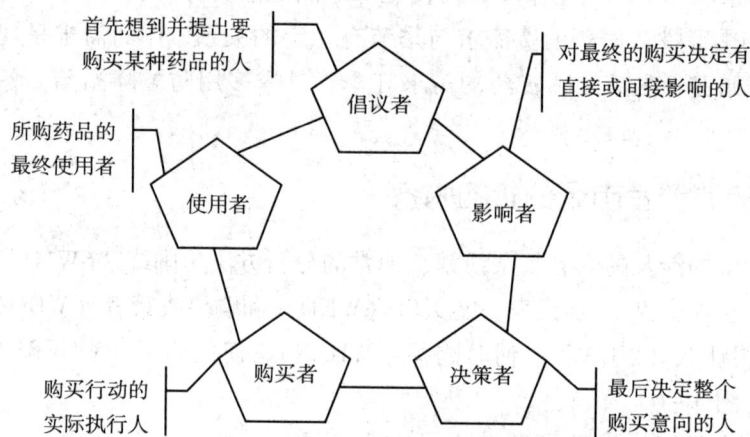

图3-7　购买活动中的角色

如儿童药品的消费者是儿童，决策者和购买者一般是父母。家庭中，妻子可能帮助丈夫购买保健品和药品。针对不同决策者，企业可采取以下营销活动（表3-2）。

表3-2　针对决策者的营销活动

决策者	针对性的营销活动
医生或药师	向医生或药师介绍药品的基本信息
儿童家长	通过广告中的家庭温馨画面，强调儿童药品的安全等
老人子女	选择中青年经常接触的广告媒介，强化孝敬父母的诉求等
病友或有诊疗经验的亲友	加强服务，提高患者满意度，实施提示性广告等
药店店员	开展店员教育，在店内张贴海报等

（二）为何购买

为何购买是指消费者的购买目的。消费者自行购买药品的原因有以下几点：治疗不严重的疾病，缓解症状，方便、省时等。

市场调查中，大量被调查的消费者表示自己去药店购药的最主要原因是得了小毛病，自身能够察觉症状并能判断所需药品，所以乐于自行药疗，治疗常见的小病，省去了去医院排队挂号、候诊、配药的时间。医药零售企业了解消费者购买目的后，一般可在销售活动中满足消费者的购药需求。

（三）购买什么

药品的包装、说明书、疗效、不良反应、使用便捷性、安全性、品牌等，是消费者选择药品时比较注重的内容。

在研究消费者购买什么时，除了要回答企业目标顾客最想得到的产品和服务外，更重要的是营销人员要掌握消费者在购买药品时关心的是什么、考虑的是什么、担心的又是什么等内容。由于消费者的差异，同一类药品的不同消费者在购买药品时所关心和考虑的内容不可能是一样的，这就要求企业在市场营销中十分重视消费者的需要，尽可能满足消费者的需要。

（四）何时购买

医药消费具有急迫性特征，消费者深夜得病就得深夜买药。所以说医药消费者在任何时间都可能买药。但"任何时间"也有一定规律可循，那就是集中性、季节性、流行性、突发性（图3-8）。

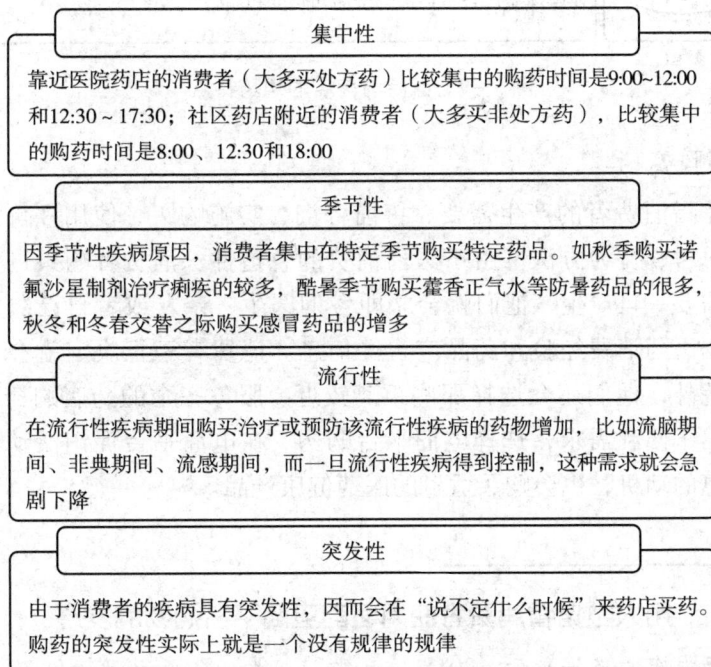

> **集中性**
>
> 靠近医院药店的消费者（大多买处方药）比较集中的购药时间是9:00~12:00和12:30~17:30；社区药店附近的消费者（大多买非处方药），比较集中的购药时间是8:00、12:30和18:00

> **季节性**
>
> 因季节性疾病原因，消费者集中在特定季节购买特定药品。如秋季购买诺氟沙星制剂治疗痢疾的较多，酷暑季节购买藿香正气水等防暑药品的很多，秋冬和冬春交替之际购买感冒药品的增多

> **流行性**
>
> 在流行性疾病期间购买治疗或预防该流行性疾病的药物增加，比如流脑期间、非典期间、流感期间，而一旦流行性疾病得到控制，这种需求就会急剧下降

> **突发性**
>
> 由于消费者的疾病具有突发性，因而会在"说不定什么时候"来药店买药。购药的突发性实际上就是一个没有规律的规律

图3-8 何时购买的规律

针对购买时间的规律性，企业可采取如下营销活动（表3-3）。

表3-3　针对购药时间的营销活动

购药时间规律	针对性的营销活动
集中性	一般在集中时段安排较多店员，为消费者提供及时、周到的服务；在非集中时段根据服务要求安排店员
季节性	开展季节性药品市场研究，确定季节性品种；采购季节性药品要有提前量，力使货源充足、规避价格波动；相应季节来临时加大广告投放量
流行性	及时了解流行性疾病信息，掌握对应药品的生产情况，做好产销预案
突发性	开设昼夜售药窗口，安排店员值班，确保消费者购药方便

（五）何处购买

我国现时药品最基本的购买点有两个：一是医院（医疗单位），二是药店。这两大药品供应点的供应品种、供应方式、支付方式有所不同。企业必须根据所生产经营的药品类别，制定相应的销售策略（图3-9）。

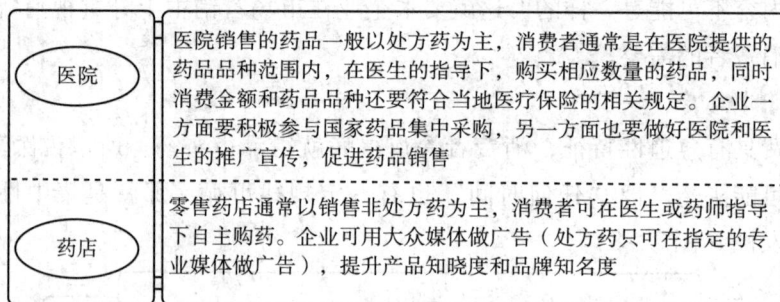

图3-9　医院与药店的购药特点

（六）如何购买

如何购买是指消费者的产生需要、售前咨询、实施购买、使用评价等全过程，以及与之对应的思考、行为方法。由于医药消费的急迫性，消费者购买过程一般是非常紧凑的。消费需要一旦产生，他们就会立即咨询医生、亲友或者自己决定，消费者自己的决定是依据医药消费经验和药品广告等信息。消费者一旦决定就会立即实施购买行动。除了医院外，他们还会选择那些距离较近、服务齐全的药店购药。当前，越来越多的消费者出于便利需求，选择电商平台购药。在电商平台促销活动期间，消费者出于预防和实惠的动机，也会购买适量的医药健康产品。

你知道吗

用大数据看消费者使用医药电商平台购物的发展

据阿里健康发布的数据显示：2018年天猫"双十一"活动开场仅30分钟，天猫医美平台成交额就超过前一年全天，其中包括体检、口腔在内的医疗服务。此外，消费者通过电商平台购买医药健康产品已从线上购买延展到线上线下共振的消费场景。阿里生态支撑下的阿里健康医药 O2O 服务，让用户足不出户就能体验"急用药"。2012年医药电商平台销售规模仅 133 亿元，而 2017 年已达 1211 亿元。

三、医药消费者购买决策过程

消费者的购买决策，从表面上看，似乎就是"买"与"不买"之间的选择，事实这是一个复杂的过程。消费者的购买，实际上在购买行为发生前就已经开始，并在购买后还没有完结。购买决策过程一般可分为连续的不同阶段（图 3 – 10）。

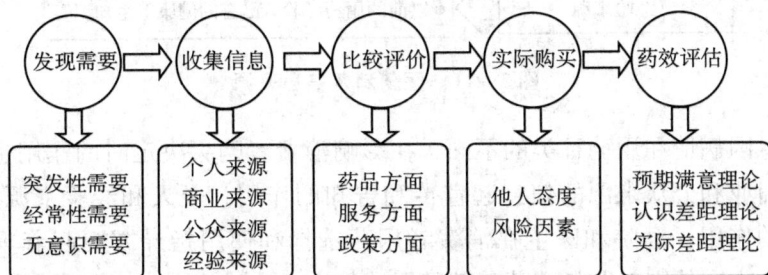

图 3 – 10　医药消费者购买决策过程

（一）发现需要

消费者首先认识到有待满足的需求，如身体有了疾病，才能产生购买药物动机。引起消费者自行购买药品的因素如下：疾病发作，身体产生不适症状；疾病多发季节即将到来，提前预备药品；受购药环境影响，如设在药店或超市药柜的产品展示，以及医药企业的促销活动，这些都会引起非预想购买行为发生。

消费者购买药品行为的发生，常源于以下情况。

1. 突发性需求　医药市场中最常发生的购买行为。对于一个具体的消费者而言，由于疾病的发生一般情况下是没有规律的，所以药品的需要不具备预见性和预期性。只有当得了病才会产生购买某种药品的需要。

2. 经常性需要　由于消费者患病后对某种药品需长期使用或经常使用，所以会经常购买。他们对这类药品的功效、价格、品牌都非常熟悉，一般不需花时间考虑。对于这种购买行为，市场营销的主要工作如下：①保持产品质量、价格和一定的存货水平，巩固现有的客户市场；②利用适当的提示物，如广告宣传、营业推广等，吸引潜在顾客，改变他们原来的购买习惯。

3. 无意识需要　①患者已经存在某种病症，但由于一些原因没有引起注意，所以也没有用药需要；②某种新药的宣传力度不够，消费者不知道这种药品存在，所以也就没有购买需要。针对这些情况，企业要做的工作首先是提高消费者的健康卫生意识，其次是进行合理的宣传，提高产品知名度，使无意识需要变成现实需要。

（二）收集信息

医药消费信息来源有下列四类（图 3 – 11）。

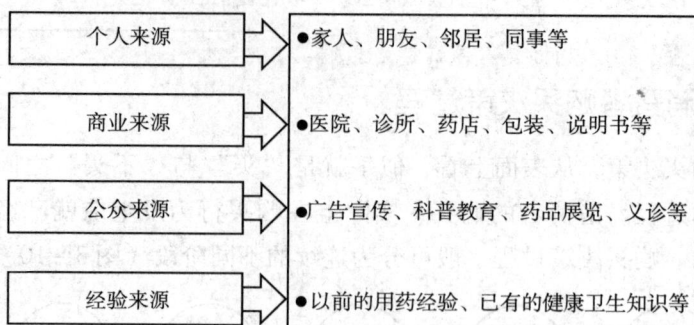

个人来源	➡	●家人、朋友、邻居、同事等
商业来源	➡	●医院、诊所、药店、包装、说明书等
公众来源	➡	●广告宣传、科普教育、药品展览、义诊等
经验来源	➡	●以前的用药经验、已有的健康卫生知识等

图 3 – 11　医药消费信息来源

各种信息因病情和用药种类的不同，在影响消费者购买决定时的作用也是不同的。一般而言，商业和公众来源的信息起宣传和告知的作用，个人和经验来源的信息发挥权衡和抉择的作用。医院和医生在消费者用药选择和使用指导方面起着重要的作用，零售药店和广告宣传则对非处方药营销的影响较大。

（三）比较评价

消费者需对已经获得的药品信息进行比较、评价、判断和选择后，才能最后做出购买什么（品牌）、购买多少（数量）的决定。比较评价是一个复杂的过程，在非处方药市场上，消费者会根据病情、经济条件、药品广告和用药指导等因素进行比较评价。

（四）实际购买

消费者经过上述几方面的权衡比较后，才能最后做出购买决定并发生购买行为。在实际购买中，消费者还受其他因素的影响。

1. 他人态度　影响购买决定与实际购买的因素之一，在药品购买中消费者受他人的影响是绝不能忽视的。这些人包括家庭成员、直接相关群体、医生、药品零售人员等，如果他们的否定态度强烈，且与该消费者的关系密切，那么消费者的购买意向就降低或直接取消购买决定和购买行为。

2. 风险因素　也称未知因素，是指消费者的意向表达与实际之间可能存在的差异。消费者仅有购买意向并不能导致实际购买，购买行为是购买意向与未知因素相互作用的结果。这些风险因素是消费者在购买前竭力想得到证实或解决的，如财务风险、功能风险、生理风险、社会风险、服务风险等。

市场营销人员应该了解那些有可能使消费者改变购买决定与行为的因素，并提供降低风险的资料和进行购买帮助的尝试。

（五）药效评估

市场营销非常重视消费者的购后感觉与再购行为之间的关系，因为消费者的购后评价具有巨大的"反馈"作用，在很大程度上关系到这个产品在市场上的前景。"最好的广告是满意的顾客"，说的正是这个意思。判断消费者的购后行为有三种理论（表3-4）。

表3-4　消费者购后评价理论

理论类型	定义及说明
预期满意理论	认为消费者对产品满意程度，取决于预期希望得到实现的程度。如产品符合消费者期望，购买后就会比较满意；反之，期望距离现实越远，消费者不满就越大
认识差距理论	认为消费者购买商品后，都会引起不同程度的不满意感，原因是任何产品都有优点和缺点。消费者购买后，往往较多地看到产品的缺点，而其他同类产品越是有吸引力，消费者对所购产品的不满意感就越强烈
实际差距理论	认为消费者使用商品后对实际效果与理论预期效果之间存在差距，实际效果受很多具体因素影响。药品疗效既受药品本身的制约，又受患者个体的制约，它不可能与理论上或统计上的有效率完全一致

四、影响医药消费者购买行为的因素

购买行为指购买者寻找、购买、使用和评价用以满足其需要的产品所表现出来的一切活动。医药作为特殊商品，购买者的购买行为主要受以下五方面因素的影响：文化因素、社会因素、个人因素、心理因素和经济因素。

（一）文化因素

文化因素对消费者的需求和购买行为具有最广泛和最深远的影响，主要体现在文化和亚文化两个方面。

1. 文化　人类在创造物质财富的过程中所积累的精神财富的总和，是决定和影响消费者需求和购买行为的最基本因素。文化属于宏观环境因素之一，它包括知识、信仰、艺术、道德、法律、风俗习惯等。每个人都生活在一定的文化氛围中，并深受这一文化所含价值观念、行为准则和风俗习惯的影响。这一影响也延伸到了他们的消费需求和购买行为，而这些又都影响消费者的消费指向和购买行为。例如，我国消费者受传统中医药文化的影响，普遍认同中药的毒副作用小，疗效全面，可以从根本上治疗疾病，在一些慢性病的治疗方面有独特疗效，在预防和保健方面作用明显。

2. 亚文化　在每一种文化中，往往存在许多在一定范围内具有文化同一性的群体，被称为亚文化群，主要有民族群、宗教群、种族群、地理区域群等。亚文化通过其特有的价值观、风俗习惯、象征符号和行为特点等因素影响秉持者的购买行为。例如，我国有56个民族，各个民族在生存发展的历史长河中，都有自己的医药需求和医药创造，因此形成了独特的民族传统医药学，也养成了各个民族独有的用药习惯。目前，很多民族的传统医药得到了系统的挖掘整理，如藏医学、蒙医学、维吾尔医学等民族医药都得到了较好的继承发扬，其中不乏具有稳定而确切疗效的良方，培养了忠诚的使用者和支持者群体。还有，我国南方或北方、城市或乡村、沿海或内地等不同地区，由于地理环境、风俗习惯和经济发展水平的差异，人们往往具有不同的生活方式、习惯和爱好，医药需求形成了较大的差异，这也影响了他们的购买行为。

（二）社会因素

人具有群居本性，每个人都生活在一定的社会中，都要和其他人打交道。社会因素是消费者购买行为的重要影响因素，它包括相关群体、家庭等。

1. 相关群体　直接或间接影响消费者购买行为并与之相互作用的群体。一个人的行为会受到许多群体许多方面的影响。购买不同的产品和挑选不同的品牌，受相关群体的影响程度也是不同的。药品是易受他人影响的消费品，医药消费的影响者主要包括医生、药师、亲友、病友等。

2. 家庭　以婚姻为基础，以血缘为纽带的社会组织的基本细胞，也是消费行为中的最基本的群体。家庭是每一个消费者接受影响最早、最多的外部环境，消费者的一些基本的价值观念、消费爱好与模式、风俗习惯都直接来自家庭。

（1）家庭结构　家庭的组成模式与规模。家庭有不同的分类，按家庭的代际数量和亲属关系的特征分类是常见的家庭分类方法，主要有以下几种类型（表3-5）。

表3-5　几种家庭类型

家庭类型	具体说明
夫妻家庭	只由夫妻两人组成的家庭，包括夫妻自愿不育的丁克家庭、子女不在身边的空巢家庭以及尚未生育的夫妻家庭
核心家庭	由父母和未婚子女组成的家庭
主干家庭	由两代或者两代以上夫妻组成，每代最多不超过一对夫妻，且中间无断代的家庭，如父母和已婚子女组成的家庭
联合家庭	家庭中有任何一代含有两对或两对以上夫妻的家庭，如父母和两对以上已婚子女组成的家庭，或兄弟姐妹结婚后不分家的家庭
其他形式的家庭	包括单亲家庭、隔代家庭、单身家庭等

（2）家庭生命周期　一个家庭的收入变化和健康生活需求的重点会随着家庭生命周期的变化而变化（图3-12、图3-13）。

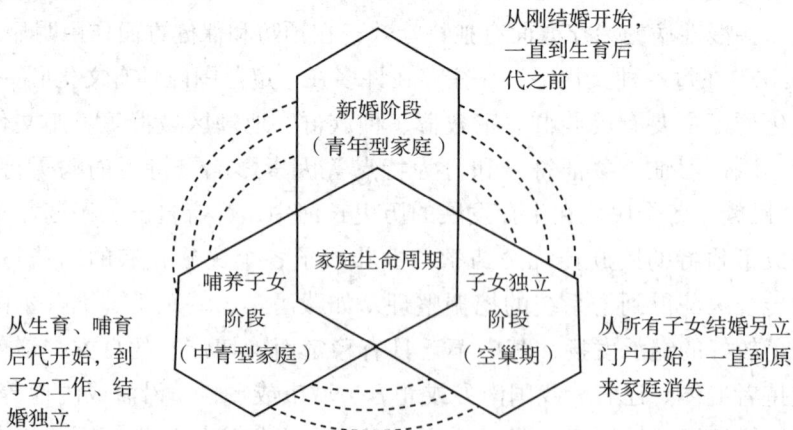

图3-12　家庭生命周期

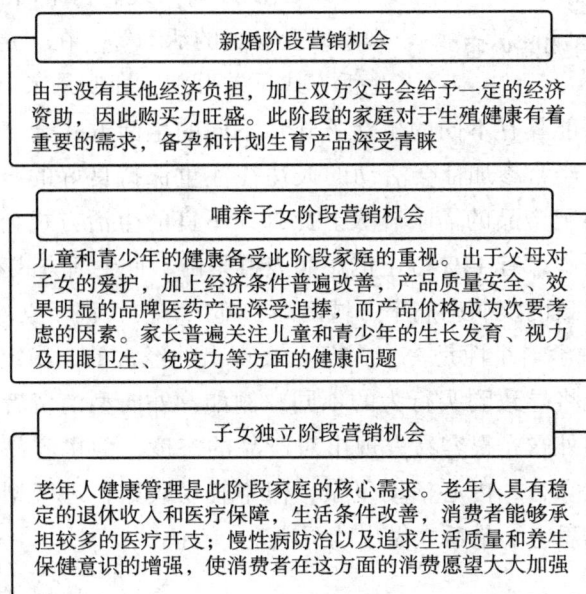

图 3 – 13　家庭生命周期不同阶段的健康生活需求

（三）个人因素

消费者的购买行为也受其个人特性的影响，特别是受年龄、性别、职业、经济状况、生活方式、个性以及自我观念的影响。

1. 年龄、性别　不同年龄层、不同性别的消费者，无论是在生理上还是在心理上都有明显的差异，导致他们对医药的消费需求和购买方式都有明显差异。例如，青年人一般对时尚品，如减肥、增高、美容等产品兴趣浓厚，而且购买时往往缺乏充分的考虑，容易受各种营销活动的影响，有一定的随意性；老年人身体健康状况相对较差，对治疗老年性疾病类的药品需求较多，对延年益寿等保健品比较感兴趣，但通常不太容易受外界营销刺激的影响，一般在仔细比较分析后才购买。

2. 职业　个人的医药消费模式受职业的影响也是极为明显的。一般来说，同种职业的人往往有类似的医药需求，而不同职业的人有不同的需求。例如，常年在井下作业的煤矿工人购买使用治疗风湿性疾病药品的比较多，教师则较多购买治疗咽喉炎的药品。一般来说，营销者应当分析不同职业的人群感兴趣并存在购买动机的产品和服务。

3. 经济状况　决定个人和家庭的购买能力。一般而言，消费者的消费水平与经济状况成正相关。药品具有商品性和公益性的双重特征。家庭和个人完全可以选择安全性高、疗效好、价格合理、剂型合适、使用方便的国家基本药物来达到治疗效果。家庭和个人也可以根据自身经济条件，结合自身病情，选择非国家基本药物或自费药品，从而多种途径、多种形式地满足广大人民群众用药多样化的需求。

请你想一想

慢性病防治有哪些内容？

4. 生活方式　人们在生活中所表现出的兴趣、观念以及参加的活动等。在一定的社会中，人们的生活方式千差万别，即使是来自同一区域，甚至是相同职业的人，也可能具有不同的生活方式。不同的生活方式会产生不同的需求特征和购买行为。例如，经常参加社会活动的人往往注重保持良好的身材，注重美容，这样就对美容产品及减肥产品的需求较大。此外，不良的生活方式会导致疾病。我国疾病死亡率居前的人群中，有44%以上的患病人群是由不良生活方式和行为方式所致的，而且不良生活方式导致的疾病患病率，城区高于郊区，男性高于女性。

5. 个性与自我观念　个性是一个人身上表现出的经常的、稳定的、实质性的心理特征。个性的差异也将导致购买行为的不同。例如，外向型消费者一般喜欢与药店售药员交谈，表现容易外露，很容易表现出对产品的态度，但也容易受外界的影响；内向型消费者大多沉默寡言，内心活动复杂，但不轻易表露；理智型的人喜欢对产品进行反复比较、分析和思考，最后才做出购买决定。

（四）心理因素

消费者行为除受上述因素影响外，还受心理因素影响。心理因素是消费者在满足需要活动中的思想意识，它支配着消费者的购买行为。

1. 动机　消费者为满足一定的消费需求而引起购买行为的愿望或意念，是推动人们购买活动的内部驱动力。动机是由需求引起的，消费者的需求是复杂多样的，购买动机也是复杂多样的，大体可以概括为生理性购买动机和心理性购买动机两大类（表3-6）。

表3-6　消费者购买动机

生理性购买动机	由先天的、生理性因素引起的购买动机，如饥思食、渴思饮、寒思衣等，所以又称为本能动机	生存动机	为了满足维持生命需要而产生的对衣、食、住、行等产品购买的动机
		安全动机	为了保护生命安全的需要而产生的对医疗服务、药品及防护物资等产品购买的动机
		繁衍动机	为了繁衍生命，如组织家庭、生育和抚养子女、赡养父母、提高生活水平等需要，而产生的对保险、保健、教育等产品购买的动机
心理性购买动机	由后天的、社会的或精神的需求而产生的购买动机	感情动机	由个人的情绪、情感心理方面的因素引起的购买动机
		理智动机	在对产品客观认识的基础上，经过充分分析、比较后产生的购买动机
		惠顾动机	对特定产品或企业特殊的信任和偏好，而形成的习惯性重复光顾的购买动机

2. 知觉　理解了的感觉。人的知觉是有选择性的，任何消费者在购买产品时，都要通过自己的感觉器官，对产品或服务产生一定的印象，并在进行综合分析后，才能做出是否购买的决定。因此，一切产品的宣传，只有通过消费者的感觉，才能影响其购买行为。

3. 学习 人类有些行为是与生俱来的，但大多数行为是通过学习而获得的。学习是指人们经过实践和经历而获得的，能够对行为产生相对永久性改变的过程。按照"刺激－反应"理论，人类的学习过程是包括驱动力、刺激物、诱因、反应和强化等一系列因素相互作用的过程（图3－14）。例如，一个不小心将手划破的人，初次使用某品牌创可贴后，如果对止血护创、伤口愈合的效果十分满意，便会自动保留这种感受，几次使用后会进一步"强化"对该品牌产品的良好印象。以后再遇到类似情况时，他就会不假思索地再次购买使用。

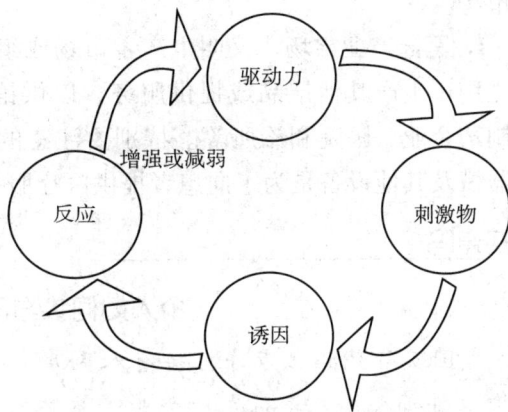

图 3－14 "刺激－反应"理论

4. 态度 人们对某一事物的喜爱或厌恶的情绪表现，态度的形成是经验累积的结果。当一个产品满足了消费者的需求，消费者对这一产品产生的积极态度也就被强化了。消费者态度形成的来源：①实际使用药品后的亲身体验，如感冒患者服用几种感冒药后，会对哪些有效、哪些作用不明显有一定的体验；②相关群体的介绍与推荐，除了医生、药师的药品介绍，日常生活中关系密切的人也会对当事人产生影响；③媒体、广告的宣传作用。

（五）经济因素

从经济因素分析，影响消费者购买行为的，主要有两个方面的因素：①医药商品的质量与价格的对应关系；②医药商品的价格与医药消费者收入的关系，即医药商品价格能否为目标市场消费者所接受。

第三节 医药组织市场分析

PPT

医药企业的营销对象不仅包括广大的消费者，也包括医药生产企业、医药商业企业、医疗机构、政府机构等各类组织机构，这些机构构成了原料药、中间体、中药、化学药、生物制品、医疗器械和相关服务的庞大市场。为了提高企业产品的市场占有率，扩大产品销售，满足组织市场的需要，医药企业必须了解组织市场的购买行为特征及其购买决策过程。

一、医药组织市场的构成和特点 微课

（一）构成

医药组织市场是指所有为满足其各种需求而购买产品和服务的组织机构所构成的市场。它可以分为四种类型：医药产业市场、医药中间商市场、非营利组织市场和政

府市场。

1. 医药产业市场 又叫生产者市场或组织市场，是指一切购买医药产品和服务并将之用于生产其他产品或提供服务，以供销售、出租或者供应给他人的个人和组织，如制药企业、医院和诊所等。特别要注意的是：医院、诊所等医疗机构购买药品、医疗器械及其他设备是为了向患者提供医疗服务，因此属于医药产业市场。

你知道吗

个人如何参与医药产业市场

我国实行药品上市许可持有人制度。该制度通常指拥有药品技术的药品研发机构、科研人员、药品生产企业等主体，通过提出药品上市许可申请并获得药品上市许可批件，并对药品质量在其整个生命周期内承担主要责任的制度。在该制度下，上市许可持有人和生产许可持有人可以是同一主体，也可以是两个相互独立的主体。根据自身状况，上市许可持有人可以自行生产，也可以委托其他生产企业进行生产。如果委托生产，上市许可持有人依法对药品的安全性、有效性和质量可控性负全责，生产企业则依照委托生产合同的规定就药品质量对上市许可持有人负责。这意味着医药科研人员等自然人将能以持有人的身份享有技术创新所带来的最终市场收益。

2. 医药中间商市场 通过购买医药产品和服务，以转售给他人获取利润为目的的个人和组织。医药中间商市场由各种医药批发商、医药代理商和医药零售商组成。医药零售商主要是指药店以及准许设有精制中药饮片和特殊医学用途配方食品销售专区（或专柜）等的商场和超市。

3. 非营利组织市场 不以获得利益为主，独立运作，发挥特定社会功能，以推进社会公益事业为宗旨的事业单位或民间组织，如中国红十字会是从事人道主义工作的社会救助团体。在自然灾害、事故灾难、公共卫生事件等突发事件中，中国红十字会通过筹集包括药品在内的各类物资为伤病人员和其他受害者提供紧急救援和人道救助。

4. 政府市场 为执行政府的主要职能而采购医药产品或租用相关设备的各级政府单位。也就是说，一个国家政府市场上的购买者是该国各级政府的采购机构。例如，某市医药集中招标采购事务管理所，隶属于该市医疗保障局，是开展该市医药集中招标采购的工作机构。

（二）特点

医药组织市场购买行为是指各类正规机构确定其对产品和服务的需求，并在可供选择的品牌和供应商之间进行识别、评价和挑选的决策过程。与医药消费者市场相比，医药组织市场具有以下特点（图3-15）。

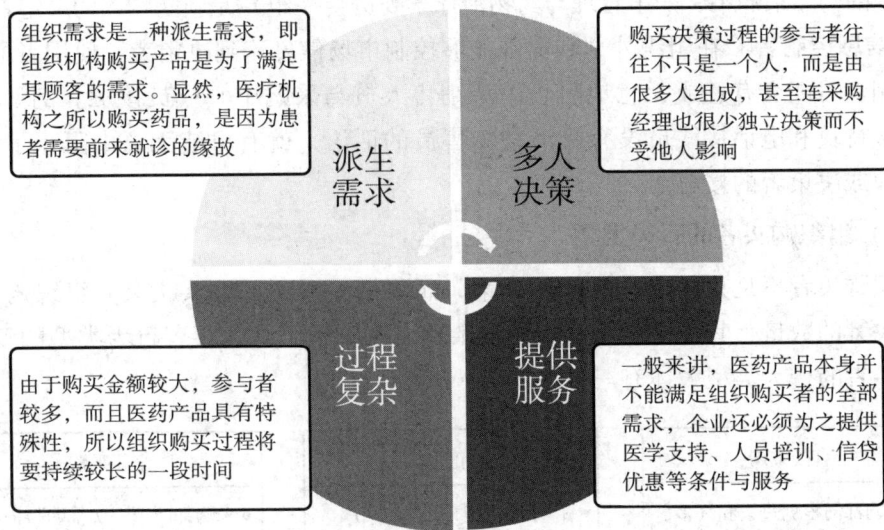

图 3 – 15　医药组织市场特点

二、医药组织市场的购买行为

（一）组织购买决策的参与者

任何一个组织中，除了专职的采购人员外，一些其他人员也参与购买决策过程。所有参与购买决策过程的人员构成采购组织的决策单位，营销学称之为采购中心。采购中心通常包括五种成员。

1. 使用者　具体使用欲购买的某种医药产品的人员。使用者往往是最初提出购买某种医药产品的意见的人，他们在计划购买医药产品的剂型、规格、数量中起着重要的作用。比如医院临床科室的医师就是某种药品的使用者。

2. 影响者　在组织外部和内部直接或间接影响购买决策的人员。关键意见领袖就是组织购买决策中重要的影响者。关键意见领袖通常被定义为拥有更多、更准确的产品信息，且为相关群体所接受或信任，并对该群体的购买行为有较大影响力的人。关键意见领袖通常是医药行业或相关学术领域内的权威人士。

3. 采购者　进行有组织采购工作（如选择供应商、和供应商谈判等）的正式职权人员。在复杂的

> **请你想一想**
>
> 以下哪些人员可以成为关键意见领袖?
>
> 药店营业员、流行病学专家、销售经理、新药发明人

采购工作中，采购者还包括参加谈判的组织高层人员。比如医院在采购新型进口医疗设备过程中，分管采购的副院长也会参与其中。

4. 决定者　在组织中有批准购买产品权力的人。在医药企业的采购过程中，采购的决定者可以是采购者本人（标准品的例行采购），也可以是企业领导人（较复杂的采购）；

而在医院的药品采购中，药事管理与药物治疗学委员会（组）是新药购入的决定者。

5. 信息控制者　在组织外部和内部能够控制市场信息流到决定者、使用者的人员。信息控制者可能会有意或无意地阻止医药销售人员与采购中心成员接触。例如，医药企业的接待员和电话接线员没有听清楚销售员的话语，就有可能无意中阻止了销售人员与用户或决策者的接触。

（二）组织购买者的行为类型

组织购买者不是只做单一的购买决策，而要做一系列的购买决策。组织购买者所做购买决策的数量、其购买决策结构的复杂性，取决于组织购买者行为类型的复杂性。组织购买者的行为类型大体有三种（图3-16）。

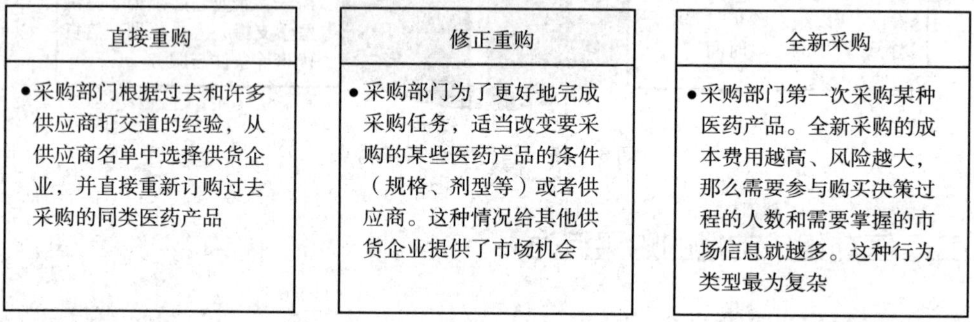

直接重购	修正重购	全新采购
●采购部门根据过去和许多供应商打交道的经验，从供应商名单中选择供货企业，并直接重新订购过去采购的同类医药产品	●采购部门为了更好地完成采购任务，适当改变要采购的某些医药产品的条件（规格、剂型等）或者供应商。这种情况给其他供货企业提供了市场机会	●采购部门第一次采购某种医药产品。全新采购的成本费用越高、风险越大，那么需要参与购买决策过程的人数和需要掌握的市场信息就越多。这种行为类型最为复杂

图3-16　组织购买者的行为类型

组织购买者做购买决策时受一系列因素的影响，见表3-7。

表3-7　影响组织购买者决策的主要因素

影响因素	具体说明
环境因素	组织的外部周围环境因素。如经济前景、市场需求、技术变化、市场竞争、政治与法规等情况
组织因素	组织的本身因素。如组织目标、政策、程序、组织机构和制度等
人际因素	组织的采购中心包括使用者、影响者、采购者、决定者和信息控制者，这五种成员都参与购买决策过程。这些参与者在组织中的职位、说服力以及他们之间的关系有所不同。这种关系也影响组织购买者的购买决策和购买行为
个人因素	组织购买决策参与者的年龄、受教育程度、个性等。这些个人的因素会影响各个参与者对要采购的医药产品和供应商的感觉、看法，从而影响购买决策和行动

（三）组织购买者的决策过程

组织购买者的购买决策过程的长短及其复杂程度取决于购买行为类型。在直接重购这种最简单的购买情况下，购买过程很短；在修正重购情况下，购买过程较为复杂；而在全新采购的情况下，购买过程最长，要经过八个阶段（图3-17）。

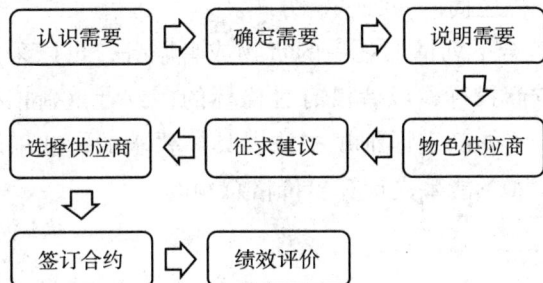

图 3-17　组织购买者的决策过程

三、政府采购

（一）概念

政府采购就是指国家各级政府为从事日常的政务活动或为满足公共服务，利用国家财政性资金和政府借款购买货物、工程和服务的行为。政府采购不仅指具体的采购过程，而且是采购政策、采购程序、采购过程及采购管理的总称，是一种对公共采购管理的制度。

政府采购当事人是指在政府采购活动中享有权利和承担义务的各类主体，包括采购人、采购代理机构和供应商等。

1. 采购人　使用财政性资金采购物资或者服务的国家机关、事业单位或者其他社会组织。如是集中采购，政府采购机构是采购人。政府财政部门是政府采购的主管部门，负责管理和监督政府采购的活动。

2. 采购代理机构　集中采购机构为采购代理机构。设区的市、自治州以上人民政府根据本级政府采购项目组织集中采购的需要设立集中采购机构。例如，某市医药集中招标采购事务管理所是该市医药集中采购的政府采购机构，负责组织实施该市药品、一次性无菌注射器、输液器、植入型医疗器械等用品的集中采购。

3. 供应商　向采购人提供货物、工程或者服务的法人、其他组织或者自然人。药品生产经营企业（进口药品全国总代理视为生产企业）是医药集中采购的供应商。

（二）采购方式

政府采购可以采用招标、竞争性谈判、邀请报价、单一来源采购等方式。公开招标是政府采购的主要方式。

1. 公开招标与邀请招标

（1）**公开招标**　政府采购的主要采购方式，是指采购人按照法定程序，通过发布招标公告，邀请所有潜在的、不特定的供应商参加投标，采购人通过某种事先确定的标准，从所有投标供应商中择优评选出中标供应商，并与之签订政府采购合同的一种采购方式。

（2）**邀请招标**　也称为选择性招标，是由采购人根据供应商的资信和业绩，选择一定数目的法人或其他组织（不能少于 3 家），向其发出投标邀请书，邀请他们参加投标竞争，从中选定中标供应商的一种采购方式。

2. 竞争性谈判　符合下列情形之一的货物或者服务，可以采用竞争性谈判方式采购：①招标后没有供应商投标，或者没有合格标的，或者重新招标未能成立的；②技术复杂或者性质特殊，不能确定详细规格或者具体要求的；③采用招标所需时间不能满足用户紧急需要的；④不能事先计算出价格总额的。

你知道吗

国家组织药品集中采购范围及形式

1. 参加企业　经国家药品监督管理部门批准，在中国大陆地区上市的集中采购范围内药品的生产企业（药品上市许可持有人、进口药品全国总代理视为生产企业）均可参加。

2. 药品范围　从通过一致性评价的仿制药对应的通用名药品中遴选试点品种。

3. 入围标准　包括质量入围标准和供应入围标准。质量入围标准主要考虑药品临床疗效、不良反应、批次稳定性等，原则上以通过一致性评价为依据。供应入围标准主要考虑企业的生产能力、供应稳定性等，能够确保供应试点地区采购量的企业可以入围。入围标准的具体指标由联合采购办公室负责拟定。

（三）药品招标采购基本流程

2018 年 11 月 15 日，上海阳光医药采购网发布《4 + 7 城市药品集中采购文件》，公开了北京、天津、上海、重庆 4 个直辖市及沈阳、大连、厦门、广州、深圳、成都、西安共 11 个试点城市的药品集中采购方案，拉开了国家药品集中采购的序幕。《国务院办公厅关于印发国家组织药品集中采购和使用试点方案的通知》国办发〔2019〕2 号、《关于国家组织药品集中采购和使用试点扩大区域范围的实施意见》（医保发〔2019〕56 号）、《关于开展第二批国家组织药品集中采购和使用工作的通知》（医保发〔2020〕2 号）先后出台，稳步推进国家组织药品集中采购和使用试点。这些政策对政府药品采购市场有着深远的影响，同时给医药企业带来了机遇和挑战。

药品招标采购基本流程如图 3 – 18 所示。

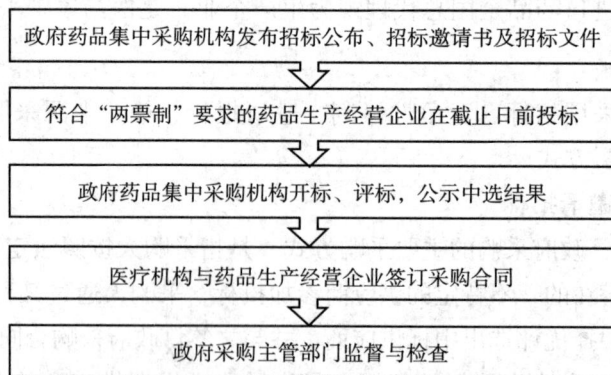

政府药品集中采购机构发布招标公布、招标邀请书及招标文件

↓

符合"两票制"要求的药品生产经营企业在截止日前投标

↓

政府药品集中采购机构开标、评标，公示中选结果

↓

医疗机构与药品生产经营企业签订采购合同

↓

政府采购主管部门监督与检查

图 3 – 18　药品招标采购基本流程

【课堂活动】

药店顾客购买心理分析

一、活动目的

通过观察药店顾客购买药品的过程，初步分析顾客的购买心理，并采取合适的措施或策略，满足顾客的消费需求。

二、活动内容

益民大药房营业员小王先后接待了三位欲购买 ABC 感冒药的消费者，这三位消费者的购买行为各不相同。

消费者甲　一进药房就直奔柜台，对小王说："我要买你们店最有名气的感冒药——ABC 感冒药。"

消费者乙　反复比较了各种感冒药的价格，又询问了感冒药的功效、品牌情况，最后选择了 ABC 感冒药。

消费者丙　原是来购买润喉片，小王发觉对方感冒症状非常明显，于是提醒他抓紧治疗，丙鉴于身边亲友都买过 ABC 感冒药，所以最后也选择了 ABC 感冒药。

请分析这些顾客的消费心理，向顾客销售 ABC 感冒药或者其他更合适的感冒药。

三、活动准备

1. 场地准备　模拟药房。

2. 物品准备　柜台、药品、标价签等。

3. 人员准备　将同学分成若干项目小组，推选一人担任组长，负责分配组内成员任务，共同完成活动操作。

四、活动步骤

【第一步】识别顾客。这是药店销售工作的重要一环，是销售的开始，而且顾客的特性也决定了销售工作的形式和内容。营业员对所有的顾客进行识别，确定一个大致的顾客范围，是全新的顾客、过去的顾客，还是现有的顾客；然后参照现有的顾客资料，从顾客需求、支付能力及顾客购买决策权三方面鉴定和筛选顾客，以确定目标顾客。

【第二步】确定顾客需求。每一位药店顾客都是带着某种需求购买药品的，所以药店营业员必须了解他们的真正购买需求，才能向他们推荐合适的药品，才能说服他们购买，达成交易。不同的顾客需求不同，购买动机不同，会产生不同的购买行为，购买不同的药品。因此，药店营业员要运用一些有效的方法，找到顾客的真正需求。药店营业员可以通过观察、推荐、询问、倾听等方法来确定顾客的购买需求。

【第三步】把握时机促进交易。药店营业员与顾客之间达成交易是推销过程中最重要的一个阶段。在达成交易过程中，有时很容易，有时又很困难。一些药店营业员在推销前期工作中表现十分出色，但在最后却没有抓住促成交易的重要信号，以致失去达成交易的良好时机，十分可惜。因此，药店营业员必注意成交的信号，抓住最佳的成交时机，使用正确的成交方法，促成交易成功。常见的交易时机如下：①顾客不再发问，表明可能已经默认；②顾客话题集中于某一种药品；③顾客征求同伴意见；④顾客不断点头。

目标检测

一、选择题

（一）单项选择题

1. 马斯洛需要层次论中属于最基本的需要的是（　　）。

    A. 生理需要　　　B. 尊重需要　　　C. 求知需要　　　D. 求美需要

2. 喜欢炫耀、自尊心强属于（　　）。

    A. 男性消费心理　B. 女性消费心理　C. 老年消费心理　D. 中年消费心理

3. 酷暑季节购买藿香正气水等防暑药品的消费者很多，这说明消费时间具有（　　）。

    A. 集中性　　　　B. 季节性　　　　C. 流行性　　　　D. 突发性

4. 消费者的医药消费动机属于（　　）。

    A. 生存动机　　　B. 安全动机　　　C. 繁衍动机　　　D. 惠顾动机

5. 政府对专利药品和独家生产药品的采购属于（　　）的集中采购。

    A. 带量采购药品　　　　　　　B. 直接挂网采购药品

    C. 谈判采购药品　　　　　　　D. 备案和应急采购药品

6. 开设昼夜售药窗口，确保消费者购药方便，是为了满足消费者购药时间的（　　）。

    A. 集中性　　　B. 季节性　　　C. 流行性　　　D. 突发性

7. 首先想到并提出要购买某种药品的人属于（　　）。

    A. 倡议者　　　B. 决策者　　　C. 影响者　　　D. 购买者

8. 广告宣传是医药消费信息的（　　）。

    A. 个人来源　　B. 公众来源　　C. 商业来源　　D. 经验来源

9. 白领的"亚健康"是影响其医药购买行为的（　　）。

    A. 经济因素　　B. 心理因素　　C. 文化因素　　D. 社会因素

10. 政府采购的主要采购方式是（　　）。

    A. 邀请招标　　B. 公开招标　　C. 邀请报价　　D. 竞争性谈判

（二）多项选择题

1. 个性倾向性包括（　　）。

　　A. 需要　　　　　B. 动机　　　　　C. 兴趣　　　　　D. 能力

2. 判断消费者的购后行为有三种理论，它们是（　　）。

　　A. 预期满意理论　B. 认识差距理论　C. 实际满意理论　D. 实际差距理论

3. 组织购买者的行为类型有（　　）。

　　A. 直接重购　　　B. 修正重购　　　C. 全新重购　　　D. 全新采购

二、思考题

1. 简述医药组织市场的特点。

2. 简述药品招标采购的基本流程。

书网融合……

 微课　　　 划重点　　　 自测题

第四章 医药市场调查

学习目标

知识要求

1. **掌握** 医药市场调查的方式、方法及流程；医药市场调查问卷的结构和问题设计技巧。
2. **熟悉** 医药市场调查的内容；医药市场调查报告的格式及主要内容。
3. **了解** 医药市场调查的概念、特点与分类。

能力要求

1. 学会用 EXCEL 统计调研数据，并形成汇总数据和相应图表。
2. 能够按给定模板模仿设计一份医药市场调查问卷；模仿撰写一份医药市场调查报告。

实例分析

江中健胃消食片的崛起之路——市场调研篇

实例 江中健胃消食片在 1997 年销量过 1 亿元后，便趋于平稳，再难提升。江中市场部委托成美营销顾问公司（简称"成美"），对该产品进行调研及评估。

首先，调研行业环境。成美发现该类药市场的行业集中度并不高，明显不符合市场成熟的一般规律，各地市场普遍存在区域产品。预示着市场上有大量的未被开采的"空白"，并未成熟。

其次，调研竞争对手。成美发现多潘立酮被归为治疗胃病的胃药的范畴，多数患者是通过医生处方获得该药的。

最后，调研消费者。成美发现消费者普遍认为，胃炎、胃溃疡等才叫"胃病"，消化不良则属于平时饮食不当引发的，是一种常见小毛病，甚至有些人认为这都不能算病。

调研结论是消化不良用药存在大量空白市场——既有地域性的，也有需求性的，并且江中药业有竞争力可以来填补。

基于此，成美提出"日常助消化药"的品牌定位。因定位准确，宣传深入人心，当年销售额就达 3 亿多元！2008 年更是突破 10 亿，之后一直维持在较高的销售水平。江中健胃消食片通过市场调研找到了自己的崛起之路！

问题 1. 成美进行市场调研的主要内容有哪些？

2. 本次市场调研所得的主要结论是什么？

3. 本次市场调研对江中健胃消食片的崛起有着怎样的积极作用？

医药市场调查是企业了解医药市场状况和把握消费者需求的必备技术工具，是判断市场未来走势并做出正确市场决策的前提和基础。对于医药企业而言，无论是医药目标市场战略，还是市场营销组合的运用，都离不开有效的市场营销调查，在市场营销活动中具有重要的地位和作用。

第一节　概述

PPT

一、医药市场调查的概念、特点和分类

（一）概念

医药市场调查就是根据预测、决策的需要，运用科学的手段和方法，有目的且有计划地搜集、记录、整理、分析有关医药市场信息的活动。医药企业处于不断变化的市场环境中，只有及时获取最新的市场信息，了解市场的变化，才能快速调整企业的经营策略，满足市场的需求，从而在市场竞争中保持稳步的发展态势。

（二）特点

1. 消费群体特殊　患者是最终的医药产品消费者，由于医药知识的缺乏和求医问药的迫切心态，消费往往是非理性的。

2. 政策性强　医药产品是特殊的商品，关乎患者的身体健康乃至生命安全，医药产业是带有福利性质的经济事业，所以国家通过制定相应的政策，颁布相关的法律法规来规范医药产业，涉及医药产品的研发、生产、经营、使用等多个方面。

3. 专业性要求高　市场调查过程中往往涉及许多医学、药学等方面的专业知识，因此要求调查人员不但要有扎实的统计学和营销管理学知识，还应具有良好的医学、药学背景。

4. 调查对象特殊　患者对医药产品的消费，通常是在医师和药师等专业人员的专业指导下进行的。所以医药市场调查的访谈和研究对象不但包括患者，还包括医师、药师等专业人员。

（三）分类

1. 根据企业进行医药市场调查的目的分类　可划分为明确问题的市场调查和解决问题的市场调查。

（1）明确问题的市场调查　企业为了确定现存的问题及其发生原因所进行的市场调查。这些问题目前来看可能并不显而易见，企业有所察觉但又不能明确，如果置之不理，未来可能给企业带来深刻影响。如消费者行为的改变，可能指向潜在的问题或者机遇；市场潜力的缩小可能表明企业要达到预期的销售增长目标会遇到问题。一般情况下，企业通过开展市场潜力、市场份额和市场特征的市场调查，掌握市场营销环境变化的趋势，同时可能会诊断出营销中遇到的问题。

（2）解决问题的市场调查　在现存问题明确的情况下，企业为获得解决问题的方法进行的市场调查。比如江中药业决定对消食片市场进行进一步细分，为寻求更好的市场定位而进行的儿童市场细分调查。

2. 根据市场调查的不同性质分类　可划分为探索性调查、描述性调查和因果关系调查（表4-1）。

表4-1　探索性、描述性与因果关系调查之间的比较

	探索性调查	描述性调查	因果关系调查
目的	探索不明确的研究问题或范围	如实描述和反映市场的客观情况	研究因素之间的因果关系
特点	方法灵活	预先准备结构化的设计	自变量（如价格）对因变量（如销量）的影响
方法	文案调查法	询问调查法	实验调查法

二、医药市场调查的内容

医药市场调查的内容非常广泛，一般包括产品的动态信息、市场动态信息、消费者需求信息、竞争者信息、销售绩效信息及宏观环境动态信息等。具体地说，可以概括为以下四个方面（图4-1）。

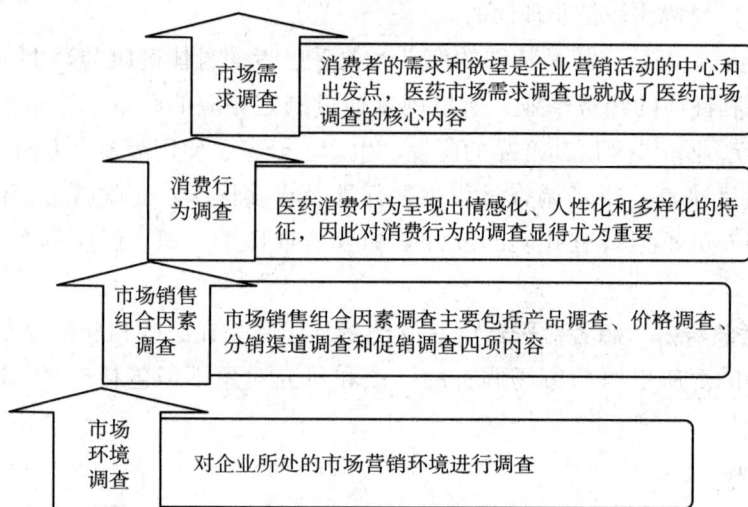

市场需求调查　消费者的需求和欲望是企业营销活动的中心和出发点，医药市场需求调查也就成了医药市场调查的核心内容

消费行为调查　医药消费行为呈现出情感化、人性化和多样化的特征，因此对消费行为的调查显得尤为重要

市场销售组合因素调查　市场销售组合因素调查主要包括产品调查、价格调查、分销渠道调查和促销调查四项内容

市场环境调查　对企业所处的市场营销环境进行调查

图4-1　医药市场调查的内容

你知道吗

药物需求趋势

据世界卫生组织（WHO）和国内有关疾病谱的报告，有关医药专家估计今后10年世界性的新药需求趋势涉及以下10类药物：①脑功能改善药；②抗风湿性关节炎药；③抗艾滋病药；④抗肝炎和其他病毒药；⑤降血脂药；⑥溶血栓药；⑦抗肿瘤药；

⑧神经激素拮抗剂；⑨非苷类强心药；⑩抗抑郁、精神分裂和焦虑药等。

今后10年新药需求趋势涉及下列10类药物：①心血管病药；②抗肿瘤药；③肝炎防治药；④抗病毒类药（包括抗艾滋病药）；⑤免疫功能调节类药；⑥功能紊乱调节药（包括抗抑郁药、内分泌失调、性功能障碍等）；⑦急性热病用药；⑧延缓衰老药；⑨抗风湿类药；⑩补益类药、营养保健药品。

三、医药市场调查的方式和方法

（一）方式

医药市场调查方式是指根据调查目标和内容来确定调查对象的过程。一般来说，调查方式可以分为全面调查、重点调查、典型调查和抽样调查，见表4-2。

表4-2 医药市场调查方式

方式	调查对象	特点	适用范围
全面调查	医药市场总体	数据全面、完整，但耗时、耗力、耗财，一般不常使用	研究对象少，项目简单
重点调查	部分重点对象	针对性强、费用少、时间短	紧急情况下，如疫情调查
典型调查	有代表性的样本	有代表性的典型能反映总体市场状况	调查人员能准确选择有代表性的典型作为调研对象
抽样调查	随机或非随机抽取的样本	数据客观、简便易行、费用少，是最基本的调查方法	大多数医药市场

抽样调查是上述四种调查方式中最常用和最常见的方式，一般可分为随机抽样和非随机抽样两种方式，其特点和应用分别见表4-3和表4-4。

表4-3 随机抽样调查方式

方式	特点	举例
简单随机抽样	从总体中完全随机抽取样本，是最简便的方法	调查药房销售某品牌咳嗽药水的情况，就可以利用计算机随机抽取药房作为调查对象
分层随机抽样	按标准分类，每一类别之间具有显著的不同特性，同一类别的个体具有相同的特征，按个体抽取样本	调查感冒药的消费情况，可以按年龄、价格、类别、使用习惯等进行分类，然后从每一类别中随机抽取样本进行调查
分群随机抽样	按标准分类，每一群体特性相近，同一群体内部具有显著的不同特性，按整群抽取样本	调查全国肺癌患者的用药情况，按行政区域划分为若干个群，每个行政区域中的患者年龄、家庭状况、用药情况具有显著的不同特性
等距抽样	先将各样本按一定顺序排列，根据样本容量要求确定抽样间隔，然后随机确定起点，每隔一定的间隔抽取一个样本	调查某药房感冒药的消费情况，该药房日进店客流量平均为1000人次，现要抽取500人，分5天调查，即每天调查100人。把每日总体划分为 K =1000/100=10个相等的间隔，即在第1~10人中随机抽取一名，如抽到第5名，后面间隔依次抽取第15、25……直到995为止，每日抽取100人，5日抽500人组成一个抽样总体

表4-4　非随机抽样调查方式

方式	特点	说明
任意抽样	以便利为基础的抽样方式	在柜台销售药品过程中向购买者做询问调查；在街头、剧院、车站等公共场所，任意选择若干人做访问调查
判断抽样	以调查者的主观经验为依据来选取样本	调查某市乳腺癌患者的用药情况，调查者可以根据对该市乳腺癌治疗医院分布情况的了解，主观选定几家医院进行调查
配额抽样	与分层抽样类似，但需确定各类样本数额，按数额随机抽取	调查感冒药的消费情况，按年龄进行分类，确定儿童、青年人、中年人、老年人的样本数量，然后随机抽取样本

请你想一想

如果要对婴幼儿补钙产品进行调查，采用哪些调查方式比较合适？为什么？

（二）方法

医药市场调查方法是指根据市场调查的任务和要求，运用科学的方法进行资料搜集的过程。医药市场调查方法一般有文案调查法、询问调查法、观察法、实验调查法。其中询问调查法是最常用的方法。

1. 文案调查法　又叫第二手资料调查法，是指调查人员通过查看、阅读、检索、筛选等活动对现成信息资料进行搜集的调查方法。文案调查法应用广泛，信息可通过内部资料和外部资料获得，随着互联网的普及，通过查询相关网站获取信息极大地节省了时间和精力，方便我们在前人的基础上做进一步研究（表4-5）。文案调查法的优点是不受时空限制、信息资料多；信息获得方便、容易，节省时间和费用；为调查问卷设计和调查报告撰写提供背景资料。缺点是收集资料时效性较差；有一定的局限性；对调查者专业素养要求较高。

表4-5　二手资料信息获取途径

资料来源	主要获取途径
外部资料	浏览国家药品监督管理部门官方网站，关注法律法规的更新发布、药品信息、医疗器械信息
	医药上市企业公开发布的信息，如企业财务年报、财务半年报、重组信息、新产品信息等
	浏览国内外制药企业主页，关注企业主要活动、营销战略、新产品开发等信息
	浏览医药教育网站、医药电子商务网站获取药品相关信息
	国内外医药类专业杂志、报纸、媒体提供的医药市场信息
	各医药行业协会、信息中心提供的市场信息和相关行业信息
	研究机构或相关学者发布的学术论文和调研报告
	国家统计局和各级地方统计部门定期发布的统计公告及定期出版的各类统计年鉴
内部资料	医药企业内部资料，如业务资料、统计资料、财务资料及其他资料

2. 询问调查法　调查人员将拟定的调查事项以面谈、电话或书面向被调查者提出询问，以获得所需信息的方法。由于询问法灵活、交流深入彻底，可以直接从访谈对象处获得信息，并且便于获得大量数据，这是一种最常用的市场实地调查方法。在医药市场信息收集中应用广泛，主要形式有：入户访问、拦截访问、电话询问、邮寄问卷、留置问卷、网上询问，见表4-6。

表4-6　询问调查法类型

类型	工作流程
入户访问	确定待访问对象的具体地址和名单，选择合适的时间入户，按照拟定的问题依次询问，客观记录，友好离开
拦截访问	选择交通便利、人流量大的地方随机询问，注意选择合适的时间（节假日等充裕的时间段效果好），快速判断理想的受访者，按照拟定的问题依次询问，可适当赠送小礼品，以赢得被访问者的配合
电话询问	电话询问选择受访户，确定受访的具体成员，多备选几个号码（以便替代使用），选择合适的时间，按照拟定的问题依次询问，控制询问的时间，做好询问记录，选择音质好的询问员有利于工作开展
邮寄问卷	确定调查对象，寄发调查问卷，统计回收问卷，把回执的信封邮票同时附上，对按时回执的礼物要先明确，尽量事先沟通，寄发一段时间后再次联系
留置问卷	将调查问卷当面交给被调查者，说明填写的要求，并留下问卷，让被调查者自行填写，由调查人员定期收回
网上询问	通过电子邮件和互联网网页进行调查

3. 观察法　由调查人员根据调查目的，直接或间接借助仪器在调查现场观察或测量被调查者的行为动态，并加以记录，以获取信息资料的一种方法。按照不同的分类标准，观察法可分为不同的类型：直接观察和间接观察，人员观察和仪器观察，结构观察和非结构观察，参与性观察和非参与性观察。

观察法具有能通过观察直接获得资料，能捕捉到正在发生的现象，不需其他中间环节，能搜集到一些无法言表的材料，观察的资料比较真实等优点。但也具有受时间限制，受观察对象限制，受观察者本身限制，不适用于大面积调查，不能直接观察到事物的本质和人们的思想意识等缺点。

观察法在医药市场调查中应用很广，比如对零售药店的购物环境、药品陈列、服务态度的调查；对医院就诊环境、看病流程、医生服务态度的调查。常见的一种观察法叫作神秘顾客法，即由一些身份特殊的顾客以普通消费者的身份，实地体验，了解调查对象的服务和管理等各方面情况，然后将收集到的信息资料整理成报告的形式。

4. 实验调查法　在一定条件下，通过实验对比，对某些变量之间的因果关系及其变化过程加以观察分析的一种方法。如：改变某一品种的药品包装或价格或广告形式或销售渠道以后，对药品销售量的影响，先小范围实验，再决定是否推广。常用的实验法有实验室实验调查法、销售区域实验调查法、模拟实验、消费者购买动机实验等。

实验调查法的过程具有可控性和主动性、实验数据比较客观、调查资料精确度较高等方面的优点。也具有所需时间较长、费用较高、实施困难、保密性差等缺点。

上述四种调查方法的优缺点比较见表4－7。

表4－7　调查方法特点比较

调查方法	调查范围	调查时间	调查投入	调查控制
文案调查法	宽	短	少	易
询问调查法	宽	长	多	易
观察法	宽	长	多	难
实验调查法	窄	长	多	难

四、医药市场调查的程序

为保证医药市场调查的系统性和准确性，市场调查行动应遵循一定的科学程序。市场调查流程由四个步骤构成。

1. 非正式调研　也称调研准备阶段。该步骤的主要作用是对所要进行的调研课题进行非正式的摸底。它包括三个方面的内容：①明确调研问题；②情况分析；③非正式调研。

2. 市场调研设计　该步骤包括七个方面的内容：①调研区域、对象的确定；②调研时间进度的确定；③调研内容的明确；④调研方法的确定；⑤抽样计划及容量的确定；⑥调研问题的设计；⑦调研预算的确定。市场调研设计是研究过程中非常重要的指导性文件，通常表现为正式的市场营销调研计划书或合同书。

3. 资料收集　该步骤是指按照设定的调研方法和抽样类型进行市场调研，并收集相应资料。

4. 调研结果处理　该步骤包括两个内容：①数据整理分析；②调研报告撰写。

下面以表格的形式，将市场调研的步骤进行展示，并结合实例说明（表4－8）。

表4－8　医药市场调查的流程

调查步骤	举例说明
（一）非正式调研	
1. 明确调研目的	了解某市消费者对感冒药的认识和对感冒药市场消费的情况
2. 情况分析	了解消费者的消费习惯以及感冒药的品牌种类、效果、价格等
3. 非正式调研	为某企业感冒药的改进做市场调研
（二）市场调研设计	
1. 调研区域、对象的确定	某市18～70岁的咳嗽药消费者
2. 调研时间确定	2020年3月10～4月10日

续表

调查步骤	举例说明
3. 调研内容的明确	消费者治疗感冒的方法；感冒药的需求特点；感冒药品牌认知度；消费者购买感冒药的消费心理
4. 调研方法的确定	询问调查，选择人流量大的步行街
5. 抽样计划及容量的确定	采用街头简单随机抽样的方式进行调研，调查样本容量600人
6. 调研问题的设计	设计调查问卷，围绕目的和内容设计问题，考虑问题类型、数量及排序逻辑
7. 调研预算的确定	总经费2万元
（三）资料收集	
1. 二手资料查阅	网上搜索感冒药的销售状况、已有品牌、发展趋势等资料
2. 实地调查	根据调查方式和方法，调查员通过电话、入户、街头抽访、现场观察等方法进行实地调查
（四）调研结果处理	
1. 数据整理分析	将调研数据整理汇总，以各类图表形式呈现
2. 调研报告撰写	按照一定的格式，描述汇总数据信息，陈述事实，并给出结论和建议

第二节 医药市场调查问卷设计

PPT

当想要进行网络调研、街头拦截访问或者入户调查时，需要借助调查问卷来完成信息的搜集工作。调查问卷是获取数据和信息的最方便有效的一种工具，也是关系到市场调查成败的关键环节。

一、调查问卷的结构

调查问卷主要由标题、引言、正文、附录四部分组成，通过以下范例来描述（表4-9）。

表4-9 调查问卷结构表

实例	内容	结构
感冒药市场调查问卷 问卷编号：_____	调查主题：使被调查者大致了解调查目的	标题及问卷编号
尊敬的先生、女士： 您好！ 我是××的市场调查员。为了更好地了解消费者对感冒药的认识和感冒药市场消费的情况，我们正对感冒药市场进行一个有针对性的调查，希望您能抽出一点时间配合我们填好这份问卷。您的意见十分重要，有助于我们找出感冒药市场的优势与不足，并在感冒药市场上找到突破口。本问卷制作为研究参考之用，不会对外公开，非常感谢您的合作！	称呼 问候语 访问员介绍 介绍调查的目的 请求被访者合作 说明作答的意义 信息保密 致谢	引言
以下问题，请您在选项上画"√"，没有选项的请您具体写出。	填表说明	

续表

实例	内容	结构
Q1：您的性别？□男□女 Q2：您的年龄段？□13～18岁□19～30岁□31～45岁□46～60岁 Q3：您的婚姻状况？□已婚□未婚 Q4：您的学历及学位？（包括在读的） □高中及以下□大专□大学本科□研究生及以上 Q5.您的职业？ □政府及事业单位□企业职员□个体工商人员□学生□其他 Q6：您的每月可支配收入？（除去五险一金及税收） □低于2000□2001～4000□4001～8000□8001以上 Q7：您最近一年感冒多少次？ □0次□1～2次□2～5次□5次以上 Q8：您家中常备感冒药吗？□是□偶尔□从未 Q9：（多选题）感冒时，您大多数时间会选择以下哪种感冒药？ □999感冒灵□小柴胡颗粒□新康泰克□幸福科达琳 □泰诺□百服宁□白加黑□其他（请注明）_____ Q10：（多选题）您一般会从什么渠道选择感冒药？ □药店□医院□网购□其他 Q11：（多选题）您通常通过什么方式了解一种感冒药？ □电视广告□报纸杂志□亲戚朋友推荐□医生药师推荐 Q12：（多选题）您选择感冒药最主要的依据是什么？ □知名品牌□价格适中□包装讲究□药品成分□副作用小 Q13：（多选题）您倾向选择哪一类感冒药？ □中药□西药□中西结合药□中成药 Q14：（多选题）您比较愿意购买哪种剂型的感冒药？ □片剂□冲剂□胶囊□服液□泡腾片 Q15：（多选题）您比较关心感冒药的哪些方面？ □快速治疗□抗病毒□不嗜睡□全面呵护□其他 Q16：您感冒时会采取什么样的措施进行治疗？ □注意休息，多喝水□自行买药□马上就医□其他 Q17：（多选题）您服用感冒药后会有哪些不良反应？ □嗜睡□呕吐，食欲不振□头痛□其他或没有 Q18：您觉得现在市场上的感冒药治疗效果怎样？ □很好，很多都能快速治疗感冒□一般，效果不是很明显，嗜睡等副作用比较大□不好，嗜睡等副作用很大□对我没什么作用 Q19：您感冒时是否会选择服用××感冒灵？ □会□可能会□不会 Q20：您认为××感冒灵还需要再做哪些改进？（请您为××感冒灵提供宝贵的意见）_____	被调查者基本情况（放在前面或后面）： 性别 年龄 婚姻状况 文化程度 职业或单位 收入 调查的主体内容：调查者所要了解的基本内容，也是调查问卷中最重要的部分 主要是以提问的形式提供给被调查者，包括问题、备选答案、答题说明，这部分内容的设计直接影响整个调查的价值 该调研问卷从感冒药的认知和感冒药市场消费两个维度设计，具体包括以下内容： 被调查者感冒情况 备药情况 品牌喜好 购买渠道 促销方式 消费者心理 消费偏好 剂型偏好 产品功能疗效 治疗态度 药品不良反应 治疗效果 品牌聚焦 意见或建议	正文（正文应占整个问卷的2/3到4/5）
谢谢您的配合！	感谢被访者的合作，同时也征询一下被访者对调查问卷的设计和问卷调查本身的看法及感受	
调查时间： 调查员_____ 复核员_____ 录入员_____ 督导员_____	明确调查人员完成任务的性质	附录

二、问题呈现的形式

（一）封闭式问题

封闭式问题是指设计各种可能答案供被调查者从中选择的问题。主要包括是非选择题、单项选择题，多项选择题、顺位式问题、半封闭/半开放问题、过滤式问题等。其中顺位式问题是指将备选答案按照相应程度的要求进行排序；过滤式问题是指剔除那些不适于回答后续问题的被调查对象。半封闭/半开放问题是指将封闭式问题的最后一个答案设计成开放式的问题，也可将其归为封闭式问题（表4－10）。

表4－10 封闭式问题列举表

类型	举例
是非选择题	您服用过×××感冒灵颗粒吗？ □是□否
单项选择题	您购买感冒药通常倾向哪一类？ □中成药□西药□无所谓，主要看疗效
多项选择题	您通常在哪里购买感冒药？ □医院□社区卫生中心□零售药房□医药网站 您服用过以下哪几个品牌的感冒药？ □泰诺□新康泰克□百服宁□白加黑□其他（请注明）_____
语义差别法	您对×××感冒灵颗粒的看法？ □疗效好□疗效一般□价格高□价格便宜□包装新颖□包装新旧
顺序题	您选择感冒药时，对下列因素的重视程度？（从高到低，在□中填上1、2、3、……） □疗效□价格□使用方便□品牌□包装□服务态度
半封闭/半开发问题	您购买感冒药的依据是什么？（多项选择题） □医药专业人士推荐□朋友推荐□凭经验自己选择□看厂家广告 □其他（请注明）_____
程度评判题	您认为×××感冒灵颗粒的价格如何？ □偏高□略高□适中□偏低□太低
过滤式问题	1. 您家里有储备常用药的习惯吗？ □有□没有（到问题3） 2. 您家里一般会储备哪些类型的药品？（多项选择题） □成人感冒药□儿童感冒药□消化系统用药□眼科用药□抗菌消炎药□抗生素类用药 □外伤用药□皮肤科用药□其他（请注明）_____ 3. 您购买感冒药的依据是什么？（多项选择题） □医药专业人士推荐□朋友推荐□凭经验自己选择□看厂家广告 □其他（请注明）_____

（二）开放式问题

开放式问题是指不设备选答案，而是让被访者自由回答的问题。包括完全自由式、字眼联想法、语句完成法（情景联想法）、主题幻觉测验法等几种（表4－11）。

表4－11　开放式问题列举表

类型	举例
完全自由式	您对我药店商品陈列方式有何意见？_____
字眼联想法	当您看到下列字眼时，脑海中涌现的第一个词是什么？ 平价药店_____国产药品_____
语句完成法	当我的朋友购买馈赠亲友的保健品时，我推荐_____
主题幻觉测验法	图上画着一对老年夫妇，好像在药店里寻找什么。要求被调查者依此编一段故事。

请你想一想

设计调查问卷时，封闭式问题比重多，还是开放式问题比重多？

（三）量表题

量表题一般由一组陈述组成，通过数字区间值选择来衡量受访者的态度，选择范围从极端态度到相反的极端态度。例如，每一陈述从很满意5分到非常不满意1分，不同于简单的是非题，每个受访者的态度总分就是他对各道题回答所得分数的加总，可以发现受访者意见在程度上的差别（表4－12）。

表4－12　××公司医疗器械服务的总体满意度

	非常满意	比较满意	说不清	不满意	非常不满意
整体服务	5	4	3	2	1
总体质量	5	4	3	2	1
价格定位	5	4	3	2	1
合同履行情况	5	4	3	2	1
技术支持服务	5	4	3	2	1
售后服务	5	4	3	2	1
客户维护	5	4	3	2	1

三、市场调查问卷的设计 📱微课

（一）问卷设计原则

问卷设计要紧紧围绕调查的目标、内容和测量的变量来进行。尽可能做到所搜集的资料正是所需要的信息，既不漏掉必需的资料，也不包括许多无关的资料，做到不多也不少。

设计问卷时要考虑到被调查者的文化程度、心理反应、主观意愿、客观能力等多种因素，尽可能使问卷适合于被调查者。被调查者真诚、有效的合作是问卷调查取得成功的基础。

问卷设计还要考虑到问卷的使用方式和资料的分析方式，不同的使用和分析方式对问卷有着不同的要求。

（二）问卷设计步骤

问卷设计的一般步骤如图 4 - 2 所示。

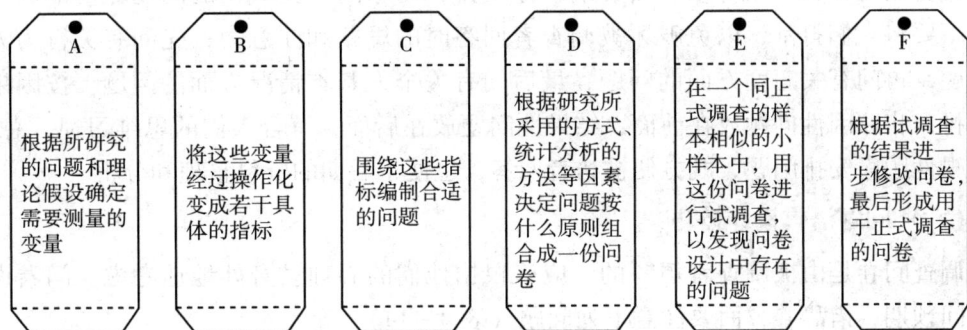

A	B	C	D	E	F
根据所研究的问题和理论假设确定需要测量的变量	将这些变量经过操作化变成若干具体的指标	围绕这些指标编制合适的问题	根据研究所采用的方式、统计分析的方法等因素决定问题按什么原则组合成一份问卷	在一个同正式调查的样本相似的小样本中，用这份问卷进行试调查，以发现问卷设计中存在的问题	根据试调查的结果进一步修改问卷，最后形成用于正式调查的问卷

图 4 - 2 问卷设计步骤

（三）问题维度和表现形式

调查问卷的问题维度和表现形式见表 4 - 13。

表 4 - 13 问题维度和表现形式

问题维度	问题形式
行为方面	对被调查者的行为特征进行调查而提出问题。一般形式是 "……如何做?"
态度或看法方面	对被调查的态度、意见等进行调查而提出问题。一般形式是 "……怎么样?"
动机方面	对被调查者的行为产生原因进行调查而提出问题。一般形式是 "……为什么?"
事实方面	向被查者询问某一个问题的事实。一般形式是 "……是什么?"

（四）问题数量要求

一份问卷应该包括多少个问题，需要根据研究的内容、样本的性质、分析的方法、拥有的人力财力等多种因素来决定，没有固定的标准。但总体来说，问题不宜太多，问卷不宜过长。一般以回答者能在 30 分钟以内完成为宜。问题太多往往会引起回答者心理上的畏难情绪和厌烦情绪，影响填写的质量和问卷的回收率。

（五）问题排列次序

问题的排列次序将影响问卷资料的质量，访谈双方能否融洽流畅、高质量地完成访谈过程，很大程度上取决于问题的排列次序是否合理，是否考虑了被访者的思考习惯和答题的便捷性。常见的问题排列次序归纳如下。

1. 内容性顺序 按问题的难易程度排列。一般先易后难，把简单易答的问题、能引起被调查者兴趣和动机的问题放在前面；把开放式问题和容易引起回答者紧张、顾虑的问题，如需要花时间思考的问题、敏感性问题等放在后面。把一般性的问题、被调查者较熟悉的问题放在前面；把特殊性的问题、被调查者较生疏的问题放在后面。

2. 逻辑性顺序 按时间顺序、类别顺序及因果顺序等排列。按时间顺序安排，一般从过去到现在，再到将来。按类别顺序安排，询问同一类事物的问题尽可能放在一起，不要将它们打乱，以免破坏被调查者回答时的思路和注意力；先问有关行为方面的问题，再问有关态度方面的问题，最后问有关个人基本情况方面的问题。按因果顺序安排，将原因性问题放在前面，结果性问题放在后面，符合人们的思维习惯。总之，按逻辑性顺序安排问题，既方便被访者回答，也便于后期的资料整理和分析。

（六）问题语言设计技巧

调查问卷是由被调查者填写的，应该根据他们的心理设身处地地考虑。问卷设计在询问预期、措辞等方面要注意下列问题（表4-14）。

表4-14 问题语言设计技巧

问题	不当表达举例	说明	调整优化举例
不确切问题	您是否经常购买感冒药？	"经常""普通"等词语，不同的人理解不同	您多长时间购买一次感冒药？
诱导性问题	您感冒时常用××吗？	以某种方式暗示回答者应该如何回答问题，容易将答案引向具体产品，造成偏差	您感冒常用什么药？
笼统性问题	您对××药房的印象如何？	问题过于笼统，回答结果对调查无实质意义	××药房品种是否齐全？价格是否合理？服务是否周到？购物环境是否舒适？
含糊不清问题	您每月的收入是多少？	问题应该是清晰没有歧义的	您每月可支配收入是多少？（除去五险一金及税收）
超过能力问题	您半年里购买了什么药品？	超出正常的记忆能力	您最近一次购买了什么药品？
双重问题	您的父母是教师吗？	这样的问题往往使那些只适合一种情况而不适合另一种情况的人难以回答	您的父亲是教师吗？您的母亲是教师吗？
题干与答案不一致	您经常看哪个频道的电视节目？□央视□东方卫视□湖南卫视□经常看□偶尔看	在逻辑上存在问题，让被调查者无法回答	您经常看哪个频道的电视节目？□央视□东方卫视□湖南卫视□其他_____

第三节 实地调查与调查结果处理

PPT

一、实地调查

(一) 调查顺序

实地调查的顺序如图4-3所示。

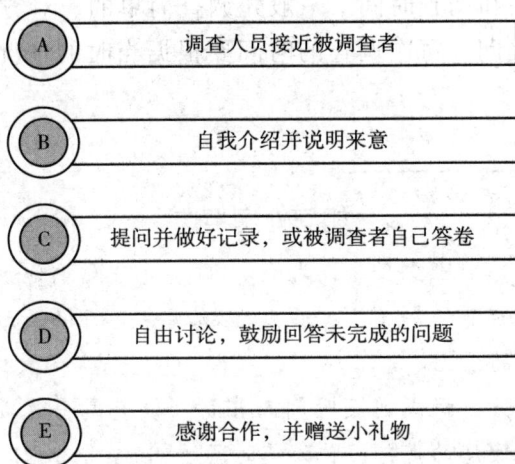

A 调查人员接近被调查者

B 自我介绍并说明来意

C 提问并做好记录，或被调查者自己答卷

D 自由讨论，鼓励回答未完成的问题

E 感谢合作，并赠送小礼物

图4-3 实地调查顺序

(二) 操作要点

1. 树立实事求是的态度 在询问、记录和整理分析资料时，必须实事求是，不能带有任何偏见。

2. 克服心理障碍，自信十足 调查之前，要预计各种可能发生的情况，做好准备，勇敢面对，最好面对同学或老师进行一次战前模拟演练。

3. 设法让被访者愿意接受调查 调查技巧如图4-4所示。

调查技巧
- 选择对方方便的访谈时间和地点
- 仪表整洁、大方，注重礼节
- 简要说明访问目的和意义，用真诚的语言恳请对方合作

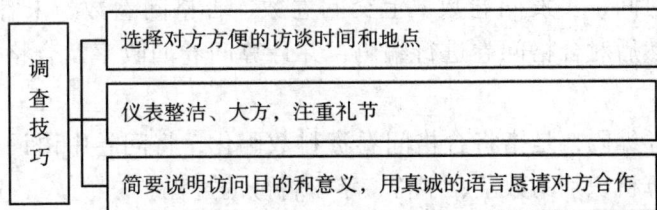

图4-4 实地调查技巧

4. 问题要明确 具体所提问题要让对方准确理解，不易产生误解。要鼓励和引导对方回答问题，通过情感沟通，引起和强化对方对所提问题的兴趣；通过引导，使对方对所提问题进行深度思考，并做出有针对性的回答。

5. 避免带有诱导性的问句　隐蔽自己的态度和情绪，以免影响对方回答，并多做有针对性的解释，消除对方各种顾虑。带有诱导性的问句举例：据其他多家药店反映，××牌药的价格高但药效不怎么样。您也认为是这样吗？据国家权威部门认定××牌药质量最好，价格虽高但购买者最多。您最喜欢哪个品牌？

6. 尽量避免与调查主题无关的问题　提高调查效率，快速、准确记录。为便于记录，可将所问的问题设计成封闭式调查问卷。在调查时只需在相应位置上画"√"，也可借助录音设备进行记录。

把握好提问的顺序和调查时间。一般先调查简单的、对方感兴趣的问题。尽量避免将几个问题交叉提问。每次调查的时间要根据当时的情况灵活应对，一般不可过长。

你知道吗

如何处理拒访

如果被调查对象因为怕泄露秘密而拒访，调查员可郑重地说明调查员对被调查对象提供的信息负有保密的责任和义务。说明市场调查的目的及科学性，只是为企业或相关部门决策提供科学的依据。

如果被调查对象怕被打扰或因没时间而拒访，调查员一定要谦和平易，表现出适当的歉意，例如"很感谢您的支持，耽误您时间了"，应把小礼物双手递上。如果被调查对象真的正在忙着事情，不能立即接受访问，可根据实际情况向被调查对象建议"您这会儿忙，那我就等您手头的这件事忙完"；或者说"我待会儿再来，您看您什么时候方便"。这样大多被访者都会表示理解，并配合完成调查。

二、数据收集与整理

（一）问卷回收及编码

根据问卷登记表上的项目，逐一登记回收问卷信息，包括调查员姓名、调查地区、调查时间、交表时间、实发问卷数、上交问卷数、合格问卷数、未答或拒答问卷数、其他问卷数等。然后对合格问卷进行编码，并计算问卷回收率及合格率，便于汇总和分析。

所谓合格问卷编码，是指将合格问卷资料数码化，将问卷中语词或句式回答转换成便于分析和计算机识别的数字、字符、字母符号的过程。

（二）数据录入及统计分析

在对合格问卷编码的基础上，通过计算机相关软件录入合格问卷的相应数据资料，并进行统计分析。详见表 4-15、表 4-16。

表 4 – 15　数据处理软件一览表

分类	软件
数据库管理类软件	Foxbase +，FoxPro，Access
电子表格类软件	Lotus，Excel
统计分析类软件	SAS，SPSS
中文文字处理软件	Word，WPS

表 4 – 16　市场调查数据分析基本方法

方法	计量指标	说明/举例
频数和频率分析	频数：每个对象出现的次数 频率：每个对象出现的次数/总次数	见表 4 – 17
集中趋势分析	算术平均值：全部数据之和/数据个数 简单算术平均：$M = \dfrac{X_1 + X_2 + \cdots X_n}{n}$ 加权算术平均：主要用于处理经分组整理的数据。设原始数据被分成 K 组；各组的组中值为 X_1，X_2，……，X_k；各组的频数分别为 f_1，f_2，……，f_k； $M = \dfrac{X_1 \times f_1 + X_2 \times f_2 + \cdots\cdots X_k \times f_k}{f_1 + f_2 + \cdots f_k}$	见表 4 – 18
	中位数：按顺序排列的一组数据中居于中间位置的数，代表一个样本、种群或概率分布中的一个数值。如果观察值有偶数个，通常取最中间的两个数值的平均数作为中位数；观察值有奇数个，则中间位置的数值为中位数	对某地区 10 家药店的月平均销售量进行调查，各店的销售量如下（单位：万元）： 30、40、50、60、80、90、100、110、120、130 中位数 =（80 + 90）/ 2 = 85 对某地区 9 家药店的月平均销售量进行调查，各店的销售量如下（单位：万元）： 30、40、50、60、80、90、100、110、120 因为该组数据一共由 9 个数据组成，即 n 为奇数，故按中位数的计算方法，得到中位数为 80，即第 5 个数
	众数：在统计分布上具有明显集中趋势点的数值，代表数据的一般水平。也是一组数据中出现次数最多的数值，有时众数在一组数中有好几个	有一组数据为：2、3、3、5、6、3、4、6、3、5、6、6，出现次数最多的是 3、6，众数就是 3 和 6
离散程度分析	方差：用来计算每一个变量（观察值）与总体均数之间的差异 $\sigma^2 = \dfrac{\sum (X - \mu)^2}{N}$ σ^2 为总体方差，X 为变量，μ 为总体均值，N 为总体例数 标准差：方差开根号 方差越大，标准差越大，离散程度越大，集中趋势的代表性越小；反之，集中趋势的代表性就越大 极差：全距，极差 = 最大值 – 最小值	在两个地区分别对 10 家药店的月平均销售量进行调查，各店的销售量如下（单位：万元）： 甲地：30、40、50、60、80、90、100、110、120、130 乙地：66、70、73、75、79、81、86、86、90、94 甲：$\mu = 80$，$\sigma^2 = 1199.93$，$\sigma = 34.64$ 极差 = 130 – 30 = 100 乙：$\mu = 80$，$\sigma^2 = 82.26$，$\sigma = 9.07$ 极差 = 94 – 66 = 28

续表

方法	计量指标	说明/举例
交叉列表 分析		同时将两个或两个以上有一定联系的变量及其变量值按照一定的顺序交叉排列在一张统计表内，使各变量值成为不同变量的结点，从中分析变量之间的相关关系，进而得出科学结论的一种数据分析技术（见表4-19）
统计图运 用	饼图	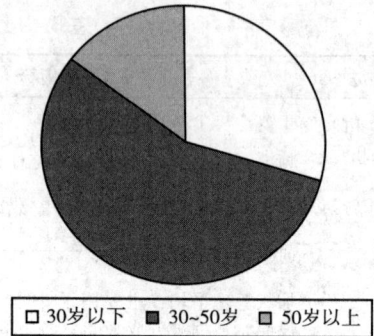 □ 30岁以下　■ 30~50岁　■ 50岁以上
	折线图	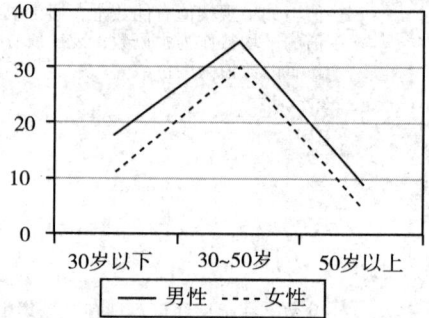 —— 男性　---- 女性
	直方图	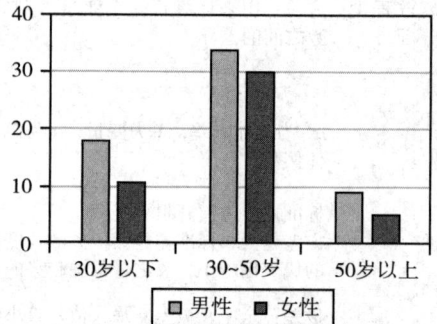 ■ 男性　■ 女性

表 4 – 17　被调查者基本情况表

年龄段（岁）	人数（人）	频率（%）
男性	61	57.0
30 以下	18	29.5
30 ~ 50	34	55.7
50 以上	9	14.8
女性	46	43.0
30 以下	11	23.9
30 ~ 50	30	65.2
50 以上	5	10.9
合计	107	100.0

表 4 – 18　被调查表家庭平均月收入统计表

家庭月收入（元）	频数（fk）	组中值（xk）	Fk × xk
2000 以下	19	1500	28500
2000 ~ 3000	50	2500	125000
3000 ~ 4000	65	3500	227500
4000 ~ 5000	24	4500	108000
5000 以上	10	5500	55000
合计	168		544000

表 4 – 19　某药品主要品牌的人群分布情况

品牌	上海			广州			北京		
	低收入	中收入	高收入	低收入	中收入	高收入	低收入	中收入	高收入
A	229	236	290	97	98	123	396	402	498
B	0	0	0	43	46	34	14	17	11
C	4	9	9	4	6	6	2	5	5
D	9	19	12				11	11	8

三、市场调查报告撰写

（一）市场调查报告格式

调查报告是通过文字的表达形式，对调查成果进行总结，它反映了调查的内容、质量，决定调查结果的有效程度。撰写调查报告时，应注意报告内容要紧扣调查主题，突出重点，并力求客观扼要；文字要简练，观点明确，分析透彻，尽可能使用图表说明，便于企业决策者在最短时间内对整个报告有一个概括的了解。调查报告的一般格式见表 4 – 20。

表 4 − 20　调查报告的一般格式

实例	结构及说明
抗感冒药零售市场调查报告	扉页：包括标题、调查方、报告使用方、报告完成日期等信息。 标题：表明调查的主题
作为非处方药（OTC）的一大组成部分，感冒治疗药品是我国医药产品推广品牌营销中最成功的范例。而随着 OTC 市场走向规范，药品零售市场竞争将进入一个崭新的时期。面对新的市场、新的机遇与挑战，众多的生产、销售企业在产品研发、市场开拓、营销组合、经营管理上将采取何种应对措施？在这种背景下，研究抗感冒药物零售市场的竞争状况是非常有借鉴意义的。基于以上原因，我们选取了 50 家药店进行调查。	引言：调研背景、目的、意义
一、调查方法 1. 按××市各城区实有药店数（三证齐全）比例进行 50 家药店的样本分配，共获取有效样本 45 家。 2. 各区内按随机等距原则实地抽取药店，每家药店至少访问一名营业人员，对设有药品专柜的药店，访问抗感冒药品专柜营业人员。 3. 调查每家药店销售量排前十位的感冒药品种。 4. 此次调查活动于 2020 年 4 月 1 日至 4 月 6 日实施，访问 3 月份的药品销售情况。	调研方法说明：一般包括对本次调研方案的设计、抽样方法的确定、资料收集方法的确定、实地工作人员培训和管理、分析方法的确定等内容
二、主要调查分析结果 1. 根据我们同期进行的××市药品零售市场调查结果得知，抗感冒药物销售额占××市药品零售总额的 15.0%，是继保健品类（31.3%）之后销售额最大的一类药品。 2. 在我们调查的 45 家药店中销售的抗感冒药物主要品种有：快克、康必得、新速达感冒片、感康、康泰克、白加黑、康得、感冒通、泰诺、百服宁、必理通、芬必得、扶他林、泰克、感诺、感冒清热冲剂、双黄连口服液、帕尔克、幸福伤风素、力克舒等 20 多个品种。 3. 在 45 家药店中总销售额、销售量排前十位的感冒药品排序。 4. 价格水平在 10 元以下的药品有快克（6.5 元）、康必得（4.0 元）、新速达感冒片（7.0 元）、感冒通（1.8 元）、百服宁（8.0 元）、必理通（7.5 元），占总销售量的 63%，总销售额的 32%；价格水平在 10～15 元的药品有感康（12 元）、康泰克（12 元）、白加黑（12.4 元）、康得（11 元）、泰诺（12.5 元），占总销售量的 37%，总销售额的 60%；价格水平在 15～40 元的药品有扶他林（39.10 元）、芬必得（18 元），占总销售额的 8%。 5. 在按销售量、销售额两种排序的前十名共 13 种药品中，全部为化学药品。在总共 13 种药品中，合资品牌有快克、康必得、康泰克、白加黑、康得、泰诺、百服宁、必理通、扶他林、芬必得，共 10 种，其销售额、销售量分别占总销售额、销售量的 61% 和 75%。国产品牌有新速达感冒片、感康、感冒通 3 种，其销售额、销售量分别占总销售额、销售量的 39% 和 25%。 6. 目前，××市场上的抗感冒药，大多含有各种非甾体抗炎药。这类药品解热镇痛作用明显，不良反应较小，其中以阿司匹林、对乙酰氨基酚、布洛芬等应用较多。但由于各生产厂家生产工艺、生产条件、质量标准及含量组成不同，临床疗效、价格相差甚大，适应证也各有偏重。伪麻黄碱近年来被广泛应用，主要因为该药具有抗充血作用，可消除感冒引起的鼻咽部黏膜充血，解除鼻塞、流鼻涕、打喷嚏等感冒前期症状。在某些感冒药中含有抗病毒成分，这对病毒性感冒具有一定的缓解和治疗作用。苯丙醇胺和氯苯那敏也在部分抗感冒药中使用，对解除感冒的一些症状有一定的作用。	市场调查的结果：一般包括调查基础信息分析、一般性的介绍分析、表格与图形呈现分析、解释性的正文等几部分内容 结果和局限性分析是市场调查分析报告的主体部分。这部分必须准确阐明全部有关论据，包括从问题的提出到引出的结论，论证的全部过程，分析研究问题的方法，还应当有可供市场活动决策者进行独立思考的全部调查结果和必要的市场信息，以及对这些情况和内容的分析评论 所有的市场调查都有或多或少的缺陷，应进行局限性分析，指出本次调查的局限性，供使用单位参考

实例	结构及说明
三、结论及建议	结论与建议：撰写综合分析报告的主要目的

三、结论及建议

1. 感冒药物零售市场的总体状况：抗感冒药物占零售市场的份额仅次于保健类药品，其中包括一定的季节因素。另外，消费者用药趋向于名牌产品，排名靠前的四个品牌无论销量还是销售额都占据了相当大的市场份额。前两年销量不错的"白加黑"，尽管在消费者心中仍有着很高的知名度，但却跌出了前十名，这与其广告投放量缩小有一定关系。

2. 抗感冒药物的消费特点：抗感冒药物的消费特征接近日用消费品，但它又终归是一种药品，不同于一般的日用品消费。感冒药品消费属谨慎的消费行为、微量消费，需求弹性较小。和普通日用品一样，在产品认知方面受广告（特别是电视广告）影响大，但在购买决策上，医生建议、营业人员推荐，甚至店堂陈列对消费者影响很大。因为在药品消费上，消费者是典型的非专业性购买，自主性较弱，只能因广告或医生建议和其他外部因素被动地接受。尽管感冒是多发病、常见病，但人们对其基本知识仍不是很了解，这种情形也导致药品生产者和销售者在价格制定上有很大的主动性。

3. 国产品牌较大地滞后于合资品牌在国内市场上的发展：国产品牌的数量与市场占有率远远低于合资品牌。但产品的内在差异性并不大，两者的差距主要体现在竞争观念和市场运作水平上，国内企业急需提高的是营销水平，因为 OTC 市场不同于处方药市场，在产品包装、价格制定、通路选择、广告促销上都有其本身的特点。合资企业比国内企业做得早、做得好，取得良好的业绩也是必然的。

4. 价格水平偏高，应有进一步下降空间：中价位产品（主要集中于 12 元左右）占销售量的 38%、总销售额的 63%，其中感康、康得、泰诺分别占据销售额前三名。低价位产品（10 元以下）占总销售额的 32%、总销售量的 66%，其中感冒通以其低廉的价格（1.8 元）占据销售量排名的第一位，康必得以其适中的价格（4 元）、良好的疗效也取得了不错的业绩。总体来说，感冒作为一种常见性、多发性的疾病，使得抗感冒药物成为常备药品，目前的价格仍然偏高。对生产厂家来说利润比较高，但随着竞争进一步加剧，品牌进一步集中，价格应有下降空间。对于市场挑战者来说，除了提高产品质量、加强广告宣传和其他措施外，使用恰当的价格定位策略也是一个争取市场份额的好方法。

5. 应重视通路促销：好的广告创意、精美的广告制作、高播放频率是提高品牌知名度的有效方法，但通路促销在促使消费者购买方面起的作用更大。广告仅仅使得消费者知道了产品，出色的广告甚至可以引起消费者的购买兴趣，但是店员推荐、卖场陈列在促使消费者做出最终购买决策上显然更有影响力。企业如果仅想凭借大量的广告投入便获得大量的市场份额，将会变得越来越困难。OTC 市场的竞争，不仅仅是产品与广告的竞争，谁对消费者研究得透，谁更注重消费者，谁就能取得竞争优势。

6. 传统中成药应能够有所作为：在销售额、销售量排序前十位的十几种药品中，清一色的全是西药。其实，我国的传统中药在治疗感冒方面还是有独特疗效的，并且副作用较小。我们认为，在感冒的前期预防上，传统的中成药有着广阔的前景，但是，对于治疗感冒急症的患者来说，西药仍然有着不可替代的作用。总之，抗感冒药物不仅仅是一种药品，更是一种商品，特别是在药品分类管理以后，OTC 市场的竞争也越来越接近普通商品的竞争，谁越了解顾客、越接近顾客，谁就能赢得顾客的信任，赢得市场。

这部分包括对引言和正文部分所提出的主要内容的总结，提出如何利用已证明为有效的措施和解决某一具体问题可供选择的方案与建议

结论和建议与正文部分的论述要紧密对应，不可以提出无证据的结论，也不要没有结论性意见的论证

| 附录（略） | 附件：调查报告正文包含不了或没有提及，但与正文有关必须附加说明的部分。包括调查问卷、技术性附录（如统计工具、统计方法）、其他必要的附录（如调查地点的地图等）内容 |

（二）撰写市场调查报告应注意的问题

撰写市场调查报告时，应注意以下问题：①论证部分必须与调查报告的主题相结合；②突出重点，切忌面面俱到、事无巨细，适当选用多种不同类型的图表，突出调查报告中的重要部分和中心内容；③语言自然流畅、逻辑严谨、用词恰当，避免使用专业技术性较强的术语；④根据市场调查目的和内容来确定报告的长短。

你知道吗

医药市场容量调查

从某种意义上说，市场规模是影响企业选择进入目标市场或退出现有市场的重要因素之一。市场规模由市场容量决定，只有通过市场调查才能判定医药市场规模的大小。市场容量通常用市场潜量和市场需求量两个指标描述。

1. 市场潜量　在一定时期内，在一定的行业营销努力水平和一定的环境条件下，医药行业中所有企业所能获得的最大销量（数量和金额）。通常以下式估计总市场潜量。

$$Q = mqp$$

式中，Q 为单位最大的市场潜量；n 为特定市场消费者数量；q 为消费者的平均购买量；p 为产品的单位价格。

企业市场潜量是当企业相对于竞争者的营销努力不断增加时，企业需求所能达到的极限。例如，一家医药公司对某城市 A 抗生素市场的需求潜量进行估计，该城市人口约为 200 万人，经过市场调研，估计大约每年有 10% 的人口使用 A 抗生素，且每人每年平均使用量为 2.5 盒，每盒的价格为 20 元，则该城市 A 抗生素药品的市场需求潜量计算如下。

$$Q = mqp = 2000000 \times 10\% \times 2.5 \times 20 = 10000000 \text{（元）}$$

2. 市场需求量　一个产品在一定的地理区域和一定的时期内，在一定的营销环境下，特定的顾客群体所愿意购买的该种商品的总量。市场需求量受商品自身的价格、对商品价格的预期、相关商品的价格、消费者收入和消费者偏好等诸多因素的影响。企业市场需求量是指一个医药企业在全行业可实现的市场需求总量中所占的份额。在数量上它等于可实现的市场需求总量与该企业市场占有率的乘积。通常以下式估计市场需求量。

$$Q_0 = S_0 Q$$

式中，Q_0 为企业市场需求量；S_0 为企业市场占有率；Q 为市场需求总量。

【课堂活动】

OTC 终端访谈调查

一、活动目的

了解 OTC 终端访谈调查的意义和内容，熟悉和掌握 OTC 重点访谈调查的方法、步骤与技巧。

二、活动内容

威王（虚拟）集团是我国一家大型医药制造公司。其中非处方类感冒药的品种如下：用于成年人的威王感冒快、威王氨咖黄敏片，用于小儿的威王小儿氨酚黄那敏颗粒、威王泰宁、欣宝宝。其中，威王感冒快是公司在全国主打的一种非处方类感冒药，销量一直不错。2021 年即将来临，公司为加强对威王感冒快的销售力度，力争进入中国感冒药市场前三甲，进行一次消费市场调查，现决定派你深入一些主要的药店，通过访谈调查的方式，了解第一手市场信息。

三、背景资料

【产品名称】威王感冒快

【通用名称】双扑伪麻片

【规格】10 片装

【单位】盒

【成分】对乙酰氨基酚、马来酸氯苯那敏、盐酸伪麻黄碱

【性状】本品为淡绿色囊形薄膜衣片，内容物为白色片

【适应证】用于普通感冒及流行性感冒引起的发热、头痛、关节痛、喷嚏、流涕、鼻塞等症状

【用法用量】口服，成人 一次 1~2 片，一日 3 次

【注意事项】本品一日剂量不得超过 6 片；对本品过敏者禁用；服用本品期间禁止饮酒；疗程不超过 7 天，若症状未改善，应咨询医师或药师；不能同时服用含有与本品成分相似的其他抗感冒药；当本品性状发生改变时禁用；老年人、心脏病、高血压、甲状腺疾病、糖尿病、前列腺肥大等患者使用本品前请咨询医师或药师；驾驶机动车、操作机器及高空作业者工作时间禁用；孕妇及哺乳期妇女慎用；肝、肾功能不全者慎用；服用过量或有严重不良反应时请立即就医；儿童用量请咨询医师或药师，并在成人监护下使用；请将本品放置在儿童不能接触的地方。

威王感冒快的主要竞争对手：泰诺、新康泰克（缓释片及胶囊）、白加黑、日夜百服宁、快克、感康、康必得等。

四、活动准备

1. 场地准备 模拟药房。

2. 物品准备

（1）若是对店长和店员调查，要列出调查提纲，而如果对消费者进行拦截访问，则要设计一份简单的调查问卷。

调查问卷

女士/先生：

您好！

我是威王集团负责感冒药销售信息调查的市场调查员。为了更好地了解消费者需求，更好地为顾客服务，明确本企业的发展方向，特别展开这次调查。您的意见和建议是我们威王集团今后发展的宝贵信息，非常感谢您抽出时间填写这份调查问卷！

被调查者资料：

……

1. 您打算购买哪一种感冒药？

（或者）您购买的是哪一种感冒药？

2. 下列因素中，对您选择感冒药影响最大的是（　　），其次是（　　），然后是（　　）。

A. 价格较低　　　　B. 药效较快　　　　C. 药效明显　　　　D. 广告宣传

E. 副作用小　　　　G. 亲朋好友的推荐　F. 自己的经验　　　H. 店员推荐

3. 您或您的家人购买或用过威王感冒快吗？（　　）

A. 购买过或用过　　　　　　　　B. 没有购买过或用过

4. 您认为威王感冒快的主要优点是（　　）。

A. 可快速消除感冒初期症状　　　B. 副作用小

C. 价格比较合理　　　　　　　　D. 其他（请说明）

5. 您认为威王感冒快的主要缺点是（　　）。

A. 治疗初期感冒效果慢且不明显　B. 治疗中后期感冒效果不大

C. 副作用大　　　　　　　　　　D. 其他（请说明）

……

感谢您的回答！谢谢您的配合！再见！

调查员：　　　　　　　调查时间：

编校员：　　　　　　　编校时间：

（2）准备好记录工具，确定拜访药店的数量和拜访路线。

（3）了解有关感冒病理知识、购药者的心理、店员店长的心理。

3. 人员准备　将同学分成若干项目小组，推选一人担任组长，负责分配组内成员任务，共同完成活动操作。

五、活动步骤

【第一步】明确 OTC 终端访谈调查的目的。

了解威王感冒快在药店的销售情况，挖掘影响销售的主要因素，为该公司调整营销策略提供强有力的依据。

【第二步】根据调查目的列出详细的调查内容。根据调查内容设计调查问卷，调查问卷主要包括以下内容。

（1）威王感冒快在被访药店最近一年每个月的销量。

（2）被访药店最近一年每个月感冒西药的销售总量以及感冒中成药的销售总量。

（3）被访药店销量增长幅度最大的前三种品牌、品种。

（4）畅销的原因为价低？广告宣传强劲？现场促销？药效好？包装吸引人？店员推荐积极性高？供应者的服务好？其他？

（5）销量降低的因素为价高？广告宣传力度减弱？店员不积极推荐？陈列位置不太好？不进行现场促销？药效不明显？营销员对药店的服务质量差？其他？

（6）消费者对威王感冒快和其他竞争性产品的态度。

（7）店长和店员的建议。

【第三步】编制市场调查计划表。

调研地区		调研时间	
调研目的			
影响调研效果的因素分析			
调研方法设计			
预定调研速度	时间安排		进度情况
调研预算			
调研人员安排			

【第四步】研究并选定调查对象和方法。根据不同的调查内容，需要对不同的对象用不同的方法搜集信息资料。

（1）找到收款员，查阅和统计各种感冒类药销售总量、感冒快销量等数据资料。

（2）对店长进行自由访谈式调查。了解最近感冒药总体销售情况；畅销品牌、品种及其畅销的原因。

（3）对店员进行小组访谈式调查。了解畅销品牌、品种及其畅销原因；消费者对感冒快和其他竞争性产品的评价，征求他们的建议。

（4）对店内购买感冒药的消费者进行拦截访问。了解他们对威王感冒快及其他同类产品的看法以及影响他们选购感冒药的主要因素。

【第五步】实地调查。对店长访谈式调查和对消费者店内拦截访问的步骤如图4-5所示；对店员小组访谈式调查的步骤如图4-6所示。

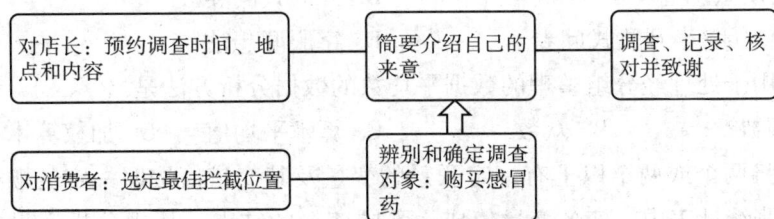

图4-5 对店长和消费者调查步骤

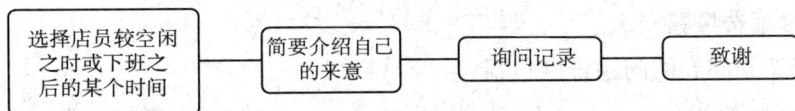

图4-6 对店员调查步骤

【第六步】整理和分析调查资料，撰写调查报告。

六、注意事项

1. 对店长调查时的注意事项　事前必须约好访谈的时间和地点，所提问题要简明扼要。

2. 对店员调查时的注意事项　突出访谈主题，及时加以引导。

3. 对消费者调查时的注意事项　①所提问题要精、少、简；②尽量争取店员帮助；③瞄准调查对象——本公司的感冒药和其他感冒药的货架前选购或停留的消费者。

目标检测

一、选择题

（一）单项选择题

1. 在询问调查法中，获得信息量最大的方法是（　　）。
   A. 拦截访问　　　B. 邮寄问卷　　　C. 电话询问　　　D. 留置问卷

2. 以下对文案调查法的叙述中错误的是（　　）。
   A. 又叫第二手资料调查法　　　　B. 对现存资料进行搜集
   C. 应用广泛　　　　　　　　　　D. 时效性强

3. 以下不属于询问调查法的是（　　）。
   A. 入户访问　　　B. 拦截访问　　　C. 电话询问　　　D. 现场观察

4. 以下对拦截访问的叙述中错误的是（　　）。
   A. 属于询问调查法　　　　　　　B. 确定待访问对象的电话号码
   C. 选择人流量大的地方询问　　　D. 注意选择合适的时间

5. 设计各种可能答案供被调查者从中选择问题的市场调查问卷属于（　　）。
   A. 封闭式问卷　　　　　　　　　B. 开放式问卷
   C. 半封闭/半开放式问卷　　　　　D. 字眼联想法

6. 主要用于处理经分组整理的数据平均数的数据分析方法是（　　）。
   A. 频数　　　B. 众数　　　C. 算术平均值　　　D. 加权算术平均

7. 同时将两个或两个以上有一定联系的变量及其变量值按照一定的顺序交叉排列在一张统计表内，使各变量值成为不同变量的结点，从中分析变量之间的相关关系，进而得出科学结论的数据分析技术是（　　）。
   A. 方差　　　B. 标准差　　　C. 交叉列表分析　　D. 加权算术平均

（二）多项选择题

1. 市场调查问卷的问题维度包括（　　）。
   A. 行为方面　　　　　B. 态度方面　　　　　C. 联想方面
   D. 事实方面　　　　　E. 过滤方法

2. 市场调查数据分析基本方法包括（　　　）。

    A. 频数和频率分析　　　B. 集中趋势分析　　　C. 离散程度分析

    D. 交叉列表分析　　　　E. 统计图运用

3. 医药市场调查流程包括（　　　）。

    A. 非正式调研　　　　　B. 市场调研设计　　　C. 资料收集

    D. 调研结果处理　　　　E. 调研结果应用

二、思考题

1. 简述二手资料信息获取的途径。

2. 调查问卷中的问题应如何排序？

书网融合……

    微课　　　　　　　　划重点　　　　　　　　自测题

第五章 ▶▶ 医药目标市场分析

学习目标

知识要求

1. **掌握** 医药市场细分、医药目标市场和医药市场定位的概念；医药市场细分的标准、医药目标市场覆盖的模式、医药市场定位的方法。
2. **熟悉** 目标市场选择的营销策略、市场定位的流程。
3. **了解** 市场细分的作用。

能力要求

1. 学会分析实例中目标市场的选择类型、策略以及市场定位的方式。
2. 能够进行简单的市场细分、目标市场选择，并进行市场定位。

实例分析

江中健胃消食片的崛起之路——市场细分篇

实例 经调研发现助消化药市场存在巨大的空白后，江中药业推出了"江中健胃消食片"，功能定位于日常助消化药，帮助消费者消除在日常生活中多发的"胃胀""食欲不振"等症状。产品集中在儿童与中老年两个消费群体，避开了与竞争对手的直接竞争，处于该领域领先地位。

几年后，另一家企业的小儿消食片率先对助消化药市场进行了细分，推出专门针对儿童的健胃消食药，对江中健胃消食片的市场形成了巨大冲击。企业通过市场调查，得出结论：儿童助消化药市场将是未来增长最快、最值得占据的细分市场。果断实施战略调整，针对儿童进行设计，推出 0.5g（成人则为 0.8g）的儿童装健胃消食片，药片上压出动物卡通图案，口味上则采用儿童最喜爱的酸甜味道，主动细分儿童助消化药市场，使自己成为儿童助消化药这个新品类的代表品牌，从而巩固了市场主导权。

问题 1. 细分市场为何有这么大的作用？案例中的企业是如何进行市场细分的？
2. 江中健胃消食片采用的市场覆盖模式是什么？
3. 江中药业是如何对健胃消食片进行目标市场定位的？

医药市场消费者数量庞大、区域分布广泛、个体差异大，看病用药需求复杂多样，任何一家医药企业都无法满足所有消费者对某种医药产品或服务的需求。因此，医药企业有必要通过市场细分（segmenting）、目标市场选择（targeting）和市场定位（positioning）三步骤，开展目标市场营销，确立企业经营优势。具体而言，就是企业根据消费者需求差异把一个医药产品或服务市场切割成若干个子市场，选择对企业最有利的一个或几个子市场进入，并在消费者心目中建立与众不同的产品或服务形象。

第一节　医药市场细分

PPT

一、医药市场细分的概念

市场细分是由营销学者温德尔·史密斯于 1956 年首次提出的，体现了在市场由卖方市场转化为买方市场这一新的市场理念下，以消费者为中心的企业营销思想的新发展。所谓医药市场细分，就是通过市场调研发现消费者对医药产品或服务的需求差异，根据一个或某几个需求差异，把某个医药整体市场划分为若干个子市场的过程。同一子市场由具有相同或相似的需求与欲望的消费者群体构成。不同子市场的消费者需求与欲望存在明显的差异。

理解医药市场细分的含义时需注意以下两点：①消费者对医药商品需求差异是客观存在的，不是凭空想象或杜撰的，要通过市场调研去发现真实的消费者需求，这关系到市场细分策略的成功与否；②医药市场细分的本质是一个归类的过程，把具有相同或相似的需求与欲望的消费者归在同一个子市场中，照此类推，把整个市场划分为若干个类别的子市场。

二、医药市场细分的标准　微课

若要对医药市场进行细分，就要按照一定的标准进行。医药市场细分标准就是构成消费者需求差异的因素。消费者需求千差万别，影响因素也错综复杂，一般可采用以下几个具有代表性的市场细分标准，即地理因素、人口因素、心理因素和行为因素进行市场细分，每一细分标准中又包含不同的具体变量（表5-1）。

表 5-1　市场细分标准

细分标准	具体变量
地理因素	地理位置、气候条件、城市与农村、交通运输等
人口因素	年龄、性别、收入、教育程度、民族、家庭规模、职业等
心理因素	性格、态度、购买动机、生活方式等
行为因素	追求利益、购买决策权、品牌偏好、购买时机、使用状况及频率、购买渠道等

（一）按地理因素细分市场

1. 地理位置与气候　在我国，根据地理位置与气候将市场细分为东部、西部、南部、北部等。地域差异和气候变化会影响用药习惯，南方祛湿，北方驱寒。如广东的炎热气候促使那里的人们习惯喝凉茶，北方的严寒气候促使人们偏爱补酒驱寒。

2. 城市与农村　城市与农村市场在用药习惯、用药常识、购买能力等方面都存在明显的差异。农村居民有使用民间验方或偏方的习惯，城市居民主要根据医师处方或药师指导购买和使用药品。通常农村市场消费者更关注价格因素，易受他人影响。

3. 交通运输　在我国，交通运输便利的地区，人口密度大，一般医疗资源比较集中。如上海、北京、天津、广州等特大型城市汇聚了优质医疗资源，成为全国疑难杂症患者和肿瘤患者的看病首选。

（二）按人口因素细分市场

1. 年龄

（1）儿童、成年人和老年人处于不同的生长发育阶段，疾病发生情况有很大差异，骨质疏松症、高血压、心脑血管疾病为中老年的常见病，而儿童常见疾病有近视眼、多动症状等。

（2）不同年龄阶段人群的组织器官、内脏功能、体重、身高、体表面积等差别很大，药效学和药动学过程各不相同，用药方式、方法、剂量也各不相同，如成人常用剂量对儿童和老年人则可能引起严重的不良反应，通常可将药品市场细分为儿童市场和成人市场。

（3）不同年龄段人群的社会经历、价值观存在差异，对药品的选择也有所区别。如西药市场，老年人购买药品时通常考虑经济因素；年轻人则更倾向药效好、副作用小但价格偏高的新药。中药市场，老年人注重传统的中药材煎煮；年轻人则看重方便的中成药。保健品市场，年轻人具有易受广告影响、易产生购买冲动的消费特点。

2. 性别　由于男女生理上的差别，对某些医药产品的需求和偏好存在很大差异，如乳腺疾病用药、雌激素、避孕药、减肥产品等通常针对女性消费者，前列腺疾病用药、戒烟产品等通常针对男性消费者。

3. 收入　引起需求差异的一个直接而重要的因素，因为市场由有购买欲望和购买力的人组成，而收入在很大程度上决定购买力。消费者及其家庭收入水平直接影响市场的大小和消费者的支出模式。如高收入者对保健品的需求较多，对药品价格相对敏感度低；相反，低收入者购买过程中对药品价格敏感度高。

请你想一想

维生素"施尔康"分为"金施尔康""小施尔康"，它们是按照什么标准来细分市场的？

4. 教育程度　购买者受教育程度不同，其价值观、文化素养、知识水平也会不同，会影响他们对药品种类的选择和购买行为。通常，受教育程度较高的人获取药品知识的能力较强，自我保健意识也较强，其购买行为会相对较为理性。

5. 民族　我国是多民族国家，每个民族都有自己的传统习俗、生活方式、信仰和禁忌，呈现出各种不同的医药商品需求特征。

（三）按心理因素细分市场

1. 性格　一个人比较稳定的心理倾向与心理特征，它会导致一个人对其所处环境做出相对一致和持续不断的反应，通常会通过自信、自主、支配、顺从、保守、适应、激进等特征表现出来，并影响其思维和行动。消费者的性格或多或少会影响治疗方法和用药的选择。如性格保守的消费者通常不愿主动进行新治疗方法的尝试，新药接受程度低；性格开明的则反之，更愿意接受新的治疗方法和新药。

2. 态度　一个人对某些事物或观念长期持有的好与坏的认识上的评价、情感上的感受和行动的倾向。伴随自然疗法的潮流，对中药，尤其是植物药的需求近年来呈现快速增长的势头，全球约有 40 亿人使用中草药产品，占世界总人口的 80%。

消费者购买药品的态度有以下几类。

（1）踏实者　认为治疗确有效果，且倾向较方便使用的治疗。

（2）需求权威者　倾向找有权威的医生或医院进行治疗。

（3）怀疑论者　很少使用药物，对治疗效果抱怀疑态度。

（4）敏感者　对身体极度关注，稍有症状就找医生，崇尚权威性治疗。

医药企业如果选择踏实者，则有可能推销其产品；选择需求权威者或敏感者，则通过医院渠道销售药品更有效；选择怀疑论者，则很难推销药品。

3. 购买动机　人的行为是受动机支配的，医药产品的购买目的通常是治疗、保健或馈赠，目的不同，选择则也有差异。如购买维生素 A 主要用于治疗；购买深海鱼油主要是用于自我保健或馈赠亲友。

4. 生活方式　人们对工作、消费、娱乐的特定的习惯和倾向性。消费者的生活方式不同，对医药商品的需求也就不同。例如，时髦型购买者追求时尚，不在意价格，易受广告影响，易产生购买冲动，更愿意选择维生素 C 泡腾片；朴素型购买者注重药品的治疗效果，更趋向于购买一般的维生素 C 片，而不是维生素 C 泡腾片。

你知道吗

患者利益变量细化

药品作为一种特殊的商品，可将利益变量按适应证、功能主治、剂型进一步细分。

1. 按功能主治分类　按照中医理论，感冒可分为风热感冒、风寒感冒、暑湿感冒等。针对这三种感冒，企业分别推出银翘解毒片、感冒清热颗粒和藿香正气水。

2. 按适应证分类　感冒的常见症状有头疼、发热、鼻塞、流涕、咽痛、喷嚏、咳嗽等。复方盐酸伪麻黄碱缓释胶囊强调解决鼻塞、流涕、打喷嚏症状，对乙酰氨基酚解决发烧等症状。

3. 按剂型分类　不同患者对药品剂型要求也不尽相同，儿童患者使用服用方便的粉剂、泡腾片、溶液剂；急症或重症患者应用注射剂。

（四）按行为因素细分市场

1. 追求利益　按购买者所追求的不同利益，将其分别归类。患者对药品追求的核心利益就是药到病除。药品按照功能与用途可分为抗生素类药品、心脑血管用药、消化系统用药、呼吸系统用药、泌尿系统用药、血液系统用药、五官科用药、抗风湿类药品等。不同药品治疗不同的疾病，除了核心利益外，消费者有的追求经济实惠（低价），有的追求使用方便（剂型），有的追求时尚（新品）。如抗感冒药的市场细分，根据受益细分，抗感冒药市场显示出四个主要的细分市场，即特别关心疗效、格外关注是否嗜睡、强调毒副作用低、注重经济实惠这四个消费群体。

2. 购买决策权　由于药品的特殊性，购买者本身很大程度上不敢进行决策，一般要到医院就诊，得到医生的专业指导后，才敢做决定购买何种药品，患者在处方药的购买和使用上更为谨慎。对于 OTC 药品，除了医生会影响购买者的行为外，药店营业员也是很重要的影响人。如对一个中老年某疾病药物的市场调查显示，在所抽样的城市中，购药人自主决定的占 25%，店员推荐的占 21%。

3. 品牌偏好　有些购买者经常变换品牌，也有一些购买者则在较长时期内专注于某一个或少数几个品牌。对有品牌偏好的购买者，推广新药是困难的。

4. 购买时机　不同的季节或时期，消费者可能会出现不同的健康状况，因此，消费者购买和使用医药产品的实际情况也会有所不同。如夏季人们会经常购买花露水或防蚊贴，冬季人们会经常购买冻疮膏或鼻炎类药；新型冠状病毒肺炎期间，消费者通常会购买中药饮片来增强免疫力，购买口罩或消毒液来预防感染。

5. 使用状况　消费者的使用状况可以按照其使用程度分为未使用者、潜在使用者、曾经使用者、首次使用者及经常使用者。消费者的使用状况不同，其对产品的需求也不同。一般情况下，大型医药企业往往致力于将潜在使用者转变为首次使用者和经常使用者，以不断扩大市场份额；小企业则注重吸引、保持住一部分经常购买者并制定恰当的竞争策略，从大公司手中争取现有使用者。

> **请你想一想**
>
> 感冒药市场的"新康泰克""白加黑""百服宁"采用了什么细分标准？在感冒药市场还有哪些细分标准？

6. 使用频率　根据消费者对某种药品的使用率，可细分为高、中、低。如慢性疾病患者，尤其是需终身服药的患者对于某一类药品的使用频率高，需求稳定；而健康人群对于处方药的使用频率较低。

7. 购买渠道　根据患者获取药品的渠道可以分为医院购买、药店购买及网上购买等。

三、医药市场细分的原则和方法

（一）原则

医药企业可以根据单一或多个细分标准对市场进行细分。一般而言，选用细分标准越多，子市场就越多，市场规模就越小；相反，细分标准越少，子市场就越少，市场规模就越大。有效的医药市场细分一般遵循以下四个基本原则（表5-2）。

表5-2 医药市场细分的原则

细分原则	细分的内容
可衡量性	细分变量可识别；细分后的市场规模和购买力可计算衡量
可开发性	医药企业具有资源优势，突破市场壁垒或进入全新的市场
可盈利性	市场容量、规模、购买能力及购买频率可以使企业获利
稳定性	保证医药企业有足够的时间研发新药品并推向市场

（二）方法

1. 完全无细分法 企业提供的单一产品或服务满足所有市场的需求，一般原料药市场采用这类方法。

2. 完全细分法 它是市场细分的极限，将每一个消费者作为一个细分市场，针对每一个消费者提供产品或服务，一般高端医疗市场采用这类方法。

3. 主导因素排列法 用一个因素对市场进行细分，如按利益细分处方药市场，按年龄细分保健品市场等。这种方法简便易行，但难以反映复杂多变的顾客需求。

4. 综合因素细分法 用影响消费需求的两种或两种以上的因素进行综合细分，如用利益、年龄、生活方式等多个因素可将维生素市场分为药物市场和保健品市场。

四、医药市场细分的程序

医药市场细分一般包括以下步骤（图5-1）。

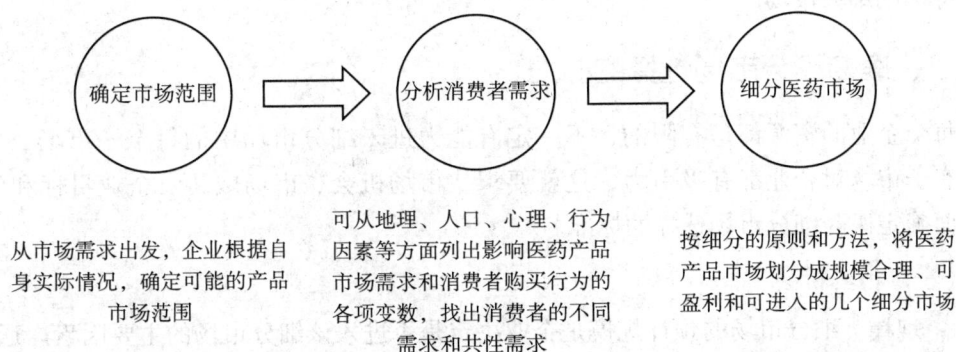

确定市场范围 ➡ 分析消费者需求 ➡ 细分医药市场

从市场需求出发，企业根据自身实际情况，确定可能的产品市场范围

可从地理、人口、心理、行为因素等方面列出影响医药产品市场需求和消费者购买行为的各项变数，找出消费者的不同需求和共性需求

按细分的原则和方法，将医药产品市场划分成规模合理、可盈利和可进入的几个细分市场

图5-1 医药市场细分的流程

五、市场细分的作用

1. 有利于发现市场营销机会 市场营销机会是已出现于市场但尚未加以满足的需求。这种需求往往是潜在的，一般不易被发现。运用市场细分的手段便于发现这类

需求，并从中寻找适合企业开发的需求，从而抓住市场机会，使企业赢得市场主动权。

2. 能有效与竞争对手相抗衡　在企业之间竞争日益激烈的情况下，通过市场细分，有利于发现目标消费者群的需求特性，从而调整产品结构，增加产品特色，提高企业的市场竞争能力，有效地与竞争对手相抗衡。

3. 能有效拓展新市场，扩大市场占有率　企业对市场的拓展不是轻易就能获得的，必须从小到大，逐步拓展。通过市场细分，企业可先选择最适合自己拓展的某些子市场作为目标市场，然后再逐渐向外推进、拓展，从而扩大市场占有率。

4. 有利于扬长避短，发挥优势　每一个企业的营销能力对于整体市场来说，都是有限的。所以，企业必须将整体市场细分，确定自己的目标市场，把自己的优势集中到目标市场上。否则，企业就会逐步丧失优势，从而在激烈的市场竞争中遭受失败。特别是有些小企业，更应该注意利用市场细分原理，选择自己的市场。

第二节　医药目标市场选择

PPT

医药市场细分后，企业需要从一系列细分市场中，选择出最适合企业经营的市场，来实现企业产品的价值。

一、医药目标市场选择的概念

医药目标市场是指医药企业希望进入的能给企业创造价值的细分市场。医药目标市场选择是指医药企业分析评估每个细分市场的吸引力程度，根据自身条件和特点选择进入某一个或几个特定细分市场的过程。资源有限的企业或许决定只服务于一个或几个特殊的细分市场。

二、医药细分市场选择的标准

每个企业的资源都是有限的，不一定有能力进入细分市场中的每个子市场，也不是所有子市场对企业都有吸引力，这就要求从市场机会、市场威胁及企业目标和资源三方面确定医药细分市场选择的标准。

（一）市场机会

1. 规模　细分市场的预计规模是企业决定是否进入该细分市场的主要因素。通常，如果企业选择的细分市场过于狭窄，企业有可能达不到它所期望的销售额和利润；应力求避免"多数谬误"，即与竞争企业遵循同一规律行事，将规模最大、最易进入的市场作为目标市场，共同争夺同一个顾客群。结果不言而喻，过度竞争将严重影响企业的经营效益并造成社会资源的无端浪费，损害原本可以满足的消费者的利益。医药企业在考虑细分市场时不能片面追求大城市市场，根据企业条件和产品特点，优先选择小城镇和农村市场，或许会取得意想不到的效果。如某生血剂杀入补血市场，针对市场竞争态势，明确产品卖点是补血快，市场主战场是农村市场，由于细分市场选择准确，在不到两年的时间里市场销售额突破亿元。

你知道吗

药品销售终端目标市场选择

1. 第一终端 医院。大型医药企业的主要品种，销售集中度较高。

2. 第二终端 主要由连锁药店、药品超市、单店三部分组成。其中连锁药店占据着第二终端的主要份额。按照地理因素，消费者的性别、年龄、收入、生活方式、品牌忠诚度等标准可划分出不同的细分市场。

3. 第三终端 基层医疗服务机构，如社区和农村的个体诊所、企业和学校的医疗保健室、乡村医生的小药箱、农村供销合作社及个体商店中的常用药品销售小柜等。无论是针剂还是其他剂型，都以普药为主，以中低价位品牌药为主，竞争少。

2. 盈利性 如果只考虑规模，则细分市场过于广泛，竞争导致开支的增加，消费额和利润不足以弥补，出现负盈利，持续时间越长对企业打击越大。由此可见，除了市场规模，还需要考虑该细分市场能否让企业有盈利机会。

3. 社会意义 由于药品的特殊性，除了考虑它的盈利性，还要考虑它的社会意义，如某些儿童药，细分市场很小，但患者需要药品治疗，国家出台相应鼓励措施和激励政策，提高企业的研发生产积极性，保证企业的盈利性，保障该类药品的供应；如艾滋病治疗市场，一般由政府购买免费提供给患者。这些细分市场，虽盈利性不高，但比较稳定，并能扩大社会影响力。

4. 发展趋势 企业不能只注重市场当下的规模和盈利能力，还需评估市场是否具有稳定持久的发展趋势，是否能保持一定的增长率。缺乏增长率的市场很容易出现饱和状况，企业的获利和进一步发展将受到限制。如基于儿童消化药市场的增长前景，某药业将儿童市场从成人市场中细分出来，果断推出儿童装健胃消食片，抢占儿童市场高地，面市3年，完成超过3.5亿的销售额。

（二）市场威胁

1. 现有竞争者 细分市场内激烈竞争的威胁。如某个细分市场已经有众多的竞争者，或者竞争者的实力强大，或者竞争者的竞争意识强烈，这意味着企业面临来自竞争对手的竞争威胁更大，为了在竞争中取得优势，企业可能还要不断推出新产品并投入大量的资金来攻守该细分市场。任何企业在面对强大的竞争对手时想要很好地生存和发展，都必须参与竞争，并做好相应的准备。以保健食品"血尔补血口服液"为例，原名为"补血鸡精"，补血市场已有"红桃K"和其他许多补血保健品，鸡精市场已有白兰氏等品牌，于是血尔在细分市场中另辟蹊径，建立与"补血快"不同的"功效持久"产品特色，针对城市白领女性消费群体，一跃成为与红桃K相抗衡的强势品牌。

2. 潜在竞争者　企业发展中现在还未出现但将来可能出现的威胁，即来自新加入的竞争对手的威胁。如果细分市场的进入壁垒低，原有企业对新进入者的阻拦小，那么该细分市场就容易吸引新竞争者的加入，他们将会增加新的生产能力和资源，争夺市场占有率。最终，随着越来越多的竞争者的加入，市场趋于饱和，竞争趋于激烈，这个细分市场对其他企业的吸引力就会越来越小。

3. 替代产品　如果某个细分市场存在着替代产品或者有潜在替代产品，替代产品会限制细分市场内价格和利润的增长，公司应密切注意替代产品的价格趋向，如果在这些替代产品行业中技术有所发展，或者竞争日趋激烈，那么该细分市场的吸引力就大大降低。

4. 强势消费者　议价能力强，对医药产品的价格、质量和服务的要求高的消费者。如果某个细分市场中购买者的讨价还价能力很强或正在加强，购买者便会设法压低价格，对产品质量和服务提出更高的要求，并且使竞争者互相竞争，所有这些都会使销售商的利润遭受损失。一般如果购买者比较集中或者有组织，或者该产品在购买者的成本中占较大比重，或者产品无法实行差别化，或者顾客的转换成本较低，或者由于购买者的利益较低而对价格敏感，或者顾客能够相互实行联合，购买者的讨价还价能力就会加强。企业之间为了获得订单的争夺就越激烈，细分市场的吸引力就越低。

5. 强势供应商　提供的原材料没有替代品或替代品少的供应商。供应商处于垄断地位，或者集中并有组织，其议价能力就强，企业可能在价格、质量和服务等方面都要受制于供应商，降低企业的盈利能力，该细分市场的吸引力就会受到影响。

（三）企业目标和资源

企业选择目标市场，还需要考虑企业自身所拥有的资源和经营目标是否能够与细分市场的需求相吻合。包括企业现有的人力、物力、财力能否满足细分市场的需求，对细分市场的投资是否符合企业的长期目标。有些很有吸引力的市场，如果与企业的长期目标不适合，就可能被放弃；而对一些适合企业目标的细分市场，企业还必须考虑它是否具备在该市场获得成功的各种条件，能否在该市场发挥其优势，获取预期利润或合理的利润，形成稳固地位。

三、医药目标市场覆盖的模式

企业通过细分市场评估后，将决定进入哪些细分市场，即选择目标市场。在决定市场覆盖度时常用的有五种模式（图 5-2）。

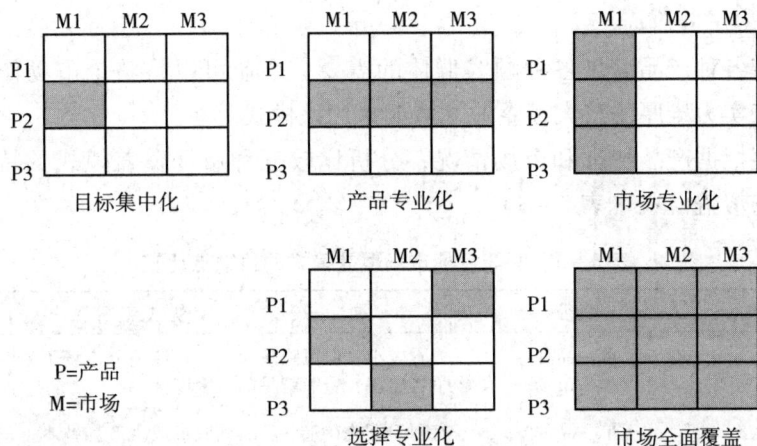

图 5 - 2　市场覆盖的模式

（一）目标集中化

企业在众多细分市场中集中全力只生产一类产品，选取一个细分市场进行集中营销，供应某一单一顾客群。选择单一细分市场集中化模式的企业一般应考虑：该细分市场中没有或少有竞争对手；企业资金有限，只能经营一个细分市场；企业具备在该细分市场从事专业化经营或取胜的优势条件；准备以此为出发点，以求取得成功后向更多的细分市场扩展。该模式成本较小，但风险较大，一旦该细分市场不景气或有强大的竞争者出现，企业就易陷入困境。

（二）产品专业化

企业专注于生产某一种或某一类产品，满足几个目标市场者的需求。这种模式有利于企业形成和发展生产和技术上的优势，在该专业化产品领域树立形象。但当该产品领域中出现一种全新的替代品时，企业将面临巨大冲击。与目标集中化营销的风险相比要小得多。

（三）市场专业化

企业集中生产某一市场某一顾客群体所需要的各种产品，即对同一市场生产不同的产品。能有效分散经营风险，可与某一群体建立长期、稳定的关系，并树立良好的形象，容易打开产品销路。但由于集中于某一类顾客，当这类顾客由于某种原因购买力下降时，销量会产生滑坡风险。

（四）选择专业化

企业选取若干个细分市场作为目标市场，其中每一个细分市场都具有良好的吸引力，且符合企业的目标和资源。该目标市场模型中各个细分市场间较少或基本不存在联系，每个细分市场将提供不同的产品和服务。能有效分散经营风险，即使某个细分市场陷入困境，企业仍可继续在其他细分市场取得盈利，但成本较高。应用此模式的企业应具有较强的资源和营销实力。

（五）市场全面覆盖

企业生产各种产品满足各种顾客群体的需要。企业可以将整个市场作为自己的目标市场，只有实力雄厚的特大型企业才可能采用该模式。

企业需要根据产品特征和市场情况，分析比较五种市场覆盖模式的特点，决定自己企业的市场覆盖模式（表5-3）。

表5-3 医药目标市场覆盖模式的优缺点比较

市场覆盖模式	特征	优缺点
目标集中化	单一品种 单一市场	成本较小，但风险较大，一旦该细分市场不景气或有强大的竞争者出现，企业就易陷入困境
产品专业化	单一品种 多个市场	有利于企业在某一产品领域形成生产和技术上的优势，但当该领域出现替代品时，企业将面临巨大冲击
市场专业化	多个品种 单一市场	与某一群体建立长期、稳定的关系，产品销路好，但当这类顾客由于某种原因购买力下降时，销量会下降
选择专业化	不同品种 不同市场	有效分散经营风险，即使某个细分市场陷入困境，企业仍可继续在其他细分市场取得盈利，但成本较高
市场全面覆盖	多个品种 所有市场	适应实力雄厚的特大型企业

请你想一想

江中药业推广消食片2002年和2003年采用的市场覆盖模式分别是什么？有什么特点？

四、目标市场进入的营销策略

选择目标市场，明确企业应为哪一类用户服务，满足他们的哪一种需求，是企业在营销活动中的一项重要策略。所谓目标市场就是通过市场细分后，企业准备以相应的产品和服务满足其需要的一个或几个子市场。企业决定市场覆盖的宽度不同，所选择的市场覆盖模式和采用的营销策略也将不同。企业可供选择的目标市场营销策略有无差异性市场策略、差异性市场策略、集中性市场策略（图5-3）。

（一）无差异性市场策略

无差异性市场策略就是企业把某一个产品或服务整体市场作为自己的目标市场，只向消费者提供单一种产品或服务，并采用一种市场营销组合吸引所有的顾客。它只注意需求的共性，而不考虑其差异性，运用一种产品或服务、一种价格、一种推销方法，吸引尽可能多的消费者。

采用无差异市场策略一般基于以下两种情况：①某种医药产品的需求本来就不存在差异，无须采取差异性营销策略；②消费者需求存在差异，但企业舍弃这些差异，只抓住各个细分市场中的共同需求。如原料药市场，需求基本无差异，需求者注重价格因素，企业可以采用该种市场策略，组织批量生产，降低成本。

	企业营销组合 →	未细分的市场

【优】成本低，管理简单
【缺】满足需求差，竞争力弱

无差异性市场策略

企业营销组合1 →	细分市场1
企业营销组合2 →	细分市场2
企业营销组合3 →	细分市场3

【优】满足需求，竞争力强，
分散风险
【缺】成本高，管理复杂

差异性市场策略

	细分市场1
	细分市场2
企业营销组合 →	细分市场3

【优】管理简单，对资源要求低
【缺】风险集中

集中性市场策略

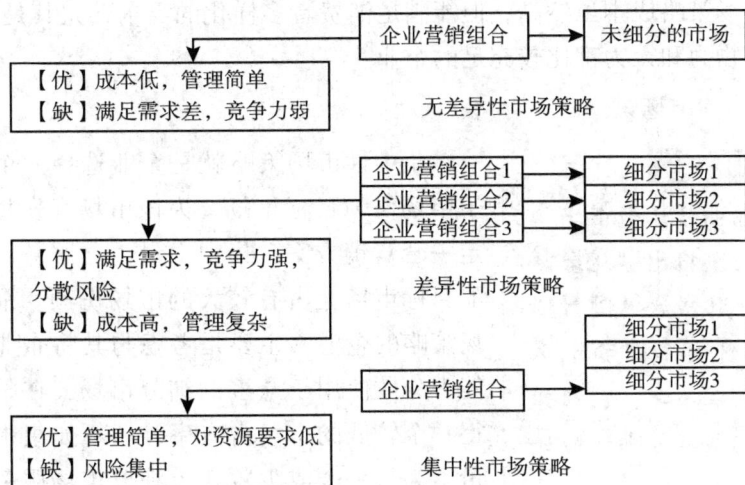

图 5 – 3　三种目标市场策略

你知道吗

药店连锁经营

目前，医药市场有一种迅速发展壮大的经营方式——药店连锁经营，就是越来越多地采用无差异市场策略，它们一般实行统一规范管理、统一核算、统一采购配送、统一营销模式等。例如，当你踏入某知名大药房任何一家连锁药店，你就会被穿着同样服装的店员所接待，同样的标准问候语，药店同样的陈列方式，同样的药品，同样的价格，同样的服务水平。可见，采用无差异市场策略，产品内在质量和外在包装上必须有独特风格，才能得到多数消费者认可，从而保持相对的稳定性。

（二）差异性市场策略

差异性市场策略就是企业将整个市场细分，选择若干细分市场作为目标市场，并针对不同子市场的需求特点，设计不同的产品，制定不同的营销策略，满足不同的消费需求。

差异性市场策略按覆盖市场的方式不同，可以分为以下三种。

1. 品种覆盖策略　企业以品种的系列化，覆盖目标市场需求的多样化。

2. 流通覆盖策略　企业对流通各环节分别采取不同的营销手段，以适应流通环节的各种消费需求。

3. 消费覆盖策略　企业对各种目标消费者群提供尽可能详尽周到的营销服务，以满足各消费者群的个性需要。

如青霉素自 1942 年研制成功后，大大增强了人类抵抗细菌性感染的能力，开创了用抗生素治疗疾病的新纪元。针对不同子市场的需求特点，制药企业开发了多个剂型、多种规格的青霉素制剂，制定不同的市场营销组合方案来满足不同的需求。

差异性市场策略成本虽然高，但能满足消费者多样化的需求，尤其是保健品市场。适用于财力、物力和人力都比较充足的企业。

（三）集中性市场策略

请你想一想

江中药业就儿童市场和成人市场分别推出"儿童健胃消食片"和成人"健胃消食片"，并针对不同的市场采用不同营销策略，它选择目标市场的策略是哪一种？

集中性市场策略就是企业选择一个或少数几个子市场作为目标市场，为该市场开发特定产品，制定一套营销方案，集中力量为之服务，争取在较少的目标市场上占有较大的市场份额。采用集中性市场策略的企业，主要是考虑与其将企业有限的资源能力分散使用于众多的细分市场，在整个市场上获得一个较低的市场占有率，还不如集中企业全部力量，为每一个或少数几个细分市场服务，在这几个细分市场上获得一个较高的市场占有率，这种策略尤其适用于资源能力有限的中小型企业。例如，健康元集团的精心口服液，选择 40 岁以上、有更前期症状的女性消费者作为目标市场，销售额保持快速增长。

五、影响目标市场营销策略选择的因素

前述三种目标市场营销策略各有利弊，并适用不同的情况。企业在具体运用时，应综合考虑企业产品和市场等多方面因素予以决定。

（一）企业能力

企业能力是指企业在研发、生产、技术、分销、促销、管理和资金等方面力量的总和。如果与竞争对手相比，企业能力强，则可以考虑采用差异性或无差异性目标市场营销策略；如果企业能力有限，则宜采用集中性目标市场营销策略。

（二）产品特性

产品的同质性，即产品的相似程度。这里所指的产品相似，更多的是从消费者角度而言，也就是说，即使企业之间生产的产品客观上存在属性和产品品质上的差异，但消费者并不看重，认为它们在满足功能和情感利益方面没有差异，就认为该种产品的同质性高。需求相似，同质性较高，中药材和原料药宜采用无差异性目标市场营销策略。而对保健品、医疗器械、化妆品等，消费者需求的差异性大，选择性强，同质性较低，异质性大，对这类产品，可根据企业的资源，采用差异性或集中性目标市场营销策略。

（三）产品生命周期

产品生命周期不同，营销策略也不相同。产品处于投入期，一方面作为新产品，市场竞争不激烈；另一方面，消费者对产品不是很了解，企业致力于满足消费者的基本需求，需求的差异性还没有集中体现，这时企业可以采用无差异性目标市场营销策略。产品处于成长期和成熟期，竞争者纷纷涌入目标市场，市场竞争激烈，消费者的

需求差异较大，为适应不同消费者的需求和确立自己产品的优势，适宜采用差异性或集中性目标市场营销策略。产品处于衰退期，市场需求呈下降趋势，企业收缩市场战线，降低成本，宜采用集中性目标市场营销策略。

（四）市场

如果目标市场上的消费者需求、偏好比较接近，对市场营销刺激的反应差异不大，则可采用无差异性目标市场营销战略；否则，应采用差异性或集中性目标市场营销策略。

（五）竞争者的目标市场营销策略

在竞争的市场环境中，任何一家医药企业在决定自己的目标市场营销策略时，都或多或少会受到竞争者的影响。一般来说，企业不愿意和竞争者正面冲突，采用与竞争对手不同的市场营销策略。如竞争者采取无差异性目标市场营销策略，为了避免直接对抗，企业可以采取差异性或集中性目标市场营销策略；如果竞争者采取差异性目标市场营销策略，为了在竞争中获胜，企业需要采取更深层次细分基础上的差异性或集中性目标市场营销策略。但如果企业实力强大，或者想要挑战竞争对手的市场地位，或者市场容量有限，则可以采取与竞争对手相同的目标市场营销策略。

企业应结合上述五个方面的因素综合考虑，选择合适的目标市场营销策略（表5-4）。

表5-4 目标市场营销策略选择

考虑因素		目标市场营销策略
企业能力	强	无差异营销策略、差异营销策略
	弱	集中营销策略
产品	同质性	无差异营销策略
	异质性	差异营销策略、集中营销策略
产品生命周期	投入期	无差异营销策略、集中营销策略
	成长期	差异营销策略、集中营销策略
	成熟期	差异营销策略、集中营销策略
	衰退期	集中营销策略
市场	需求相近	无差异营销策略
	需求差异大	差异营销策略、集中营销策略
竞争者	无差异市场策略	差异营销策略、集中营销策略
	差异市场策略	差异营销策略、集中营销策略

第三节 医药市场定位

PPT

企业选定目标市场后，便应考虑如何为自己的产品在拟进入的目标市场上进行有效定位。因为，在企业所选定的目标市场上存在着一些捷足先登的竞争者，甚至有的竞争者已占据了市场，树立了独特的形象。这样，新进入的企业便产生如何使自己的产品形象与现有竞争者的产品形象相区别的问题，这就是市场定位问题。

一、市场定位的概念

市场定位就是针对竞争对手现有产品在市场上所处的位置，根据消费者或用户对该种产品某一属性或特征的重视程度，为产品设计和塑造出本企业产品与众不同、给人印象鲜明的个性或形象，并通过一系列营销活动把这种个性或形象强有力地传达给目标顾客，从而使其在目标顾客心目中占有一个独特的位置的行动，即企业勾画自身形象，树立企业及产品的鲜明个性，使目标市场上的顾客了解和认识本企业有别于竞争者的特征。

你知道吗

市场定位的差异化

市场定位的实质是基于消费者心理的差异化，一般从以下几个方面体现差异化。

1. 产品差异化　在产品实体方面能让消费者感觉到的差别。具体包括特征、性能、质量、一致性、耐用性、可靠性、可维修性、式样和设计。

2. 服务差异化　企业向目标市场提供与竞争者不同的优异服务。可以从交货、安装、顾客培训、咨询服务和维修服务等方面体现。

3. 渠道差异化　可以从渠道的模式、渠道成员的能力及渠道管理政策等方面体现。

4. 员工差异化　通过聘用和培训优秀的员工以获得竞争优势，主要在称职、礼貌、诚实、可靠、敏捷和沟通等方面体现。

5. 形象差异化　可以通过标志、文字、视听媒体、气氛、事件和员工行为来表述。

二、医药市场定位的方法

医药市场定位的核心是向消费者传递与众不同的企业及产品形象并获得认同。常用的医药市场定位方法如下。

（一）功能性定位

功能性定位是指根据药品的活性成分宣传药品的功效差异。这种药品的定位明显区别于其他企业的药品，一般是拥有专利权或保密配方的独有品种，是企业的优势品种，为企业带来巨大的利润。如云南白药牙膏具有白药活性成分，相比于一般的草本汉方牙膏，白药活性成分属于国家中成药绝密配方，能够有效预防牙龈出血、缓解牙龈疼痛、修复黏膜损伤。又如作为国宝名药的"片仔癀"用于热毒血瘀所致的急慢性病毒性肝炎、痈疽疔疮、无名肿毒、跌打损伤及各种炎症，其成分含有天然麝香、天然牛黄、蛇胆和三七，因其成分和绝密配方，而与其他肝炎治疗药物和消炎药物有着本质的区别。

（二）利益定位

利益定位是指医药产品能给消费者带来的利益，如药品的疗效、保健作用、服用的便利性等。有的医药企业以药品疗效为主，以感冒药为例，白加黑定位为"白天吃白片不瞌睡，晚上吃黑片睡得香，能解决白天很好地工作的问题，也能解决晚上很好地休息的问题"；感康定位为"抗病毒治感冒，治疗病毒性感冒"；快克定位为"医疗感冒，快速起效"。有的企业以保健为主，如正大青春宝美容胶囊定位为"更白、更亮、肌肤更光洁"，给消费者带来解决皮肤困扰的三个具体利益。有的企业除了治疗作用外还注重解决药品服用的便利性，如荣昌肛泰的"贴肚脐，治痔疮"，鲜明地指出肛泰治痔疮的便利性，解决了上班族的用药烦恼，给当时的痔疮市场带来了颠覆性的变化，取得了上市一年就销售上亿元的好成绩。有的企业定位疗效和保健双重功效，如片仔癀以其卓绝的治疗和保健的双重功效著称，能够有效消除人体内的"湿、热、毒、邪"等，达到祛邪安正、预防疾病、保护健康的效果。

> **请你想一想**
>
> 云南白药气雾剂强化"伤痛无忧，活力无限，给患者带来止痛快、疗效好"的利益，这利用了什么市场定位方法？

（三）使用者定位

从性别、年龄、收入等维度来划分使用者群体，医药企业产品定位于满足特定消费群体的需求。如"太太口服液"就突出宣传为成年女性身体调理专用，"葵花牌小儿肺热咳喘口服液（颗粒）"，定位为儿童感冒药，年销售额高达 6 个多亿，足以证明儿童药市场蕴含的巨大潜力。

（四）权威性定位

权威性定位即药品纳入临床指导原则及临床路径中，从权威角度宣传药品的综合品质。如 2020 年 2 月，连花清瘟胶囊（颗粒）被列入国家卫生健康委《新型冠状病毒肺炎诊疗方案（试行第六版）》，2020 年 4 月，以岭药业生产的连花清瘟胶囊（颗粒）被批准可用于新冠病毒肺炎轻型、普通型引起的发热、咳嗽、乏力。

（五）质量和价格定位

结合质量和价格进行定位。一般来说，原研药需要花费 15 年左右的研发时间和数十亿以上的研发成本，由于原研药的投入大、周期长、风险高，所以在专利保护期内，价格都比较高，这一方面为原研药生产厂家创造性工作提供了经济上的投资回报；另一方面则是为了鼓励他们继续研究推出新的药品，以治疗人类疾病。仿制药是对原研药的主要成分进行复制的药物，可以说是一种复制品。仿制药的质量和疗效普遍不及原研药，但价格要比原研药低。仿制药对降低医疗支出、提高药品可及性、提升医疗服务水平等具有重要的经济价值和社会效益。

（六）针对竞争对手定位

考虑针对竞争对手，即强调与竞争药品直接有关的属性或利益，暗示自己与竞争者不同。红桃 K 集团进入中国补血市场，在不到两年的时间里市场销售额突破亿元，不到四年，年销售额突破 10 亿元。其成功之处在于：产品定位不同于阿胶类产品，以快速补血为自身特点，其次目标市场选择了当时其他补血产品忽略的村镇，把宣传做到了农村。

医药企业进行市场定位时，通常会同时使用多个方法，从不同角度来树立企业及其产品的形象。

你知道吗

药店定位

药店定位，实际上是对目标消费者市场的选择，进而制定能够满足消费者需求的市场营销策略。其市场细分和定位要根据药店业态、消费人群、商圈性质、竞争对手等来规划药店自身的经营模式、目标人群、营销策略和管理方法等。

药店定位的影响因素：①营业地址，处于不同目标市场的目标客户其购买力、受教育程度、疾病类型和发病率状况均不同，这些因素也决定着企业的经营目标、经营策略、服务类型的不同；②产品类别，供货渠道的不同，产品的类别有多寡，价格有高低，也决定了药店的定位；③企业资金实力，药店定位的主要影响因素；④药店选址，必然要考虑所选地址的租金；⑤选择产品类别，必然要考虑到采购总金额和单价。

药店市场定位的方法：①业态定位，大体分为两大业态：专业化药店和多元化药店，两者的区别主要在于主力药品，前者以药品为主力商品，后者以非药品为主力商品；②消费人群定位，以职业分为居民、白领、工薪阶层、公务员等，以消费水平分为高、中、低不同收入人群；③商圈性质定位，主要分为居民型、商务型和混合型三大类，其各自又再分为普通类型商圈和高档型商圈两个层次。

三、医药市场定位的策略

医药市场定位策略不仅要树立自己企业和产品的特色，而且要考虑自己在竞争中的地位。常用的市场定位策略主要有创新空位、避强定位、对抗定位、重新定位等（图 5 - 4）。

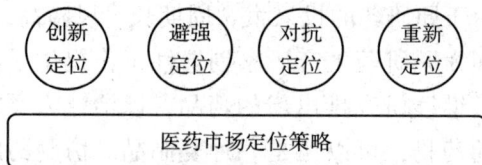

图 5 - 4　医药市场定位的策略

（一）创新定位策略

创新定位就是寻找新的尚未被占领的市场，即填补市场的空白。从治疗疾病角度看，全世界各个国家都通过政策支持，鼓励新药的研发。研发新药时需要考虑技术可行性、研发周期、疗效和安全、知识产权等因素，虽然成本高、耗时长、风险大，但研发成功后，可获得较长时间的专利保护期和定价优势，从而占据市场的主导地位，构筑市场进入的技术和专利壁垒。通常大型医药企业开发新产品或更新换代产品时，可采用该定位策略。

（二）避强定位策略

避强定位策略是指企业避开与竞争者直接对抗，创造产品和营销特征，将产品定位于与竞争者不同的市场位置。某公司避开当时胃药第一位的治疗相对较为严重症状的疗效较强的药品，确立了"日常助消化用药"的品牌定位。

（三）对抗定位策略

对抗定位策略即针锋相对式定位策略，是指针对竞争对手的定位而定位，即把企业产品定位在与竞争者相似或相近的位置上，同竞争者争夺同一细分市场。例如，通过强有力的宣传，迅速、有效地在目标对象中建立品牌知名度的。厂家抓住消费者不断追求新鲜和变化的心理，不断创造产品和品牌概念以吸引消费者，这就是以竞争对手产品为导向的实质。

（四）重新定位策略

重新定位策略是指医药企业基于医药市场、消费者的需求和偏好的变化，改变原来的市场定位，进行二次定位。定位完成之后一般应该保持定位的稳定性、连续性和持续性，不能轻易改变和随意变动。但定位是否恰当，需要在市场竞争中检验。初次定位后，如果由于消费者的需求偏好发生转移，市场对此医药产品的需求减少，或者由于新的竞争者进入市场，选择与此企业相近的市场位置，或者医药市场政策改变，或者发现新的药品功能和产品市场范围时，医药企业就需要对其产品进行重新定位。

一般来说，重新定位是医药企业获得新的竞争优势和业务增长的有效途径，从而打破原有的经营困境。云南白药俗称"百宝丹"，含有多种活性成分，为世人所知的多是止血功效，自问世到1992年以来，一直以"云南白药散剂"迎合市场需求，2003年开发创可贴系列家庭产品，但销量一直上不去。经分析后，云南白药以"药"为突破口，将产品重新定位为含药的创可贴，并开辟了含药创可贴市场。到2006年，云南白药创可贴销售额高达1.2亿，成为国内市场第二大品牌。

企业进行市场定位时，应慎之又慎，通过反复调查研究，比较医药市场定位策略的优缺点（表5-5），找出最合理的突破口，明确在目标市场中相对于竞争对手自己的位置。一旦确立了理想的定位，医药企业则应通过一致的表现与沟通来维持此定位，并经常加以监测，以随时适应目标顾客和竞争者策略的改变。

表5-5 医药市场定位策略的优缺点比较

市场定位策略	优点	缺点
创新定位策略	构筑医药市场进入的技术和专利壁垒，建立市场主导地位	适用于大型医药企业
避强定位策略	能使企业较快地在市场上站稳脚跟，并能在消费者或用户中树立形象，风险小	放弃某个最佳市场位置，可能使企业处于最差的市场位置
对抗定位策略	竞争过程中往往引人注目，甚至产生轰动效应，企业及其产品可以较快地为消费者或用户所了解，易于树立市场形象，占领具有优势的市场位置	遭到竞争者的强烈反抗，具有较大的风险性
重新定位策略	获得新的竞争优势和业务增长	重新定位是破釜沉舟之举，如果应用不当则无异于自我毁灭

四、市场定位的程序

市场定位的关键是找出自己的产品比竞争者更具有竞争优势的特性。竞争优势一般有两种基本类型：①价格竞争优势，就是在同样的条件下比竞争者定出更低的价格，这就要求企业采取一切努力来降低单位成本；②偏好竞争优势，即能提供确定的特色来满足顾客的特定偏好，这就要求企业采取一切努力在产品特色上下功夫。因此，企业市场定位的全过程可以通过以下三个步骤来完成：分析目标市场现状、确认企业相对竞争优势、传播选择的竞争优势（图5-5）。

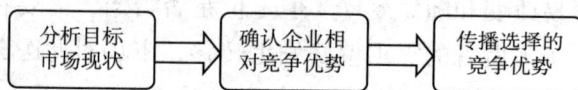

分析目标市场现状 → 确认企业相对竞争优势 → 传播选择的竞争优势

图5-5 市场定位的流程

（一）分析目标市场现状

通过市场调研，首先，了解目标市场上顾客欲望满足程度，找出消费者未被满足的需求。一个企业能比竞争者更深入、更全面地了解顾客，是取得竞争优势、实现产品差别化的关键。其次，确定目标市场上主要竞争对手及其产品定位，包括竞争者业务经营情况，如近三年销售额、利润率、市场份额、投资收益率等；竞争者核心经营能力，如产品质量和服务质量的水平等；竞争者财务能力，如获利能力、资金周转能力、偿还债务能力等。

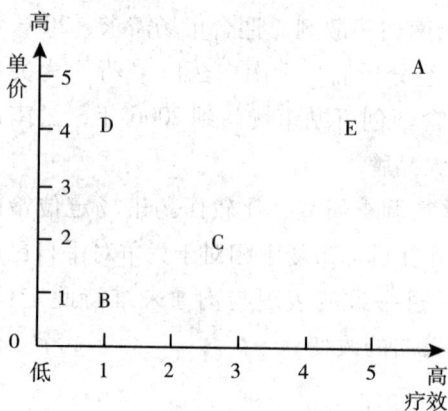

通过绘制定位图，标示主要竞争者产品在市场中的位置（图5-6）。以某复方抗高血

图5-6 定位图

压药物为例，顾客最重视两个指标：药品的有效性（疗效）和平均每次使用价格（单价），据此绘制定位图，横坐标表示疗效的高低，纵坐标表示单价的高低。A、B、C、D、E 代表 5 个同类产品。

（二）确认企业相对竞争优势

针对潜在顾客真正需要的利益和竞争者的市场定位，通过比较企业和竞争对手在经营管理、技术开发、采购、生产、营销、产品等方面的强弱，确认企业的竞争优势，选择最合适的市场定位方法和定位策略。

根据定位图分析可将不同产品的竞争相对优势归纳如下：A 药品疗效高，但单价也高，市场有一定的需求量，一般为收入较高的消费群体；E 药品疗效较高，单价相对低，这类药品顾客群最多；D 药品疗效低，单价相对较高，这类药品顾客群最少；B、C 药品单价相对低，有一定疗效，这类药品也有一定的顾客群。企业一般优先选择那些优势大、符合企业长远发展、最具开发价值的竞争优势。经分析选择定位于 E 药品附近，力争获得更多的市场份额，或可选择 A 产品的右下，以更高的疗效、更低的价格抢占 A 药品市场。

（三）传播选择的竞争优势

要使所选择的竞争优势在市场上得到充分表现，企业必须制定明确的市场营销组合来充分表现其优势和竞争力。即通过一系列产品宣传、促销活动、渠道推广等来表现，将其竞争优势准确传播给潜在消费者，并在消费者心目中建立与该定位相一致的形象。如"脑白金"定位为礼品后，就一直突出自己是一种礼品，是一种能带给人健康的礼品，并极力宣传一种"送礼更要送健康"的消费理念，从而抢占了这一新市场，将竞争者远远甩在后面。某医药股份有限公司的××皮炎平，在品种繁多的皮肤科用药市场中，以快速止痒、家庭常备为特点，明确地传达了速效、平民化的产品形象及定位。

当然，企业应注意目标客户对其市场定位的认识偏差，或由于企业市场定位的宣传错误所造成的目标客户的模糊、混淆和误解，及时纠正与市场定位形象不一致的情况。

【课堂活动】

对某一药品终端市场进行目标市场的选择

一、活动目的

通过对女性调经养颜市场的细分，为 YY 公司的调经养颜胶囊选择目标市场，并通过目标市场的分析，最终在给调经养颜胶囊进行定位的活动中，让学生学会对市场进行简单细分，并能选择适合本产品的目标市场，学会目标市场的选择策略，以对市场定位提出合理化建议。

二、活动内容

YY 药业公司是一家以治疗心脑血管的药品为基础，并逐步向眼科、外科止血、妇科用药等领域发展的大型制药企业。其中调经养颜胶囊是该公司的主打产品之一，公司认为调经养颜胶囊为独家产品，市场潜力大，希望能通过目标市场细分后进行产品重新定位，在竞争激烈的女性调经养颜市场中突围而出。假如你是 YY 药业有限公司的销售负责人，请你根据下面所给背景资料，对该产品市场进行目标市场选择，提出该产品进行市场定位的合理建议。

三、背景资料

1. 产品介绍

【产品名称】调经养颜胶囊

【汉语拼音】Tiaojing Yangyan Jiaonang

【规格】0.5g×8 粒×3 板/盒

【主要成分】三七、黄芪、女贞子、地板藤、玉带草、小红参

【性状】本品为胶囊剂，内容物为黄棕色至棕褐色粉末，味苦、涩、微酸

【作用类别】本品为妇科月经不调类非处方药药品

【功能主治】补血益气，调经养颜。用于妇女月经不调及其所引起的痛经、面色淡暗或有暗斑

【用法用量】口服，一次 2~4 粒，一日 3 次

【禁忌】孕妇禁用

【注意事项】忌食生冷食物；感冒时不宜服用，月经量多或患有其他疾病者，应在医师指导下使用；平素月经正常，突然出现月经过少，或过多，或经期紊乱，或阴道不规则出血者应去医院就诊；治疗痛经，宜在经前 3~5 天开始服药，连服一周，如有生育要求应在医师指导下服用；服药后痛经不减轻，或重度痛经者，应到医院就诊；服药两周症状无缓解者，应去医院就诊；对本品过敏者禁用，过敏体质者慎用；药品性状发生改变时禁止服用；请将此药品放在儿童不能接触的地方；如正在服用其他药品，使用本品前请咨询医师或药师。

2. 市场上主要竞争产品

月经失调会导致体力疲乏、腰酸背痛、头晕眼花、皮肤粗糙、面色萎黄或有暗斑等症状。目前我国女性调经养颜市场产品丰富，主要分为以下几个板块：调经补血、调经止痛、调经止带（白带异常）、补血益气等，市场上的产品绝大多数是相似的中药配方，致使许多产品在功能上互为交叉。但由于各产品组方不同，其在功能上又各具有侧重点。市场上靠广告建立起知名度的调经产品主要包括汇仁集团、同仁堂、陈李济等企业生产的乌鸡白凤丸；半边天药业生产的复方乌鸡口服液；宛西制药生产的月月舒冲剂；广西花红药业生产的花红片等。其中汇仁、同仁堂、陈李济生产的乌鸡白凤丸，以及半边天药业生产的复方乌鸡口服液具有共同的卖点：调经、补血、养颜。但是，尚无主打"气血双补"的广告产品。

四、活动准备

1. 场地准备 营销情景室、计算机室或互联网环境。

2. 物品准备 根据背景资料所提供的竞争产品，利用报纸、杂志或互联网等方式、手段收集竞争对手的市场策略资料。

3. 人员准备 将同学分成若干小组，推选一人担任组长，负责分配组内成员任务，共同完成活动操作。

五、活动步骤

【第一步】对市场需求及竞品进行调查。

1. 对终端消费者调查 ①对月经失调问题选择什么样的解决方式；②对痛经的关注度；③对面部暗斑、痤疮、皮肤粗糙等症状的关注度；④消费者信息，如家庭人口结构、职业、收入等个人情况，购药最关心的问题（影响选择药店的因素），如价格、环境、品牌、便利性等。

2. 对竞争产品市场调查 ①各竞争产品的主要目标消费群体；②卖点；③推广政策；④市场优势；⑤价格。

【第二步】进行市场细分。选择两种细分标准，按照市场细分的步骤对我国女性调经养颜市场进行细分。

【第三步】评估细分市场。从市场需求出发，评估本产品与竞争产品的优势和劣势，分析各细分市场存在的机会和威胁。

【第四步】选择目标市场策略。按照第三步的分析，选择调经养颜胶囊的目标市场，并分析目标市场上消费者的特点。

【第五步】进行目标市场定位。利用所学的市场定位的方法，对调经养颜胶囊的目标市场进行定位。

六、注意事项

1. 对竞争产品市场调查时，可直接通过药品销售终端渠道及互联网、报纸、杂志等方式进行。

2. 提炼产品卖点时，应以背景资料中所提供的产品介绍为依据。

3. 目标市场的选择要以所查资料的内容为依据。

目标检测

一、选择题

（一）单项选择题

1. 按照购买者的态度、购买动机进行市场细分属于（　　）。

　　A. 地理细分　　　B. 心理细分　　　C. 人口细分　　　D. 行为细分

2. 按照购买者的年龄、性别、收入进行市场细分属于（　　　）。

　　A. 地理细分　　　B. 心理细分　　　C. 人口细分　　　D. 行为细分

3. 按照购买者的购买利益、品牌偏好、购买决策权进行市场细分属于（　　　）。

　　A. 地理细分　　　B. 心理细分　　　C. 人口细分　　　D. 行为细分

4. 集中性市场策略的优点是（　　　）。

　　A. 成本经济性　　　　　　　　　B. 降低企业经营风险

　　C. 集中企业优势　　　　　　　　D. 有利于新产品推广

5. 某药厂只生产抗微生物药，满足被微生物感染患者的需求。该目标市场模式为（　　　）。

　　A. 目标集中化　　B. 产品专业化　　C. 市场专业化　　D. 选择专业化

6. 企业市场定位是把企业产品在（　　　）确定一个恰当的地位。

　　A. 顾客心目中　　　　　　　　　B. 产品质量上

　　C. 市场的地理位置上　　　　　　D. 产品价格上

7. 实力较弱的中小型医药企业一般采用（　　　）。

　　A. 无差异性市场营销策略　　　　B. 差异性市场营销策略

　　C. 集中性市场营销策略　　　　　D. 品牌市场营销策略

8. 生产原料药的医药企业一般采用（　　　）。

　　A. 无差异性市场营销策略　　　　B. 差异性市场营销策略

　　C. 集中性市场营销策略　　　　　D. 品牌市场营销策略

9. 生产保健品的医药企业一般采用（　　　）。

　　A. 无差异性市场营销策略　　　　B. 差异性市场营销策略

　　C. 集中性市场营销策略　　　　　D. 品牌市场营销策略

10. 大型医药企业研发新产品填补市场空白，这种市场定位策略为（　　　）。

　　A. 创新定位　　B. 避强定位　　C. 对抗定位　　D. 重新定位

（二）多项选择题

1. 医药市场细分的标准有（　　　）。

　　A. 地理因素　　　　　B. 心理因素　　　　　　C. 人口因素

　　D. 行为因素　　　　　E. 人为因素

2. 目标市场营销策略包括（　　　）。

　　A. 无差异性市场营销策略　　　　B. 差异性市场营销策略

　　C. 集中性市场营销策略　　　　　D. 品牌市场营销策略

　　E. 产品专业化市场营销策略

3. 医药市场定位的方法有（　　　）。

　　A. 功能性定位　　　　B. 利益定位　　　　　　C. 权威性定位

　　D. 质量和价格定位　　E. 领导定位

4. 医药目标市场覆盖的模式有 （   ）。

    A. 目标集中化　　　　B. 产品专业化　　　　C. 选择专业化

    D. 市场全面覆盖　　　E. 市场专业化

5. 医药市场定位的策略有 （   ）。

    A. 创新定位　　　　　B. 避强定位　　　　　C. 对抗定位

    D. 重新定位　　　　　E. 产品定位

二、思考题

1. 医药市场细分的标准有哪些？

2. 医药目标市场营销策略有哪些？优缺点各是什么？

3. 医药市场定位的策略有哪些？请分别举例说明。

书网融合……

📱 微课　　　📝 划重点　　　🕐 自测题

第六章 医药产品策略实施

学习目标

知识要求

1. **掌握** 医药产品整体概念；产品生命周期含义及各阶段特点。
2. **熟悉** 医药产品组合策略、包装策略和品牌策略。
3. **了解** 产品组合的评价方法。

能力要求

1. 学会医药产品整体概念。
2. 能够识别不同医药企业产品组合、包装和品牌的特点；初步分析医药产品策略；初步分析并指出医药产品各个产品层；简单分析某医药产品生命周期及应使用的营销策略。

实例分析

振东朗迪全面呵护国人钙健康

实例 据相关数据显示，2017年中国钙制剂零售市场已达到200亿元的规模，预计未来仍将保持两位数的增长。朗迪钙短短几年时间内从国内外众多钙质剂品牌中强势突围，赢得专业人士和消费者的信任，迅速引领中国钙质剂市场。

朗迪钙，自产品诞生之日起，就充分考虑国人骨骼健康状况，密切关注国人，尤其是母婴人群对钙制剂的需求，从配方到生产，从原料到成品，都精益求精，形成了"黄金配比、易吸收、不便秘"的强大产品力，凭借良好的补钙效果和高安全性，成为医生最信任和院内销售最多的钙制剂，而且在OTC市场上也是稳居前列。

朗迪钙充分考虑到不同人群的补钙特点，针对孕期、婴幼儿、成人等不同阶段设计产品功效。小儿朗迪碳酸钙D_3颗粒是专为0~3岁中国宝宝研发的钙制剂。朗迪旗下产品还包括专为青少年、更年期妇女和老年等咀嚼无障碍人群设计的朗迪碳酸钙D_3片（Ⅱ）。朗迪钙三款产品均采用高纯净优质碳酸钙源精制而成，更安全也更好吸收，适合中国人体质，实现了补钙的专业、高效和科学，因此受到众多临床医生及专家首推。

问题 1. 振东集团是如何设计和实施朗迪钙产品策略的？

2. 根据医药产品生命周期理论，谈谈朗迪钙目前采取的营销方式的优势。

第一节　医药产品整体概念及其意义

随着全球医药市场竞争越来越激烈，越来越多的医药企业在产品开发与营销中不仅仅偏重产品的有形实体，而且更加注重产品的无形价值及品牌内涵。在现代医药市场营销环境下，企业只有全面理解产品整体概念，才能满足市场不断变化的需求，增强产品及企业的竞争实力，为企业成功实现整体营销打下扎实的基础。

一、医药产品整体概念

产品概念有广义和狭义两种。传统观念中，产品必须是具有某种物质形态和具体用途的有用物品，特别强调产品的物质实体，这是对产品概念的狭义理解。然而在现代市场营销学中，能够满足消费者某种利益和欲望的一切有形产品和无形产品都可以称之为产品，这是广义的产品概念，其中有形产品包括产品实体及其品质、特色、式样、品牌和包装等，无形产品包括可以给消费者带来的附加利益和心理满足感及信任感的售中、售后服务、保证、形象和市场声誉等。广义的产品概念延伸出产品的整体概念，也就是现代营销学意义上的产品。

在产品整体概念中，产品由五个层次组成，即核心产品、形式产品、期望产品、延伸产品、潜在产品（图6-1）。

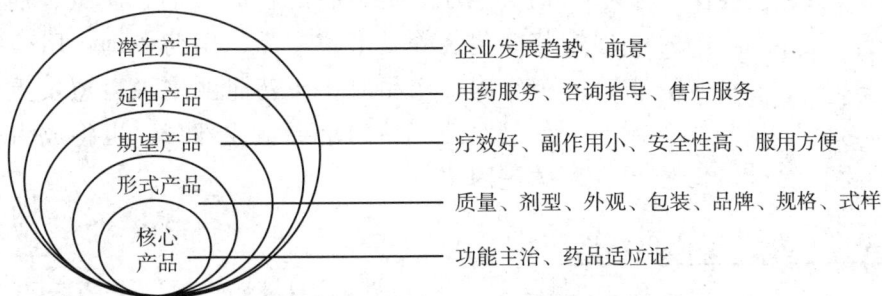

图6-1　医药产品整体概念五个层次

1. 核心产品　产品的使用价值，即满足客户需要的产品基本效用，是最基本、最实质性的内容，也是客户需求的中心内容。对于医药产品来讲，核心产品是药品的治疗效果。客户购买医药产品，并不仅是为了占有或得到这种产品本身，更重要的是为了满足人的某种需要，即用于预防、治疗和诊断疾病。这是客户购买医药产品的真正需求，医药产品只有保证满足这个需求，才有可能销售出去。医药企业的市场营销人员在推广医药产品的过程中，应善于发现客户购买药品所追求的核心利益，从疗效和质量出发，真正满足客户。

2. 形式产品　产品呈现在市场上的全部外部形态，一般通过产品的外观、质量、特色、包装、品牌等表现出来。消费需求的多样性和产品差异性多体现在形式产品上，具有相同功效的产品，其形式产品层可能有较大的差别。对于医药产品来说，形式产品包括医药产品的性状、产品剂型、质量水平、功能特色、品牌名称、内外包装等内容。医药企业进行产品设计时，除了重视客户的核心利益外，也要重视塑造形式产品。

3. 期望产品　客户购买产品时所期望得到的与产品密切相关的一系列属性和条件。对于医药产品而言，消费者对药品的期望是疗效好、毒副作用小、安全性高、服用方便等。如购买儿童口服药品的客户希望药品口感好、易服用等。如果客户获得了满意的期望产品，将对产品形成良好的品牌认知并重复购买。反之，客户将会失望，这会影响顾客对产品的满意度和重复购买率。

4. 延伸产品　客户因购买产品所得到的全部附加服务与利益，包括用户咨询、及时送货、上门服务、售后维修等，这是产品的延伸或附加价值，它能够给客户带来更多的利益和更大的满足。对于医药产品来说，延伸产品是药品的使用过程中功能的延伸和销售的继续，如用药咨询、用药后跟踪回访、用药指导等用药服务。

5. 潜在产品　现有产品包括所有附加品在内的最终可能会实现的改进和变革。潜在产品能促使医药企业对现有医药产品不断地进行更新与改造，并努力开发出新医药产品。如药物未来向纳米级、靶向制剂、DNA 领域发展。

请你想一想

某药品用于感冒引起的头痛、发热、鼻塞等，浅棕色颗粒，每袋重 10 克，有效期两年。其产品整体概念有哪些？

产品整体概念五个层次中期望产品、延伸产品、潜在产品又统称为附加产品。对于医药产品而言，疗效是药品的核心产品，质量、剂型、规格、包装等是形式产品，用药咨询、用药指导服务等附加产品对于医药企业来说也愈发重要，不仅是医药产品的重要组成部分，也将成为竞争的关键因素。

你知道吗

绿色产品

产品策略是市场营销的首要策略，企业实施绿色营销必须以绿色产品为载体，为社会和消费者提供满足绿色需求的绿色产品。所谓绿色产品是指对社会、对环境改善有利的产品，或称无公害产品。绿色产品与传统同类产品相比，具有下列特征：①产品的核心功能既要满足消费者的传统需要，符合相应的技术和质量标准，更要满足对社会、自然环境和人类身心健康有利的绿色需求，符合有关环保和安全卫生标准；②产品的实体部分应减少资源的消耗，尽可能利用再生资源，且不应添加有害环境和人体健康的原料、辅料，在产品制造过程中应消除或减少"三废"对环境的污染；③产品包装应减少资源的消耗，包装和产品报废后的残物应尽可能成为新的资源；④产品生产和销售的着眼点是指导消费者正确消费而适量生产，建立全新的生产美学观念。

二、医药产品的意义

1. 使企业明确顾客所追求的核心利益　顾客购买医药产品并非为了占有某种药品或是医疗器械之类的具体物品，而是体现了一种希望恢复健康的愿望。企业如果不明白这一点，就不可能真正满足顾客需求，也不可能获得成功。

2. 使企业重视医药产品的非功能性利益　顾客对医药产品利益的追求包括功能性和非功能性两个方面。前者更多地体现了顾客在物质方面的需要，后者则更多地体现了顾客在精神、情感方面的需求。随着社会经济的发展和人民收入水平的提高，顾客对医药产品非功能性利益越来越重视，在很多情况下甚至超越了对功能性利益的关注。由此要求企业摆脱传统的医药产品概念，重视医药产品非功能性利益的开发，更好地满足顾客的需求。

3. 给企业带来了新的竞争思路　医药产品整体概念的提出，给企业带来了新的竞争思路，那就是医药企业在产品上的竞争可以在多个层次上展开，通过在规格、剂型、包装、品牌、售后服务等各个方面创造差异，来确立市场地位和获得竞争优势。

第二节　医药产品组合

为了满足目标市场的需求，扩大销售，增加利润，大多数医药企业会生产、经营多种产品。当然，生产、经营的产品并不完全是越多越好，必须根据市场需求和企业自身能力状况，来合理确定产品的种类、数量及组合方式。如何将多种产品合理组织起来，这就是医药企业要考虑的产品组合问题。

一、医药产品组合及相关概念

（一）概念

医药产品组合是指医药企业生产、经营的全部产品的结构。一般由若干产品线组成，每条产品线又由多个产品项目构成。产品线和产品项目的组合，要适应产品消费对象的需要，并与医药企业的目标市场和市场营销策略有着密切的关系。某医药企业产品组合见表6-1。

表6-1　某医药企业产品组合示意图

产品线	产品项目
心血管药	立普妥、络活喜、多达、碘克沙醇注射液
抗生素药	希舒美、舒普深、先锋必、优立新、特丽仙、特治星、曲必星、大扶康、威凡、斯沃
抗肿瘤药	艾瑞昔布片、阿帕替尼、酒石酸布托啡诺注射液、多西他赛注射液、注射用紫杉醇、普维拉
精神类药	左洛复、怡诺思、奥氮平、普瑞巴林胶囊

（二）相关概念

1. 产品线　也称产品系列或产品大类，是指在使用价值、原材料、销售渠道、销售对象等方面比较接近的产品项目所组成的一个产品类别。医药产品线是指在功能、结构或剂型上密切相关的、能够满足同一类的医药产品，每条医药产品线包含若干个医药产品项目。表6-1中，该医药企业拥有4条生产线，分别为心血管药、抗生素药、抗肿瘤药、精神类药产品线。

2. 产品项目　医药企业产品目录上所列出的每一个产品，即产品线中不同种类、型号、大小、规格、价格、外观等的产品。产品项目是构成产品线的基本元素。表6-1显示该医药企业产品组合由24个产品项目组成。

二、医药产品组合的内涵

(一) 要素

产品组合要素包括产品组合的宽度、深度、长度和关联度。

1. 宽度　又称广度，是医药企业产品组合中包含的医药产品线的数量。药品产品线越多，说明企业产品组合的宽度越宽，宽度能够反映一个企业市场服务的范围和承担投资风险的能力。表6-1表明该医药企业拥有4条产品线，产品组合的宽度为4。产品组合的宽度大小有时取决于产品线的划分标准，同样多的产品项目，可根据不同标准划分成不同数量的产品线，表6-1的产品组合也可以按照剂型划分为片剂、胶囊剂、注射剂3条产品线，即产品组合的宽度为3。

2. 深度　一条产品线上包含的产品项目的数量。一条产品线上包含的产品项目越多，说明产品组合的深度越深。它反映一个企业在同类细分市场中能够满足客户不同需求的能力。如表6-1，该医药企业抗生素药产品线的深度为10，是4条产品线中最深的，表明该企业业务中抗生素类药物品种较多。

3. 长度　医药企业的各条产品线中所包含产品项目的总和，同时以医药品种总数除以产品线数目即可得到产品线的平均长度，长度能够反映医药企业在同类细分市场中满足客户不同需求的程度。如表6-1，该医药企业产品组合的长度为24，产品线的平均长度为6。

4. 关联度　一个企业的各个产品线在最终使用、生产条件、分销渠道或其他方面相关联的程度。对于医药企业来说，其产品的最终用途如果都是非处方药，能通过同一个渠道分销进入市场，则其产品组合的关联度较强，企业能集中力量充分发挥其在渠道上的优势；反之，如果关联度弱，就会分散企业经营精力，对企业资金、资源、组织机构、管理体系有较高的标准要求。分析产品组合的宽度、深度、长度和关联度，有助于企业更好地制定产品组合策略。

(二) 原则

医药企业产品组合应遵循有利于促进产品销售、竞争和增加企业总利润的基本原则。医药企业在进行产品组合时，涉及三个层次的问题需要做出抉择：①是否修改、增加或剔除产品项目；②是否填充、扩展和删除产品线；③哪些产品线需要加强、增设、简化或淘汰。这三个层次问题的抉择会形成不同的宽度、长度、深度和关联度，也就构成了不同的产品组合。在确定产品组合的宽度、长度、深度和关联度时，一般应考虑是否有如下表现。

1. 增加产品组合宽度的表现 增加产品线，扩大业务范围，实行多角化经营，可使企业更好地发挥潜在技术、资源优势，提高经济效益，分散投资风险。

2. 增加产品组合长度的表现 增加各条产品线的产品项目，可使产品线丰满充裕，使企业拥有更完全的产品线。

3. 增加产品组合深度的表现 增加某条产品线的产品项目，可使企业占领同类产品的更多细分市场，满足更广泛的市场需求。

4. 增加产品组合关联度的表现 增加产品线间关联程度，可使企业在某一特定的市场领域内加强竞争力和赢得良好的声誉。

（三）动态平衡

产品组合的动态平衡是指医药企业根据市场环境和资源条件变动的前景，适时增加应开发的新产品和淘汰应退出的衰退产品，从而随着时间的推移，企业仍能维持住最大利润的产品组合。动态平衡的产品组合亦称最佳产品组合。

产品组合的动态平衡，实际上是产品组合动态优化的问题，只能通过不断开发新产品和淘汰衰退产品来实现。产品组合动态平衡的形成需要综合性地研究企业资源和市场环境可能发生的变化，各产品项目或产品线的成长率、利润率、市场占有率将会发生的变化，以及这些变化对企业总利润率所产生的影响。

由于市场需求和竞争形势的变化，产品组合中的每个项目必然会在变化的市场环境下发生分化，一部分产品获得较快的成长，一部分产品继续取得较高的利润，还有一部分产品则趋于衰落。医药企业如果不重视新产品的开发和衰退产品的剔除，则必将逐渐出现不健全的、不平衡的产品组合。因此，医药企业需要经常分析产品组合中各个产品项目或产品线的销售增长率、利润率和市场占有率，判断各产品项目或产品线销售成长过程中的潜力或发展趋势，以确定企业资金的运用方向，做出开发新产品和剔除衰退产品的决策，以调整其产品组合。

（四）评价方法

如何安排产品组合，才能实现利润最大化？为解决这个问题，人们开发出了各种决策模型来评价产品组合的优劣，并进行适当的调整。

波士顿矩阵模型是根据产品在市场上的销售增长率和市场占有率两个指标组合的状况对产品的市场地位做出评价，并针对组织现有业务组合和资源状况对每类产品选择合适的经营策略，决策出企业产品组合战略。

对于一个拥有复杂产品系列的企业来说，一般决定产品结构的基本因素有两个：市场引力与企业实力。市场引力包括企业销售量（额）增长率、目标市场容量、竞争对手强弱及利润高低等，其中最主要的是反映市场引力的综合指标——销售增长率，这是决定企业产品结构是否合理的外在因素。企业实力包括市场占有率、技术、设备、资金利用能力等，其中市场占有率是决定企业产品结构的内在要素，它直接显示出企业竞争实力。销售增长率与市场占有率既相互影响，又互为条件：市场引力大，销售增长率高，可以显示产品发展的良好前景，企业也具备相应的适应能力，实力较强；如果仅有市场引力大，而没有相应的高销售增长率，则说明企业尚无足够实力，则该种产品也无法顺利发展。相反，企业实力强，而市场引力小的产品也预示了该产品的市场前景不佳。

通过以上两个因素相互作用，会出现四种不同性质的产品类型，形成不同的产品发展前景（图6-2）：①销售增长率和市场占有率"双高"的产品群（明星产品）；②销售增长率和市场占有率"双低"的产品群（瘦狗产品）；③销售增长率高、市场占有率低的产品群（问号产品）；④销售增长率低、市场占有率高的产品群（现金牛产品）。

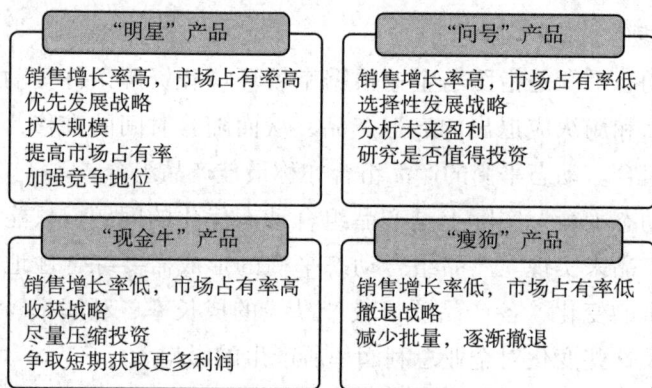

图6-2 波士顿矩阵模型分析法

对于企业来说，如果能同时具有问号产品、明星产品和现金牛产品这三类，就有希望保持企业当前的利润和长远利润的稳定，形成合理的产品结构，维持资金平衡。

三、医药产品组合策略

医药产品组合策略是指医药企业根据市场需求情况，考虑企业身资源和竞争态势，对产品组合的宽度、深度、长度和关联度进行优化组合和适时调整，所做出的最佳产品组合决策。产品组合应综合考虑企业资金、市场需求状况、竞争条件等因素，企业在对现有产品线和产品组合分析评价后，可以采取相应措施，对现有产品进行调整，使其达到最优组合。

（一）常见的医药产品组合策略

常见的医药产品组合策略有6种（图6-3）。

1. 全面化组合策略 医药企业着眼于所有细分市场，提供细分市场所需要的一切产品和服务。狭义指提供某一行业所需全部产品，产品组合关联度很强；广义指尽可能增加产品组合的宽度和深度，而不受产品线间关联度的约束，力图满足整个市场的需要。

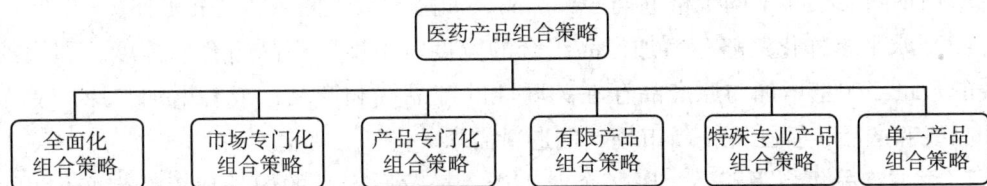

图 6-3 常见的医药产品组合策略

2. 市场专门化组合策略 医药企业向市场（某类顾客）提供其所需要的各种产品和服务的产品组合策略。如某医疗器械厂专门为各大医院生产各种医疗器械。采用这种策略是为强调产品组合的宽度和关联度，而产品组合的深度一般较浅。

3. 产品专门化组合策略 医药企业专注于生产或经营某一类产品，并将其推销给各类顾客的产品组合策略。如某医药企业生产各种抗生素类药品来满足各类不同消费者需求。

4. 有限产品组合策略 医药企业根据自己的专长，集中生产或经营有限的甚至是单一的产品线，以适应有限的或单一的消费者需求的产品组合策略。如某医疗器械企业只生产和经营各种轮椅，来满足一部分老年人和残疾人的需求。

5. 特殊专业产品组合策略 医药企业根据某些顾客的特殊需要，专门生产或经营某一种特殊产品的组合策略。如某企业专门为有听力障碍者生产各种助听器。

6. 单一产品组合策略 医药企业凭借特殊条件，如凭借其拥有知识产权或特许经营权，排斥竞争者涉足，独霸市场的产品组合策略。如某医药企业专注于一些基因药品的生产。

> **请你想一想**
>
> 某企业不仅生产中成药的经典产品，还开发了人参、虫草等高档保健品。这采用的是什么产品组合策略？

（二）调整产品组合策略

医药企业在生产经营的过程中，对现有产品线和产品组合进行综合分析，有针对性地实施调整措施，包括整顿现有产品、调整产品结构，从而使其达到最佳产品组合。

1. 扩大产品组合策略 扩大产品组合的宽度和深度，即在原有产品组合中增加新的产品线和新的产品项目，增加药品品种，扩大经营范围。扩大产品组合策略优势如下：①可以满足不同偏好消费者的多方面需求，提高产品的市场占有率；②充分利用企业资源和剩余生产能力，完善产品系列，提高企业经济效益；③减小市场需求变动性对企业的影响，分散市场风险，增强企业竞争力。

扩大医药产品组合策略根据扩大的是产品组合的深度还是宽度，又细分为垂直多样化和水平多样化两种策略。

（1）垂直多样化策略 增加产品组合的深度，产品组合的宽度不变。即不增加产品线的数量，在维持原产品品质和价格的前提下，增加同一产品的规格、型号和款式；

或者增加不同品质和不同价格的同一种产品，如高、中、低档产品的延伸。

（2）水平多样化策略　增加产品组合的宽度，不增加产品组合的深度。即增加产品线的数量，包括增加与原产品存在关联性的产品线和产品；或者增加与原产品无关的产品线和产品，旨在开拓新市场，创造新需求。

2. 缩减产品组合策略　当医药企业生产、经营原产品的内外环境发生变化时，应及时剔除那些获利很小甚至不能获利的产品线或产品项目，集中精力发展有优势的产品，提高经济效益。缩减产品组合的方法有三种：①保持原有产品宽度和深度，不增加产品线和产品项目，只增加产品产量而降低成本；②缩小产品组合的深度，即缩减产品项目，取消一些低利润产品，生产利润较高的少数品种规模的产品；③缩小产品组合的宽度，即缩减产品线，根据企业特长和市场特殊需要只生产经营某一个或少数几个产品线。

3. 产品差异化策略　医药企业通过市场调研活动，收集顾客的需求信息和竞争对手的产品信息，对产品的质量、用途、性能、特点或剂型等方面重新定位，采取与竞争对手有明显不同特色的产品策略。产品重新定位后，或改进老产品的结构，或增加产品新的功能、规格或式样，以引起顾客的浓厚兴趣，增强企业的竞争优势，从而为企业创造更多的利润。

第三节　医药产品生命周期分析

PPT

产品生命周期是现代营销学的一个重要概念，在医药市场营销过程中，任何一种新产品上市后，在市场上的销售地位和获利能力都处于变动之中，随着时间的推移和市场环境的变化，都要经历由弱到强，又由盛转衰的过程。企业管理者必须非常重视研究和运用产品生命周期理论，制定科学有效的营销策略。

一、医药产品生命周期的内涵 　微课

（一）概念

医药产品生命周期是指医药产品研制成功后，从进入市场开始，直到被市场淘汰所经历的全部时间。

医药产品生命周期是药品的市场寿命或经济寿命，与产品使用寿命是两个不同的概念。产品的市场生命周期是指一种产品从开发出来投放市场开始，到被市场淘汰为止的整个阶段，也是产品交换价值的消失过程，即产品的经济寿命。产品的使用寿命周期是指一种产品的有效使用时间，即产品使用价值的消失过程，指产品的自然生命或使用寿命。现代营销学中所指的产品生命周期是指产品的市场生命周期。

（二）各个阶段

1. 正常医药产品生命周期曲线　根据医药产品市场销售变化的规律，一个完整的医药产品生命周期一般包括四个阶段：导入期、成长期、成熟期、衰退期。用于描述某

一医药产品变化轨迹的曲线就称作医药产品生命周期曲线，又称成长曲线（图6-4）。

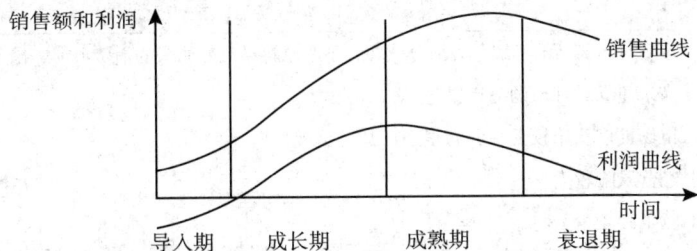

图6-4 医药产品生命周期曲线

2. 特殊医药产品生命周期曲线

（1）快速夭折型 有些产品刚一进入市场，就由于种种原因很快夭折了，它的产品生命周期曲线如图6-5（a）所示。如默克公司推出治疗关节炎和急性疼痛的药物"万络"，投入市场初期就成为全球最畅销的抗关节炎COX-2抑制剂，然而，不久后FDA通过安全监测与评价，对COX-2选择性抑制剂的安全性产生了警觉。此后经研究表明，"万络"可增加心血管不良事件发生的概率。于是该产品被默克公司撤市，在全球市场上仅仅生存了5年。

（2）扇形 某些药品在销售过程中，由于不断发现医药产品的新功能或者应用价值，所以其生命周期不断延长，形成扇形生命周期曲线，如图6-5（b）所示。如阿司匹林作为NSAIDs的药物于19世纪末上市，后来实验者发现，小剂量的阿司匹林具有抗血栓的作用。而这些研究与适应证的拓展使得阿司匹林的产品生命周期得以延续。

（3）循环-再循环型 有一些产品经过市场重新定位又焕发了新的生命力，它的产品生命周期曲线如图6-5（c）所示。如某些药业多维元素OTC产品，通过整合营销传播策略，使缩小的销量又大幅提升。又如某药品在某一国家销售进入衰退期后，通过将该药品开拓到其他国家，使产品生命周期延长。

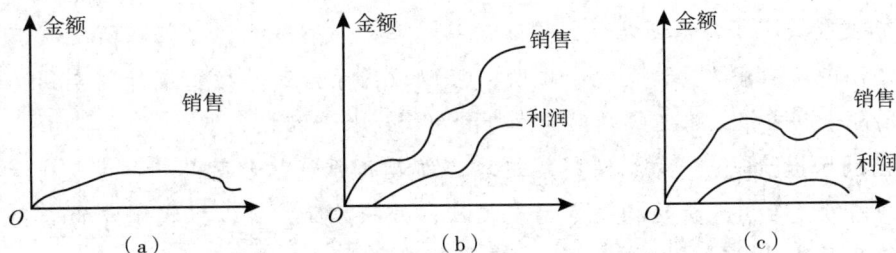

图6-5 特殊医药产品生命周期曲线

分析产品生命周期，是为了正确判断产品的发展趋势，并根据产品在其生命周期各阶段的特点采取适当的市场营销策略。

3. 各阶段的特点 医药产品生命周期各阶段的市场地位、销售量、销售成本、价格等都有各自的发展特点，具体见表6-2。

表6-2 医药产品生命周期各阶段的特点

产品生命周期阶段	特点
导入期	市场对新药品不了解，大部分消费者不愿意轻易改变原来的消费习惯，销量小，单位成本高
	尚未建立最理想的分销渠道
	市场推广费用较大，利润很小，甚至出现亏损
	经营风险较大
	竞争者较少
成长期	市场对新产品逐渐熟悉、了解并接受，销售增长很快
	组建较为成形的分销渠道
	随着大批量生产销售，成本下降，利润迅速增长，逐步达到最高峰
	有大量竞争者加入，市场竞争激烈
成熟期	产品市场占有率最大化，销售量和利润均达最高
	同类产品不断打入市场，市场竞争激烈
	销售的增长速度缓慢
	消费者达到饱和，潜在消费者减少
衰退期	产品老化，有新的竞争对手出现，陷于被市场淘汰的境地
	产品销售量和利润急剧下降，企业生产能力过剩问题日益突出
	市场上以价格竞争作为主要手段，努力降低售价，回收资金

你知道吗

知识产权策略

在众多"药品生命周期管理方法"中，医药企业最关注的是知识产权（IP）策略。知识产权策略强调以下几个步骤。

1. 立项阶段 对原研或者潜在竞争对手的专利充分调研，尤其是化合物专利、晶型专利、盐型专利、制备专利等，一一进行侵权风险排查。

2. 研发阶段 坚持仿创结合，构建产品独立的核心权利体系。在研发成果应用到生产的过程中，也有很多大发现小发明，可以应用于产品的核心或外围专利。适当的国内、国际专利申报策略能够辅助建立专利群，延长产品权利期限。

3. 注册申报阶段 一方面要持续追踪已发现的原研或者竞争对手的专利情况，密切关注国内外是否出现新的相关专利或文献；另一方面，可以根据制定的专利布局策略，持续开发外围专利，拓展其他知识产权的保护。

4. 上市销售阶段 在科学领域，改变药品的药代动力学，或对副作用情况进行修正；建立起一个涵盖专利、商标、商品名、包装设计、商誉的知识产权保护体系。

二、医药产品生命周期各阶段营销策略

医药企业要想使其产品能够有较长的市场销售周期，就应当充分理解和运用产品

各生命周期的特点，适宜地制定不同的营销策略来延长产品的经济寿命。

（一）导入期营销策略

导入期是新产品首次上市的最初销售时期。当新药进入市场时，首先应该找准目标市场和目标客户，然后让目标市场客户迅速了解认识新产品，为新产品建立有效的营销系统，为每一个营销组合变量制定有效策略，将新产品快速推进导入期，进入市场发展阶段。在药品导入期，企业营销的重点主要集中在促销和价格方面，一般可采用下列市场营销策略，见表6-3。

表6-3 导入期医药产品营销策略

策略	特点	优势	适用条件	应用案例
高价-高促销策略（快速掠取策略）	高价格和高促销费用的组合推出新产品	赚取较高利润，尽快收回研发投资	需求潜力大，目标顾客购买力强，求新求特，产品优于竞品，或有独特之处	保健品
高价-低促销策略（缓慢掠取策略）	高价格和低促销费用的结合推出新产品	企业获得更多利润	目标市场潜力和规模有限，竞争威胁不大，大多数用户了解该产品，适当的高价能被顾客接受	知名品牌药品
低价-高促销策略（快速渗透策略）	高促销费用和低价格的组合推出新产品	最快市场渗透速度和最高市场占有率	市场容量大，潜在消费者对产品不了解，且对价格敏感；潜在竞争激烈；单位制造成本随生产规模和销售量的扩大而迅速下降	抗感冒药
低价-低促销策略（缓慢渗透策略）	低价格和低促销费用推出新产品	容易渗入市场，打开销路，在取得规模经济效益的同时树立起物美价廉的印象	市场容量大，适用面广，顾客了解产品，促销作用不明显，需求价格弹性高，潜在竞争激烈	家庭常备药

（二）成长期营销策略

成长期是产品生命周期中的关键时刻，此时产品已被市场消费者熟悉，消费习惯开始形成，销售进入向纵深发展的阶段。这一段时期市场营销的目的主要是保持并扩大市场占有率，加强市场竞争力，掌握市场竞争的主动权。具体策略见表6-4。

表6-4 成长期医药产品营销策略

策略	主要内容
产品策略	完善质量保证体系，不断完善产品的特色、款式、包装和服务等，增强产品竞争实力，提升品牌效应
价格策略	结合生产成本和市场价格的变动趋势，分析竞争对手的价格策略，保持原价或适当调整价格。如果企业产品是专利产品或新特药，有垄断性，则可以采用高价销售；一般竞争性产品可采用低价招揽顾客
促销策略	促销重点是树立品牌形象，可以通过广告或营业推广等方式，宣传产品在质量、性能、服务等方面与同类产品相比的优势，强化消费者的购买信心
渠道策略	巩固完善原有渠道，增设销售机构和网点，进一步向市场渗透，开拓新的市场领域，适应和满足广大客户的需要，促进市场份额的再度提高

（三）成熟期营销策略

对许多产品来说，成熟期持续的时间最长。因此，医药企业在产品成熟期营销的主要目的是千方百计地维持，甚至扩大原有的市场份额，确保市场占有率，尽量延长产品的市场寿命。具体有三种策略可供选择，见表6-5。

表6-5　成熟期医药产品营销策略

策略	主要内容
市场改良策略	开发新市场，寻求新用户：①开发产品的新用途，寻求新的细分市场；②刺激现有顾客，增加使用频率；③重新为产品定位，需求新的买主
产品改良策略	开发新剂型，改善功效，改变包装，增进服务
营销组合改良策略	改变定价、销售渠道及促销方式，通常改变一个因素或几个因素的配套关系

（四）衰退期营销策略

产品进入衰退期的原因有很多，如科技进步、新药品替代、消费者喜好转移、疗效不佳、副作用被重新认知等，此时医药产品销售量急剧下降，竞争者纷纷撤离市场，市场既是危机也是转机。如果企业能够处变不惊，认真开拓新市场，发掘新服务，终点又将成为起点。此时的医药营销策略见表6-6。

表6-6　衰退期医药产品营销策略

策略	主要内容
产品策略	缩减产量，有计划地撤出，淘汰老产品，组织新产品开发和生产，力争占领新市场
价格策略	适当降低售价，力争边际利润，不宜盲目降价
渠道策略	减少销售终端，加强与新目标市场的中间商联系，开拓新市场
促销策略	降低销售费用，节省开支

医药企业在实际营销中，可以灵活地运用产品生命周期理论，创造性地发展出独特有效的营销策略，促使产品在市场中保持长久旺盛的生命力。

👷 **请你想一想**

企业采用什么方式才能使产品生命周期曲线出现第二个"驼峰"呢？

📖 第四节　医药产品包装

PPT

产品包装最初是指赋予产品实体的外在保护层，使产品在运输、储存及销售过程中避免遭受损毁或减少。现代营销理论中，医药产品包装是产品整体概念中不可分割的一部分，对宣传品牌形象、促进产品销售起着重要作用。

一、医药产品包装的内涵

（一）概念

医药产品包装是指医药产品外面的容器或包装物。包装是药品的重要组成部分，也是非价格竞争的一个重要手段。一般包括以下三个层次。

1. 外包装 又称大包装或运输包装，是指医药产品本身的保护物或者保护产品的包装物，是最外层的包装。外包装主要用于保护商品，以防止医药产品在储存、运输过程中发生货损货差及被污染的情况。外包装的材质一般为硬纸板，上面一般都有品牌名称、生产厂家、生产日期、产品规格和警示图标等信息，以保证产品的数量和质量。

2. 中包装 介于外包装和内包装之间的包装，是指由若干个内包装组成一个整体包装的包装形式。比如医药产品为了配送和计数，通常把 10 个内包装产品用塑料袋或纸盒装在一起形成一个中包装。中包装能够进一步保护商品，同时方便商品的配送和销售过程中的计数。在医药产品销售的过程中，一部分中包装被消耗，还有一部分随同商品一起售出。

3. 内包装 又称小包装或销售包装，是指直接或间接接触产品的内层包装。直接接触医药产品的包装有安瓿、泡罩铝箔、塑料瓶等；间接接触医药产品的包装是在直接接触产品包装外再加上一层包装，比如纸盒。内包装不仅起到保护产品的作用，更重要的是可以美化和宣传产品，吸引消费者的注意力，并方便消费者认识、选购、携带和使用产品，从而促进产品的销售。

（二）作用

作为整体产品的组成部分，包装的意义已经远远超越了作为容器保护产品的作用，而逐步成为树立企业形象、促进扩大产品销售的重要因素之一，其作用主要体现在以下三个方面。

1. 保护产品，便于储运 产品包装的基本作用，使产品在市场营销过程中，在消费者保存产品期间，保护产品的使用价值。例如，良好的药品包装可有效地防止空气、气温等外界因素对药品降效过程的催化，从而保证药品的质量。

2. 美化产品，促进销售 能否引起消费者的兴趣，诱发购买动机，在很大程度上取决于产品的包装，因为包装是"产品的脸"，它在零售环节取代了售货员而成为"无声的推销员"。如许多非处方药、保健品，因更换了具有新时代气息的精美包装而销量大增。

3. 方便使用，指导消费 包装上一般都附有大量信息，如非处方药的包装上会介绍药品性能、使用方法和注意事项等信息，起到指导患者自行购买和使用的作用。有的包装上印有特殊标志，如处方药标志提示消费者需凭医师处方购买，回收标志提示不要乱扔废弃的包装容器以维护公共卫生。

（三）构成

一般说来，作为包装物，产品包装应该包括商标或品牌、形状、颜色、图案和材料等要素。

1. 商标或品牌　包装中最主要的构成要素，应在包装整体上占据突出的位置。

2. 形状　适宜的包装形状有利于储运和陈列，也有利于产品销售，因此，形状是包装中不可缺少的组合要素。

3. 颜色　包装中最具有刺激销售作用的构成要素，突出商品特性的色调组合，不仅能够加强品牌特征，而且对顾客有强烈的感召力。

4. 图案　在包装中如同广告的画面，其重要性、不可或缺性不言而喻。

5. 材料　不仅影响包装成本，而且影响商品的市场竞争力。

6. 产品标签　在标签上一般都印有包装内容和产品所包括的主要成分、品牌标志、产品质量等级、生产厂家、生产日期和有效期、使用方法等，有些标签上还印有彩色图案或实物照片，以促进销售。

7. 包装标识　在运输包装外部印刷的图形、文字和数字以及它们的组合，主要有运输标识、指示性标识、警告性标识三种。

（1）运输标识　在商品外包装上印制的反映收货人和发货人、目的地或中转地、件号、批号、产地等内容的几何图形、特定字母、数字和简短的文字等。

（2）指示性标识　根据商品的特性，对一些容易破碎、残损、变质的商品，用醒目的图形和简单的文字做出的标志，常见的有"此端向上""易碎""小心轻放"等。

（3）警告性标识　在易燃品、易爆品、腐蚀性物品和放射性物品等危险品的运输包装上印刷特殊的文字，以示警告，常见的有"爆炸品""易燃品""有毒品"等。

（四）设计原则

包装设计是医药产品市场营销中的软实力，运输包装的包装物不随产品进入消费领域，其设计目的主要是在流通过程中保护产品和方便运输。销售包装的设计着重考虑的是美化产品，便于销售和适用，促进销售。从营销的角度来看，医药产品包装设计应符合以下个原则。

1. 确保质量安全　包装的最基本、最核心的要求，要保证产品品质完好、数量完整，还要保护环境安全。药品的包装不仅对药品有保护作用，其本身对外界因素的变化也应有良好的适应性，包括防潮、防光照、温度调控等。如包装大蜜丸的腊壳不能因气温过高而软塌变形，也不能因气温过低而变硬脆裂。

2. 生动形象　要充分显示产品的特色和风格，给人留下深刻、美好的印象。如解热镇痛类药品的包装颜色多采用冷色调，可以减轻患者的痛苦和焦躁不安的情绪；而滋补类、发汗类中成药的包装颜色多采用暖色调，来突出其药性偏温。如上海施贵宝生产的"金施尔康"，在橘赭色的画面中突出"金"字的变体图案，将品名与图案融为一体，形成一个独特的字体形象，产生了良好的视觉效果。

3. 信息准确 要准确、鲜明、直观地传递产品的信息，使顾客能理解包装所显示的含义，便于患者识别，如药品的主治功能、用法用量、不良反应等。对于不同药理作用的药品应设计不同的象征性图案，如治疗眼睛的药品标上眼睛的图案，治疗胃的药品标上胃的图案，心血管类的药品标上心脏图案。

4. 经济实用 包装应当适于运输、保管与陈列，便于携带和使用，包装大小、形状、结构与医药产品吻合。包装材质的选择务求安全、牢固、量轻、价低，既能保护产品、无不良作用，又不致造成成本过高。

5. 依法实施 《药品管理法》《药品标签和说明书管理规定》中对药品包装有明确的法律规定，医药企业必须依照法律法规要求实施药品包装。

6. 尊重信仰 尊重消费者的宗教信仰和风俗习惯，尊重各国和各地区本土文化对包装的不同要求。包装装潢上所采用的图案、色彩等，既要符合目标市场消费者的心理要求，又不能与其宗教信仰、风俗习惯相抵触。

7. 绿色环保 包装要力求减少材料的浪费，节约社会资源，严格控制废弃包装对环境的污染，实施绿色包装。

二、医药产品包装的分类

（一）按包装在流通中的作用分类

1. 储运包装 用于安全运输，保护商品品质安全和数量完整的较大单元的包装形式，又称外包装或大包装。一般体积较大，外形尺寸标准化程度要求较高，坚固，耐用。储运包装可细分为单件运输包装和集合运输包装。

2. 销售包装 又称内包装或小包装，它随同产品进入零售环节，与消费者直接接触。

销售包装实际上是零售包装，因此，销售包装不仅要保护产品，更重要的是要美化和宣传商品，便于陈列展销，吸引顾客，方便消费者认识、选购、携带和使用。

近些年来，销售包装的发展趋势日益呈现小包装大量增加，透明包装日益发展，金属和玻璃容器趋向安全轻便，贴体包装、真空包装的应用范围越来越广泛，包装容器和器材的造型、结构美观、多样、科学，包装画面更加讲究宣传效果等发展趋势。

（二）按包装的技术与目的分类

1. 销售包装技术 分为真空包装技术、充气包装技术、脱氧包装技术等。

2. 运输包装技术 分为防震包装技术、防锈包装技术、防虫包装技术、防潮包装技术和集合包装技术等。

（三）其他分类

医药产品包装还可以按材料、形态、运输方式、销售地区、柔软性、容器形态等多种方式进行分类。

三、医药产品包装法规规定

（一）对医药产品包装的法规规定

（1）药品生产企业使用的直接接触药品的包装材料和容器，必须符合药用要求和保障人体健康、安全的标准，并经国务院药品监督管理部门批准注册。

（2）生产中药饮片，应当选用与药品性质相适应的包装材料和容器；包装不符合规定的中药饮片，不得销售。中药饮片包装必须印有或者贴有标签。

（3）直接接触药品的包装材料和容器的管理办法、产品目录和药用要求与标准，由国务院药品监督管理部门组织制定并公布。

（二）对医药产品标签和说明书的法规规定

1. 药品的标签　分为内标签和外标签。

（1）内标签　直接接触药品的包装的标签，应当包含药品通用名称、适应证或者功能主治、规格、用法用量、生产日期、产品批号、有效期、生产企业等内容。

（2）外标签　内标签以外的其他包装的标签，应当注明药品通用名称、成分、性状、适应证或者功能主治、规格、用法用量、不良反应、禁忌、注意事项、贮藏、生产日期、产品批号、有效期、批准文号、生产企业等内容。适应证或者功能主治、用法用量、不良反应、禁忌、注意事项不能全部注明的，应当标出主要内容并注明"详见说明书"字样。

2. 药品的说明书　应列有以下内容：药品名称（通用名、英文名、汉语拼音）、化学名称、分子式、分子量、结构式（复方制剂、生物制品应注明成分）、性状、药理毒理、药代动力学、适应证、用法用量、不良反应、禁忌证、注意事项（孕妇及哺乳期妇女用药、儿童用药、药物相互作用和其他类型的相互作用）、药物过量（包括症状、急救措施、解毒药）、有效期、储藏、批准文号、生产企业（包括地址及联系电话）等内容。如某一项目尚不明确，应注明"尚不明确"字样，如明确无影响，应注明"无"。

标签、说明书中的文字应当清晰，生产日期、有效期等事项应当显著标注，容易辨识。麻醉药品、精神药品、医疗用毒性药品、放射性药品、外用药品和非处方药的标签、说明书，应当印有规定的标志。

药品说明书应包含安全有效使用药品所必需的科学信息，内容必须翔实，具有知识性、真实性和准确性，在任何项目中都不得使用宣传性语言，不可包含虚假和误导性信息。不可夸大有效性，也不能回避不利信息。

同一药品生产企业生产的同一药品，药品规格和包装规格均相同的，其标签的内容、格式及颜色必须一致；药品规格或者包装规格不同的，其标签应当有明显区别或者在规格项中有明显标注。同一药品生产企业生产的同一药品，分别按处方药与非处方药管理的，两者的包装颜色应当明显区别。

对贮藏有特殊要求的药品，应当在标签的醒目位置注明。药品标签中的有效期应当按照年、月、日的顺序标注，年份用四位数字表示，月、日用两位数表示。

你知道吗

包装上的批准文号和标识

是不是药品？是西药还是中药？是保健品还是食品？是真、是劣、是假？先从外包装上的批准文号和标识去识别。

药品在包装上一定能够看到批准文号"国药准字 H（或 Z、S、J、B、F）+8 位数字"，它的意思是国家药监局批准生产、上市销售的药品，H 代表化学药品、Z 代表中成药、S 代表生物制品、J 代表进口药品国内分包装、B 代表具有辅助治疗作用的药品、F 代表药用辅料。如果有"国药准字"，登录国家药监局数据查询，输入药品名称或"国药准字"后面的字母和 8 数字，能查到的是真药，查不到的就是假药。如果批准文号是"X 药制字 H（Z）+ 4 位年号 +4 位流水号"，则代表医院制剂，只可在本医院使用。在药品的包装上未标明或者更改有效期的、不注明或者更改生产批号的、超过有效期的都是劣药。

保健品包装上有国家药监局的批准文号"国食健字 G（J）+8 位数字"，G 指国产，J 指进口，或卫生部的批准文号"卫食健字（卫食健进字）+8 位数字"。没有保健品的特殊标识和保健食品批准文号的就是假的保健品。

四、医药产品包装策略

医药产品的包装是整体产品的一部分，正确地选择包装策略，可以有效促进产品的销售。医药企业常用的产品包装策略有以下几种。

（一）类似包装策略

又称统一包装策略。企业对自己生产的系列产品采用统一的包装模式，即在产品包装的图案、颜色、造型和标记等方面具有本企业特色的类似或一致的特征，使人一见就知道是某家企业的系列产品。其优点是可以节省包装成本，还能壮大企业的声势，扩大影响，促进销售。这种策略一般只适用于质量水平大致相当的产品，如果企业的各种产品品质过分悬殊，将会影响优质产品的声誉。

（二）配套包装策略

又称系列包装策略。按照消费者的消费习惯，将若干用途上相关联的产品放在同一个包装内。如某医药企业生产一系列预防、治疗中暑的药品并"捆绑"销售。其优点是有利于顾客配套购买，方便使用，满足消费者的多种需要，也有利于企业扩大销售。如果新旧产品包装在一起，还可以以旧带新，减少新产品的推广费用。但不能把毫不相干的产品搭配在一起，更不能借机搭售积压或变质产品来坑害消费者。

（三）再使用包装策略

又称双重用途包装策略。包装内产品使用后，包装物还可以用于其他用途。其优点是能引起顾客的购买兴趣，有的顾客甚至只因为喜欢包装物而产生购买行为。同时，用作其他用途的包装物还可起到广告宣传的作用。如某医药企业生产阿胶补血颗粒，将包装设计为一个搪瓷大碗，吸引了很多妇女购买；有些儿童药品的包装为一个精美的容器，吸引了家长的注意。这种策略的包装成本较高，具体采用时需权衡利弊，防止过度包装。

（四）附赠品包装策略

在产品包装内或包装上附些实物或奖券（如折价券、积分券、抽奖券、样品券等），或产品包装本身就可以用来兑换奖品。其优点是利用顾客好奇和获取额外利益的心理，吸引其购买和重复购买，以扩大销量。如某些冲剂药品袋子内附赠药匙或杯子。

（五）改变包装策略

采用新的包装设计、包装、包装材料，更新或放弃原有的产品包装。常用的做法有以下两种：①当销售不畅时，企业可以改变包装，使顾客对其产生新鲜感，重新对这种产品产生兴趣。②当企业打算提价时，可以通过改变产品的包装规格，但仍维持原价不变，这样做可以减少企业提价的阻力。

（六）等级包装策略

企业为不同质量等级的产品分别设计和使用不同的包装。显然这种策略的实施成本较高，但它可以适应不同的购买力水平或不同顾客的购买心理，从而扩大产品销售。

（七）绿色包装策略

企业使用不对人体和环境造成污染的药品包装，体现环保理念。如采用再循环纸印刷说明书等。

请你想一想

某企业系列的抗生素都采用白色为背景，中间的位置用不同颜色加以区别，请问企业采用的是哪种包装策略？

（八）性别包装策略

根据药品不同性别使用者设计不同的包装。一般而言，男性用医药产品的包装多体现阳光、硬朗、深沉、质朴等特点；女性用医药产品的包装多采用温馨、优雅等风格。

第五节 医药产品品牌管理

PPT

一、医药产品品牌的内涵

（一）概念

美国市场营销协会将品牌（brand）定义为一个名称、名词、符号、象征、设计或以上要素的组合，用以识别一个或一群出售者的产品或劳务，使之与其他竞争者相区别"。医药产品品牌俗称医药产品的牌子，是医药产品的名称、术语、符号、象征设计或以上要素的组合，其目的是区别不同的生产商或经销商的同类医药产品。

在营销活动中，产品品牌并非符号、标记等的简单组合，而是产品的一个复杂识别系统，其内涵包括六个方面。

1. 属性　品牌所能够带来的、符合消费者需要的产品特征。比如"999"代表产品为客户服务长长久久。属性是消费者判断品牌接受性的第一要素。因此，品牌带来的属性应当能够符合消费者的需要。

2. 利益　消费者购买某一品牌产品，购买的并不是该品牌所提供的属性，而是该产品属性所能转化而来的功能或利益。购买"便利"这一属性，带给消费者的是贴心服务和便利使用；"创新"带来的是先进技术和独特体验；"质优价廉"带来的是产品使用效果好、价格经济实惠等。

3. 价值　包括营销价值和顾客价值。营销价值是通常所说的品牌效应，即品牌在市场上被广泛接受，进而为企业节省更多的广告促销费用，所创造的价值。顾客价值主要指品牌的声誉及形象可满足消费者情感需求所创造的价值。

4. 文化　品牌中所蕴含的文化是使品牌得到市场高度认可的深层次因素。市场对品牌的偏好反映的恰恰是消费者对品牌中所蕴含的文化的认同。每个品牌都会从产品中提炼自己的文化。如"广誉远"品牌倡导的是"广传美誉、有就长远"的不断进取的文化。

5. 个性　品牌个性塑造的是使消费者产生一种认同感和归属感。不同品牌有着不同个性。如"安神补脑液"追求"强脑安神"的个性，就迎合了许多脑力工作者追求高质量睡眠，补充脑力的需要。

6. 使用者　上述五个品牌层次的综合已经基本界定或暗示了购买使用该品牌产品的消费者类型。如"葵花小儿肺热咳喘口服液"的使用者是儿童；"珍视明"的使用者多为用眼过多的学生、白领。使用者对品牌的选用，也反过来反映消费者对品牌文化、价值和个性的认同。

（二）构成

医药产品品牌一般由医药产品品牌名称、医药产品品牌标志和医药产品商标三部分组成。如图6-6所示。

1. 品牌名称　医药产品品牌中可以用语言称谓表达的部分，一般为词语、数字、字母或是它们的组合等。例如"999""三精""同仁堂""太极"等都是医药产品品牌名称。

2. 品牌标志　医药品牌中可以被识别，但不能用语言称呼的部分，一般为符号、图案或是它们组合而成的设计等。例如"云南白药"的品牌标志为宝相

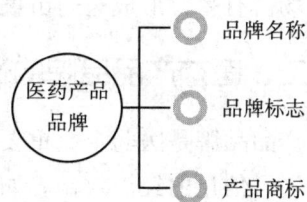

图6-6　医药产品品牌组成

花，是花中之王，由牡丹、芍药和菊花组成，代表着吉祥如意，象征着云南白药所处的云南植物丛生；"太极集团"的品牌标志为太极图的设计图案。

3. 产品商标　医药企业为了区别其他企业的同类医药产品，而在其产品上采用的文字、图案、字母、数字或以上要素组合而成的设计标志。商标包括文字、图形、字母、数字、三维标志、颜色组合和声音等，以及上述要素的组合，均可以作为商标申请注册。经国家核准注册的商标为"注册商标"，受法律保护。医药企业在注册商标时，不能把药品的通用名称注册为商标，但可将其商品名注册为商标。

（三）作用

随着医药市场营销的发展，医药产品品牌的作用日益突出，具体表现在以下五个方面。

1. 便于识别与选购　医药产品品牌代表着医药产品的特色和质量特征，同时也是医药企业的代号。消费者在选购不同医药企业生产的同类产品时，会依据不同的医药产品品牌加以区别。因此，消费者往往对知名度高的医药产品青睐有加。

2. 树立质量意识　医药企业要创立品牌形象，需要长年累月的努力，通过长期保证医药产品与服务的质量来建立良好的品牌信誉。消费者通过医药产品的质量、服务、价格等多方面的信息来评价医药产品，从而也促进医药企业不断增强责任心，以保证和提高医药产品与服务质量的方式来维护医药产品品牌的良好形象。

3. 利于推广宣传　医药产品品牌体现了医药企业的质量和信誉，也成了推广和宣传医药产品的有效手段。设计美观的商标，可以增加医药产品的美感，提高医药产品的身份。利用品牌推广宣传医药产品，有醒目突出、便于记忆的特点，能够增强宣传效果，给消费者留下深刻印象。

4. 促进购买销售　一个医药产品品牌树立了良好的企业形象，会对医药产品的销售起到促进作用。消费者选购不同医药企业生产的同类产品时，在对品牌信任的驱使下会增加其购买欲望，从而利于医药产品的销售以及提高消费者的品牌忠诚度。

5. 引导良性竞争　医药产品品牌标记经注册为商标后，能够得到法律的保护，防止他人模仿、抄袭或假冒，维护了医药企业的正当权益。同时，医药产品品牌体现了企业的质量和信誉，也是医药产品宣传推广的重要手段。在医药市场竞争中，各医药企业深知医药产品品牌的重要性，会想方设法地提高自身品牌形象，借助品牌优势扩大市场占有率，形成医药市场竞争的良性循环。

二、医药产品品牌的设计

产品品牌是医药企业重要的无形资产，能够增强企业市场竞争实力，为医药企业带来不可估量的经济效益。如创始于清康熙八年（1669 年）的中国传统老字号知名品牌"同仁堂"和 1902 年创制的中华老字号"云南白药"等。品牌创建过程中，品牌设计非常重要，好的品牌设计可以迅速在消费者心目中留下深刻印象，准确地表达出产品品牌的概念、企业的经营理念和品牌文化，进而迅速打开市场销售通路。

（一）品牌名称设计

企业遵循一定的命名原则，应用科学、系统的方法提出品牌名称、评估品牌名称、选择确定最优品牌名称的过程。品牌命名的基本原则有五个方面。

1. 可记忆性原则　就是品牌的命名应当易于记忆、拼读和发音：①品牌的命名读音响亮，音韵协调，朗朗上口；②商品出口时能在所有的语言中以单一方式发音，有利于产品在国际市场上的销售；③要注意语形要求，简洁与简单有助于提高传播效果。原则上，品牌命名多以 2~4 字为宜，多于 5 字以上就不易于记忆，使人印象模糊。

2. 富有内涵性原则　具有内涵、意义的品牌名称既可以减少为建立品牌意识、品牌联想而进行宣传的推广费用，也容易与竞争对手区别，在顾客心目中留下深刻的印象。品牌名称本身应该具有一定内涵，能够直接或间接传递出商品的信息，如优点、性能、特征等，并且能够产生联想，提示产品特色和利益，使品牌名称与产品产生某种固有的联系，启发消费者联想，促进记忆，从而具有促销、广告和说服作用。

3. 可转换性原则　首先，要考虑药品品牌名称能否拓展到其他新产品上，品牌名称对产品线和产品种类的延伸能起多大作用，应该如何在相同或者不同的产品种类中尽可能利用品牌来引进新的产品；其次，要考虑品牌名称是否能够扩展到不同的国家、地区市场上。所以，在品牌命名上，企业首先要充分考虑地域文化，使品牌名称具有广泛地域的适应性。

4. 适应性原则　品牌命名要充分考虑品牌名称在品牌发展各时代的适应性。要既能够适应市场需求和产品时代的变化，又尽量避免时间的限制；既能体现现代感和当代性，又能久远流传。

5. 可保护性原则　药品品牌名称设计具有专利性。从法律角度看，选择可在国际范围内被保护的品牌名称、向适当的法律机构正式注册以及积极防止商标遭受其他未被授权的竞争者侵占是非常重要的，也是品牌命名中需要引起注意的问题。

（二）品牌标志设计

纵观国内外已经成功的著名医药企业及知名药品的品牌，都曾进行精心的品牌设计。如"999 感冒灵""白加黑"等药品的品牌名称和标志简单醒目，便于记忆；哈药集团、太极集团、敖东药业等医药企业的标志，以保护健康、解除病痛等元素为题材，让人一见即难以忘怀；"葵花"使人联想到了儿童健康成长。成功的品牌标志设计应遵循五个方面的原则。

1. 良好的创意　一个品牌标志创意越新颖，企业成功的可能性也就越大。而其前提就是品牌标志首先应该具有与众不同的独创性和可识别性。

2. 简洁的图案　消费者对接触到的信息的记忆程度有限，要在有限的空间里传达出品牌最深层的内涵，才能给消费者最深刻的信息印象。因此，品牌标志应当图案简洁明了。

3. 合理合法　品牌标志的设计要符合产品行销地的法规和风土人情。这一点与品牌命名类似。在商标、标志设计时要充分给予考虑。

4. 适应性　标志设计要具备时代感，符合消费者的心理变化趋势。一般来说，品牌标志既要具有相对的稳定性，又要在相对稳定的前提下保持与时代同步发展。

5. 针对性　品牌标志应当适应目标消费者的实际情况。

你知道吗

可口可乐的品牌设计

1886 年，亚特兰大的药剂师约翰·彭伯顿发明了可口可乐的浓缩液，把它作为一种用来治疗头痛的新药在雅各药房里销售。彭伯顿对自己的发明很有信心，他在街头不断地散发免费品尝的赠券，使得可口可乐的销售量迅速扩大。

可口可乐的瓶子是独一无二的。它颇像中国古代酒仙的葫芦，身子凸凹起伏，曲线优美，不但抓在手里无滑走之虞更有极佳的手感，其造型还能使人情不自禁地联想到身材窈窕的美女。这种与众不同的形状，放在货架上尤为醒目，往往会吸引不少在那里闲逛的顾客的目光。

可口可乐英文商标的拼写和名字由彭伯顿的事业合伙人兼会计师弗兰克·M·洛宾逊所创造，对古典书法颇有造诣的他认为两个大写的英文字母 C 组合一定很好看，于是世界上最值钱的商标由此诞生。可口可乐当前使用的商标是在 1893 年注册的，100多年来，其拼写没有任何改变，却一直是世界上知名度最高、最容易辨认的商标。

三、医药产品品牌策略

（一）品牌化策略

品牌化策略是指医药企业是否决定给自己的产品建立品牌，即实行"使用品牌策略"还是"不使用品牌策略"。

1. 不使用品牌策略　医药企业决定不给自己的产品建立品牌的策略。实行"无品牌策略"的优点是节省广告、包装、标签与法律保护等成本费用，从而可以降低销售价格，增强价格竞争力，吸引低收入的购买者。一般选择实行"非品牌化策略"的产品有以下四类：①大多数未经加工的原料产品，如中药材；②不会因生产商不同而形成不同特色的产品；③临时性或一次性生产的产品，如一次性注射器等；④生产简单、选择性不大的产品，如防疫口罩等。

2. 使用品牌策略　创造一个品牌对企业来说是一项极具挑战性的决策，医药企业建立自己的品牌和商标的策略，其优势体现在以下四点：①便于经营，医药企业可以简化广告宣传、签订合同等的手续程序，便于进入市场；②注册商标能够得到法律的保护，防止他人模仿、抄袭或假冒，以维护企业的正当权益；③建立品牌能树立企业和产品形象，吸引品牌忠诚者，稳定顾客群，从而使医药企业稳定和扩大市场销售；

④有助于市场定位，医药企业可按消费者的不同需求细分市场，针对不同的目标市场分别建立不同的品牌，加强医药企业对市场的控制。

（二）品牌归属策略

品牌归属策略又称贴牌策略，是指医药企业选择品牌的所有权归谁，可以有以下三种选择。

1. 制造商品牌　又称生产者品牌，即生产企业生产的所有产品都采用自己企业的品牌名称。生产企业使用自己品牌，有利于树立自身的企业形象，体现自身的特色和优势。中国的医药行业就是以制造商品牌为主的，因为国内目前还没有经销商具有较大实力可以控制制造商的品牌。

2. 经销商品牌　又称中间商品牌，即中间商向制造商大批购进产品后用自己的品牌上市销售。这种策略中间商要增加投资用于大批量订货和储备存货，要为宣传品牌增加广告费用，还需承担品牌被顾客否定的风险等。但是，由于中间商常能找到生产能力过剩的企业为其生产中间商品牌的产品，降低了生产成本和流通费用，从而能以较低售价取得较高的销售额和利润；并且中间商有了自己的品牌后，可加强对价格和制造商的控制，还能利用有限的陈列空间充分展示自己品牌的产品。国内医药行业中较少使用这种策略，但在超市和百货公司等零售行业中较常见。

3. 制造商与经销商共有品牌　制造商的品牌与经销商的品牌混合使用，一般在以下三种情形中使用。

（1）同时使用制造商品牌与经销商品牌，可以叠加两种品牌单独使用的优点。

（2）在进入新市场时，先使用经销商品牌打开产品销路，待产品销售成熟后，再改用制造商品牌。

（3）制造商对自己的一部分产品使用自己企业的品牌，另一部分产品批量卖给经销商，使用经销商品牌，既扩大产品销路又能建立品牌形象。这种情况多见于国内的中小型医药企业。

（三）品牌统分策略

品牌统分策略即医药企业实行品牌化，对所生产出来的不同种类、规格、质量的产品是选择使用统一品牌还是不同品牌名称而做出的决策。一般品牌统分策略有以下四类。

1. 统一品牌策略　医药企业生产的各种医药产品或同类产品都以统一的品牌进入市场。这种策略的优势如下：可以利用统一品牌建立广告传播体系，大大减少宣传费用，使消费者具有强烈和深刻的印象；也可利用已成功的品牌推出新产品，使新产品能快速打开销路。特别是对于那些享有较高声誉的著名企业，可以充分利用其名牌效应，使企业所有产品都能获得一定的市场优势。劣势如下：使用统一品牌的任何一种产品质量发生问题，都会使企业的其他产品蒙受损失，影响企业的信誉。因此，使用统一品牌时，企业必须对所有产品的质量严加控制。

2. 个别品牌策略　又称品牌多样化，是指企业对每个产品分别采用不同品牌的策略。如西安杨森制药有限公司生产和销售包括处方药和非处方药在内的 30 多种产品中，有"吗丁啉""息斯敏""达克宁""采乐"等品牌。这种策略的优点如下：满足市场细分的需求，适应不同消费人群的需要；可提高企业整体在市场竞争中的竞争力和抗风险能力。但是使用这个策略时，企业要为每个品牌分别投入促销、广告等费用，增加了企业的成本，且企业品牌过多对于打造企业整体品牌也有一定的限制。

3. 分类品牌策略　企业对生产经营的各大类产品分别命名，即一类产品使用一个品牌。该策略可以区分出各大类产品的显著差异，使品牌名称更能代表产品的特色。如中美天津史克制药有限公司的止痛类产品使用"芬必得"品牌，感冒类产品使用"新康泰克"品牌，牙膏产品使用"舒适达"品牌等，每一个品牌均有几个产品。这种策略的优势如下：同类产品使用同一品牌，消费者便于接受同品牌的若干种产品，同类品牌下不同产品针对不同的细分市场，能够满足不同消费者的不同需求。但是使用这个策略时，宣传费用比统一品牌策略多，当同一品牌产品中有一个产品出现问题时，会使整个品牌产品的信誉受到影响。

4. 企业名称与个别品牌并用策略　企业的产品品牌由"企业名称 + 产品名称"组成。例如，江中制药的产品品牌有"江中草珊瑚含片""江中健胃消食片""江中痔康片"等。这种策略的优势如下：企业可以利用良好的信誉，推动新产品销售，节省宣传费用，使各品牌保持自己的特点与相对独立性。但是使用这个策略时，企业中如果任何一种产品出现问题，都可能使整个公司信誉受到影响。

（四）品牌延伸策略

品牌延伸策略即品牌扩展策略，是指企业利用已成功的、具有市场影响力的品牌推出改进型产品或新产品的一种策略。例如因药品川贝枇杷膏而成名的"京都念慈庵"品牌，被企业扩展使用到保健品、食品等产品上；"云南白药"在传统药物剂型上获得成功之后，又推出了"云南白药"创可贴等新剂型，并将品牌扩展到应急包、牙膏等新产品上。这种策略的显著优势如下：企业可以加快新产品的定位，保证新产品投资决策的快捷准确，有助于减少新产品的市场风险，提高整体品牌组合的投资效益。但是使用这个策略时，企业将会面临偏离品牌定位、丢失优势的风险，即企业把品牌延伸到其他不同类型的产品时，有可能会模糊部分消费者对该品牌的原有印象，甚至会使这部分消费者失去对该品牌的青睐。

（五）品牌再定位策略

品牌再定位策略即更换品牌策略，是指企业对原有品牌进行更改或更换的一种策略。这种策略的具体做法是企业在原有品牌的基础上做某些改进更新，或者是废弃原品牌采用全新的品牌。如以前一直被年轻消费者视为低端产品的某滴眼液，为了全面提升品牌而更换包装，调高价格，聘请在学生族群中人气很高的明星作为代言人，并采取了互联网媒体与线下媒体相结合的广告宣传。企业采取这种策略一般有以下三种原因：①产品市场定位错误；②定位不适应新的市场环境，包括新的观念、新的需求等；③企业为了给消费者营造与时俱进的感觉。品牌再定位策略的优势如下：企业可以为产品和企业形象融入新的理念和意图，突出宣传产品新的发展。但是使用这个策略时，企业塑造品牌形象的风险与成本会增加，也将面临流失部分忠诚老顾客的风险。

四、医药新产品策略

（一）医药新产品的内涵

1. 新产品　其定义可以从企业、市场和技术三个角度来阐述。对企业而言，第一次生产销售的产品都叫新产品；对市场来讲，只有第一次出现的产品才叫新产品；从技术方面看，在产品的原理、结构、功能和形式上发生了改变的产品叫新产品。而从市场营销学的角度看，新产品更注重消费者的感受与认同，它是从产品整体概念的角度来定义的。凡是产品整体概念中任何一部分的创新或改进，能给消费者带来某种新的利益、新的满足的产品，都可以认为是一种新产品。

2. 医药新产品　采用新医药技术原理、新设计构思研制、生产的全新医药产品，或在药品结构、工艺等某一方面比原有产品有明显的改进，从而显著提高医药产品性能或扩大使用功能的医药产品。从市场营销学的角度来看，凡是医药企业对医药产品整体概念中的任何一部分进行变革或创新，能够满足消费者的需求，为消费者带来新的利益，都可以认为是一种医药新产品。

（二）医药新产品的类型

1. 全新产品　应用新原理、新技术、新材料和新工艺制造的市场上前所未有的具有新结构、新功能的产品。该医药产品相当于一类创新药，能开创全新的医药市场。全新产品具有明显的新性能和新特征，它是科技进步或为满足市场上出现的新需求而发明的产品。全新产品的开发难度较大，开发时间较长，需要大量投入人力、物力，但是成功率较低，因此它占新产品的比例较低。而全新产品一旦开发成功，消费者也还需要一个接受和适应的过程。

2. 改进型新产品　在原有医药产品的基础上进行改进，使产品在品质、功能、包装等方面具有新的突破和改进，使改进后的医药产品功能更加齐全，品质更加优秀，能够满足消费者不断变化的需求。

3. 仿制新产品　医药企业对国内外市场上已有的产品进行模仿、研制生产出的产品，在我国为仿制药品。仿制药品是与被仿制药品具有相同的活性成分、剂型、给药途径和治疗作用的替代药品，具有降低医疗支出、提升医疗服务水平等重要的经济和社会效益。

（三）新产品开发的程序

为了减少新产品开发中的风险，医药企业必须遵循正确的原则和科学的程序。通常情况下，新产品开发一般经过以下几个阶段。

1. 调查研究与提出设想　企业在市场经营过程中，通过调查研究，了解和分析市场上出现的新需求和新情况，并在此基础上，提出企业当前开发新产品的总体设想。

调查研究的工作应当包括四个方面的内容：①了解分析需求，以便确定目标；②了解与分析现状，以便提供依据与保证；③了解与分析竞争者，以便制定开发战略；④了解与分析自身，以便确定开发方式。

2. 提出新产品创意构思　这是一种创造性的工作，是人们根据一种潜在的需求与欲望，运用已掌握的知识和经验，对产品及其构成部分进行重新联想、推理、抽象、组合、叠加、复合及综合，形成新产品整体概念的过程。顾客的需求是新产品开发的出发点和归宿点。

3. 筛选新产品创意构思　用一系列评价标准对各种新产品创意构思进行甄别比较，把从中最符合评价标准的创意构思挑选出来的一种过滤过程。筛选创意构思时应注意：①检查新产品开发的正确方向；②兼顾企业长远发展和当前市场的需要；③有一定的技术储备。

4. 新产品开发决策　企业最高管理层根据企业当前面临的客观环境和内部条件，对不同的新产品开发方案进行技术经济论证和比较，决定取舍。一般的决策结构可能出现四种情况：①所有方案均不实施；②推迟实施；③选择两个各有利弊的方案进行试验；④选真正较优者开发。后两种情况可下达新产品开发任务书。

新产品开发任务书的主要内容如下：①新产品的性能、质量和主要参数；②预期的技术经济效益；③产品研制方式和可行性；④研制周期和完成时间。

5. 新产品设计与试制　新产品设计开发决策的深化和细化，分初步设计、技术设计、工作图设计三步。新产品的试制有样品试制和小批试制，企业有时直接进入小批试制或样品试制和小批试制合并进行。

> **请你想一想**
> 在国家大力支持中医药发展的背景下，我国应该如何提升在中药领域中新药的研发水平？

6. 新产品鉴定与评价　一般分为样品鉴定和小批试制鉴定，是新产品试销的前提。

7. 市场试销　新产品的样品经过部分顾客试用基本满意后，企业可根据改进后的设计进行小批量试生产，在有选择的目标市场中做检验性试销。

8. 投放市场　确定新产品投放市场的时间、地点、对象和策略。

五、新药上市策略

一个具有很高科技含量的新药可能具有很好的未来发展前景，但却不一定获得商业上的成功。一种新药能否成功上市，不仅取决于新药本身的科技含量，还取决于是否采取了适宜的新药上市策略。具体而言，不同情况应选择适当的新药上市策略。

（一）新药投放时机选择

新药上市应选择最佳时机。根据企业自身情况和竞争对手的情况，可采取两种不同的策略。

1. 抢先投放策略 当企业自身科研和经济实力雄厚，且竞争对手有相同或相近疗效的药品也准备上市时，企业应该采取抢先投放策略，率先推出新产品，争取市场竞争的主动权，利用新产品的独特优点和先入为主的优势，抢先建立品牌优势。

2. 模仿跟进策略 一些中小型企业，对市场上刚刚推出并畅销的新产品进行模仿性的创新时，可以采用模仿跟进策略。这样既避免了市场风险，又节约了研发经费，但应注意不要侵犯创新药的知识产权。

（二）新药投放地点选择

应根据企业的生产能力、经营能力，以及目标人群的购买欲望、市场容量和购买力等条件进行选择。对于中小型企业、实力较弱的企业，在市场条件不是很理想的情况下，企业可以选择区域市场投放新药，等站稳脚跟后再向其他地区扩展；对于实力雄厚并且拥有强大国际与国内营销网络的大型企业，一般情况下，市场条件较为理想，企业可以直接选择将新产品同时推向全国甚至国际市场，尤其对于创新药更是如此。

（三）新药目标市场选择

新药目标市场开发常有两种途径：①在原产品市场上的销售；②进入全新的市场。无论进入哪一类市场都要包括以下市场开发策略。

1. 市场培育策略 在新药投放市场之前，一般在新药研究开发的阶段就开始对研发中的新药特性及主要特点进行宣传，使药品经销商、医务人员及患者产生强烈的印象，刺激这些目标群体对新产品产生兴趣和欲望，特别是专利药、创新药，更需要重视前期的市场培育，制定正确的市场营销策略以迅速打开市场。市场培育是新产品进入市场的第一步，其目的是建立印象、刺激需求和培育感情。

2. 市场渗透策略 利用医药企业原有的销售渠道以及原有品牌的知名度、美誉度，通过品牌延伸，把新药推向原有市场，并逐步向新的目标市场渗透的。

【课堂活动】

医药企业产品包装和品牌辨别

一、活动目的

能够识别不同医药企业产品包装和品牌的特点。

二、活动内容

1. 观察 20 张图片（由教师提供），说出它们分别是哪个医药企业的产品或品牌。

2. 辨别哪些企业入围过某年"中国制药工业百强"中的前十强。

3. 辨别某年"中国制药工业百强"中排名前三位的企业的产品或品牌，分别说出它们的产品包装和品牌特点。

4. 分析某年"中国制药工业百强"中排名前三位的企业是如何打造企业品牌的。

三、活动准备

1. 场地准备 多媒体实训室。

2. 物品准备 教师通过互联网搜集某年"中国制药工业百强"中排名前十位的企业和其他知名医药企业的产品包装和品牌标志图片，并制作PPT。

3. 人员准备 将同学分为若干组，每组4~6人，推进一人担任组长，负责分配组内成员任务，共同完成活动操作。

四、活动步骤

【第一步】教师把医药企业的产品包装和品牌标志图片逐一展示出来，并列出某年"中国制药工业百强"中前十强名单。

【第二步】各小组研究讨论。由组长在规定时间内，把这些产品或品牌所属的企业名称和是否属于某年"中国制药工业百强"中前十强写在一张纸上，交给教师评分。

【第三步】各小组研究分析。分析某年"中国制药工业百强"中前三强的企业产品在包装和品牌设计上的特点，由小组代表上台在班级进行交流。

【第四步】所有同学完成活动报告，回答活动内容中第4点，要求观点正确，分析有条理。

五、注意事项

1. 要有针对性地通过报纸、网络、电视广告等搜集最新的资料信息。

2. 运用所学理论进行分析、处理实际问题时，能提出自己的观点，分析具有合理性和信服性。

目标检测

一、选择题

（一）单选选择题

1. 患者在购买药品时获得的售后服务属于（   ）。
   A. 核心产品   B. 附加产品   C. 期望产品   D. 形式产品

2. 医药企业所有产品线所包含的产品项目总数是产品组合的（   ）。
   A. 深度   B. 广度   C. 长度   D. 关联度

3. 某医药企业生产的一系列药品，形成家庭小药箱的包装模式进行"捆绑"销售，这种包装策略是（　　）。

A. 类似包装策略　　　　　　　　B. 配套包装策略

C. 再使用包装策略　　　　　　　D. 附赠包装策略

4. 制造商与经销商共有品牌，即制造商的品牌与经销商的品牌混合使用，这种品牌策略是（　　）。

A. 品牌归属策略　　　　　　　　B. 品牌统分策略

C. 品牌延伸策略　　　　　　　　D. 品牌再定位策略

5. 某医药企业以高价格、高促销费用将新产品投入市场，其导入期的营销策略为（　　）。

A. 快速掠取策略　　　　　　　　B. 缓慢掠取策略

C. 快速渗透策略　　　　　　　　D. 缓慢渗透策略

6. 某医药企业有 24 条产品生产线，共生产 480 个药品品种，其产品组合的宽度为（　　）。

A. 24　　　　　　B. 480　　　　　　C. 20　　　　　　D. 11520

（二）多项选择题

1. 医药产品整体概念包括（　　）。

A. 核心产品　　　　　B. 延伸产品　　　　　C. 期望产品

D. 形式产品　　　　　E. 潜在产品

2. 医药产品组合的变化要素包括（　　）。

A. 深度　　　　　　　B. 宽度　　　　　　　C. 长度

D. 关联度　　　　　　E. 产品项目

3. 医药产品包装的作用有（　　）。

A. 保护产品　　　　　B. 美化产品　　　　　C. 便于储运

D. 促进销售　　　　　E. 指导消费

4. 医药产品品牌的一般构成有（　　）。

A. 品牌名称　　　　　B. 品牌标志　　　　　C. 产品商标

D. 产品品牌　　　　　E. 产品品牌标识

二、思考题

1. 医药产品在生命周期各个阶段应如何选择营销策略？

2. 医药产品品牌策略有哪些？

书网融合……

 微课　　　 划重点　　　自测题

第七章

医药产品价格策略实施

学习目标

知识要求

1. **掌握** 医药产品定价方法和定价策略。
2. **熟悉** 影响医药产品价格的因素。
3. **了解** 医药产品价格的内涵。

能力要求

1. 学会分析医药产品价格的影响因素。
2. 能够运用不同医药产品定价方法和定价策略对医药产品进行合理定价。

实例分析

西安杨森的两难选择

实例 西安杨森的药品多数是原研药，要耗费大量的研发和实验费用，所以其产品定价较高。以斯皮仁诺胶囊为例，同类的竞争产品已经很多了，但它依然价格在 120 元/盒以上，而国产的类似品种的产品甚至才 30 多元，对于甲真菌病的患者，服用一个疗程需要 2 盒，至少要 3 个疗程，光是治疗费用就达到将近千元，对患者来说是个不小的负担，很多人都会选择便宜很多的国产药，而不是斯皮仁诺胶囊。因此，西安杨森随着市场的发展和同类竞争者的增加，也对一些药品的定价做了下调，以便在市场中有价格优势。比如西比灵这个产品同类竞争产品较多，不可能定价很高，上市之后零售价在 30 多元，随着后来政府基药目录的改变，要求降低基药的价格，公司也随之降低了药品的价格，零售价调整至 20 多元，巩固了一定的销售额。

问题 1. 你认为影响药品定价的因素有哪些？
2. 试分析实例中西安杨森运用的定价策略。

第一节 医药产品价格基本构成

PPT

在医药市场营销过程中，医药产品的价格是医药市场营销组合中一个十分重要的因素，也是能够为企业带来收益的因素。价格的高低，直接关系到消费者对医药产品的接受程度，影响着市场的需求和企业的利润。医药产品的价格不仅涉及生产者、经营者、消费者和政府部门等各方面的利益，还是企业进行市场竞争的重要手段。医药企业为了获取利润，扩大产品的销量，在对医药产品进行定价时，不仅要考虑到医药产品的价格构成，同时还要考虑影响医药产品定价的各种因素。

一、医药产品价格的内涵

（一）价格构成要素

医药产品价格通常是由生产成本、流通费用、国家税金和企业利润四个要素构成的（图7-1）。

1. 生产成本　医药企业生产一定数量的某种药品所耗费的物资的货币表现和支付给劳动者的报酬。医药产品生产成本是价格构成要素中最基本、最主要的因素，是医药产品制定价格的基础。通常情况下，医药产品的成本越高，其价格也越高，如果一个医药企业的药品价格低于其生产成本，就会导致企业的亏损甚至倒闭。医药产品的生产成本主要包括以下四个方面。

图7-1　医药产品价格构成

（1）原料、辅料、包装材料、燃料等消耗费用的支出。

（2）生产工人和管理人员的工资支出。

（3）企业厂房和机械设备等固定资产的折旧。

（4）其他支出。

对医药生产企业而言，不可忽略的成本还包括企业排污减排的环保成本。我国《制药工业污染物排放标准》要求制药企业要在环保方面加大投入比例。我国某些制药企业的环保成本已达到上亿元，环保成本已成为医药企业生产成本不可或缺的一部分。

请你想一想

医药产品的生产成本为什么是价格构成要素中最重要的因素？

2. 流通费用　医药产品从生产领域到消费领域转移过程中所发生劳动耗费的货币表现。如销售推广费用支出、市场调研支出、运输仓储支出、市场管理费用支出、医学产品注册费用支出等。企业设立销售结构，销售机构发生的人员工资、奖金、福利、培训、管理、差旅费系列支出等也列入流通费用支出。

3. 国家税金　依照中国现行税法，国家税金按其与医药产品价格的关系分为以下两类：①价外税，直接由医药企业利润负担，不能计入药品价格中而转嫁给消费者；②价内税，可以计入药品价格中，随药品出售而转嫁出去，与产品价格成正比。为鼓励制药产业发展、降低患者用药成本，国家对生物医药行业的生产、销售环节出台了一系列增值税税收优惠政策。如自2018年5月1日起，增值税一般纳税人生产、销售和批发、零售抗癌药品，可选择按照简易办法依照3%征收率计算缴纳增值税。

4. 企业利润　医药产品价格减去生产成本、流通费用和国家税金后的余额。它不仅是价格构成的重要因素，也是医药企业生产经营中追求的最终目标。因此，合理确

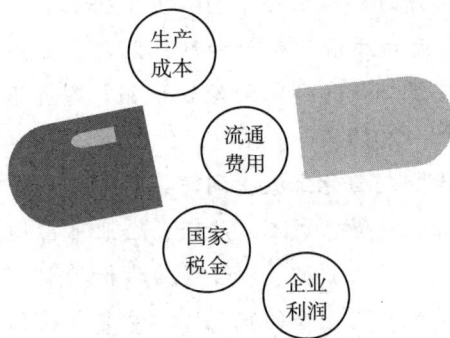

定价格构成中的利润十分重要，它直接关系到医药产品价格的市场竞争力。

你知道吗

履行环保责任，产业成本增加

随着新《环境保护法》的出台，一直都被列入污染行业的医药产业，将面临环保成本增加和监管趋紧的双重"挤压"。哈药股份在公告中称，近年来，公司已累计投入4亿元用于清洁生产和环保治理，主要建设了废水预处理及污水处理、气味、锅炉烟气、噪声等各项污染处理设施。每年各项环保设施的运行费用在5000余万元。同时，2018~2019年，《环境保护税法》《土壤污染防治法》相继实施，这意味着原料药企业需承担起避免土壤受到污染的责任，并为自身排放的污染物，按规定缴纳环境保护税。环保、质量、成本是原料药企业可持续发展必须考虑的因素。可以预见，对医药产业来说，从粗放型、以环境为代价换取利润的原始生存方式转向绿色的产业升级已经非常紧迫，在现今的状况下，谁先转型谁就能抓住更多的机会，而环保型企业也将在未来的市场和政策倾斜中享有更多的机遇和扶持。

（二）价格体系

医药产品从生产领域经过流通领域才能进入消费领域，在流通领域又要经过批发、零售等不同环节。药品每经过一个环节就形成一次买卖，就要有一个价格，这样就形成了药品的出厂价、批发价、零售价等不同的药品价格形式（图7-2）。

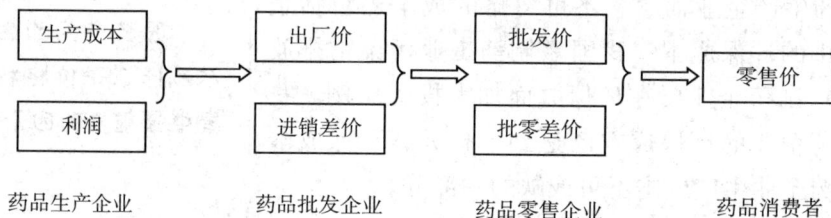

图 7-2 医药产品价格体系

1. 医药产品出厂价 药品生产企业向批发企业销售时的药品价格，由药品生产成本加利润构成。药品出厂价是药品进入流通领域中第一道环节的价格，是制定药品批发价、零售价的基础，它既影响药品生产企业的经济利益，又决定了药品批发价和零售价的价格水平，同时也影响药品经营企业、医疗机构和广大消费者的切身利益。

2. 医药产品批发价 药品批发企业向零售药店或医疗机构销售时的药品价格，由购进成本（药品进价）加上进销差价构成。它处于药品出厂价之后、零售价之前，在药品价格结构中起着"承上启下"的作用。合理确定药品批发价格有助于稳定药品零售市场。

3. 医药产品零售价 零售药店或医疗机构向消费者销售时的药品价格，由购进成本（药品进价）加上批零差价构成。医药产品零售价是药品流通领域中最后一道环节的价格，是最重要的价格体现形式，它体现了国家、医药经营者和消费者之间的经济关系，国家主要通过限定医药产品最高零售价来调控医药产品市场。

4. 医药产品差价

（1）药品进销差价 又称购销差价，它是指医药批发商在同一时间、同一市场购进和销售同一种药品的购进价格和销售价格之间的差额，即药品出厂价和批发价之间的差额。

（2）药品批零差价 药品批发价格与零售价格之间的差额，它是由医药零售商在经营药品的过程中形成的，它包括零售商的流通费用、合理利润及税金。

你知道吗

"两票制"的界定

"两票制"是指药品生产企业到流通企业开一次发票，流通企业到医疗机构开一次发票。药品生产企业或科工贸一体化的集团型企业设立的仅销售本企业（集团）药品的全资或控股商业公司（全国仅限一家商业公司）、境外药品国内总代理（全国仅限一家国内总代理）可视同生产企业。药品流通集团型企业内部向全资（控股）子公司或全资（控股）子公司之间调拨药品可不视为一票，但最多允许开一次发票。药品生产、流通企业要按照公平、合法和诚实信用原则合理确定加价水平。鼓励公立医疗机构与药品生产企业直接结算药品货款、药品生产企业与流通企业结算配送费用。

二、影响医药产品价格的因素

（一）内部因素

1. 成本 医药产品定价的基础，是价格的主要组成部分，也是医药产品价格的最低限度，包括制造成本、销售成本和储运成本等。

2. 企业定价目标 医药企业选择定价方法和定价策略的依据。医药企业所处的发展阶段、市场营销环境不同，其具体经营目标也会有所不同，因而也就有不同的定价目标。一般来说，企业定价目标主要有以下几种。

（1）以维持生存为目标 这是一种暂时的目标，当医药企业生产能力过剩、遇到激烈的竞争、医药产品积压滞销或消费者需求发生变化时，就需要把维持企业生存作为定价的首要目标，制定较低的价格以提高销量，尽快回笼资金。

（2）以获取利润为目标 在市场经济中，利润是考核和分析企业营销工作好坏的一项重要指标，医药企业只有不断地获取更多利润，才能求得医药企业的生存和发展。获取利润是企业定价的主要目标。

（3）以保持或扩大市场占有率为目标 许多企业不惜采取低价策略而放弃目前的利润水平，就是为了以较低的价格提高市场占有率。选择这种定价目标的主要目的是提高销售额，促使医药企业获得长期的利润。

（4）以保持产品质量领先为目标 采取这种定价目标的医药企业，其医药产品一般在某一市场上质量最优或者在消费者心目中享有一定的信誉，这意味着医药企业定价时，应定高价，以弥补高质量和研发所支出的高成本，满足消费者的求名心理。

3. 其他因素

（1）药品在生命周期中所处的位置。

（2）中间商的利润。

（3）促销费用。

（二）外部因素

1. 医药产品市场供求关系 对医药产品价格的影响表现在：供大于求引起价格下降，供不应求引起价格上升。价格下降，引起供给量减少或需求量增加；价格上升，会引起供给量增加或需求量减少。因此，医药企业在定价时，务必考察该医药产品的市场供求状况，供不应求时价格要高些，供过于求时价格要低些。竞争激烈时，宜定低价；反之，则宜定高价。

2. 需求的价格弹性 需求价格弹性大的药品，需求量对价格的变动非常敏感，如名贵中药材。对这类药品，医药企业采取较低的价格或降价，都可以促进消费的增加，争取更大的利润。需求价格弹性小的药品，需求量对价格的变动不敏感，如处方类药品。对这类药品，医药企业采取低价或降价的手段意义不大，而采用较高的定价是有利的。

3. 竞争环境 医药企业在制定价格时，需要进行医药产品市场调研，分析医药市场竞争环境，确认企业的竞争优势，制定相应的价格竞争策略。

4. 消费者行为 影响医药企业定价的又一个重要因素。消费者心理对价格的影响，主要表现在人们对医药产品的期望价格上。当实际价格高于期望价格时，消费者就会嫌贵而拒绝购买；而当实际价格低于期望价格时，消费者又会怀疑医药产品的质量，甚至拒绝购买。对于一般治疗药品，人们的期望价格较低，对名优保健品期望价格较高。

5. 国家政策 国家通过制定方针政策来影响医药产品价格，主要是通过影响医药产品的成本来影响医药产品的供求。其目的是抑制药价过度虚高，减少社会药费负担，保证企业合理盈利，促进医药行业健康发展。随着我国医药卫生制度改革的不断深化，由政府直接定价的药品范围、品种、价格等会根据社会经济的条件变化不断调整并减少，由医药企业自主定价的范围与品种也会逐渐扩大，政府将会加强其他方法的宏观监管手段。

三、我国现行药品价格的管理

2019年国家医疗保障局制定的《关于做好当前药品价格管理工作的意见》中指出以下内容。

1. 衔接完善现行药品价格政策 坚持市场调节为主的价格政策，医疗保障部门管理价格的药品范围，包括化学药品、中成药、生化药品、中药饮片、医疗机构制剂等。其中，麻醉药品和第一类精神药品实行政府指导价，其他药品实行市场调节价；发挥医保对药品价格引导作用；深化药品集中带量采购制度改革，坚持"带量采购、量价挂钩、招采合一"的方向，促使药品价格回归合理水平；推进形成合理的药品差价比价关系；依法管理麻醉药品和第一类精神药品价格。

2. 建立健全药品价格常态化监管机制 建立价格供应异常变动监测预警机制。国家医疗保障局依托多种渠道组织开展国内外价格信息监测工作，及时预警药品价格和供应异常变动；通过函询约谈等手段加强日常管理；完善药品价格成本调查工作机制；探索建立守信激励和失信惩戒机制；运用信息披露等手段强化社会监督。

3. 做好短缺药品保供稳价相关的价格招采工作 落实短缺药品相关的挂网和采购政策；完善短缺药品挂网和采购工作规则；加强信息共享和互联互通。

2015 年国家发展改革委、国家卫生计生委、人力资源社会保障部、工业和信息化部、财政部、商务部、国家食品药品监管总局制定的《推进药品价格改革的意见》中指出要改革药品价格形成机制，除麻醉药品和第一类精神药品外，取消药品政府定价，完善药品采购机制，发挥医保控费作用，药品实际交易价格主要由市场竞争形成。

（1）医保基金支付的药品，由医保部门会同有关部门拟定医保药品支付标准制定的程序、依据、方法等规则，探索建立引导药品价格合理形成的机制。

（2）专利药品、独家生产药品，建立公开透明、多方参与的谈判机制形成价格。

（3）医保目录外的血液制品、国家统一采购的预防免疫药品、国家免费艾滋病抗病毒治疗药品和避孕药具，通过招标采购或谈判形成价格。国家免疫规划疫苗由国务院卫生健康主管部门会同国务院财政部门等组织集中招标或者统一谈判，形成并公布中标价格或者成交价格，各省、自治区、直辖市实行统一采购。

（4）麻醉药品和第一类精神药品，仍暂时实行最高出厂价和最高零售价格管理。

（5）其他药品，由生产经营者依据生产经营成本和市场供求情况，自主制定价格。

第二节 医药产品定价程序和方法

PPT

药品定价是一个复杂的决策过程，关系到企业经营利益和发展，必须遵循科学合理的定价程序。医药企业制定价格的方法很多，不同的定价方法反映了企业不同的经营理念和目标。本节主要介绍医药企业制定价格的基本程序和定价方法。

一、医药产品的定价程序

价格决策是医药企业营销中的最复杂的决策。医药企业制定价格的基本程序一般包括以下七个步骤（图 7-3）。

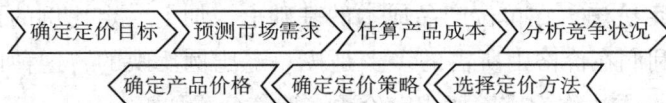

确定定价目标 ▷ 预测市场需求 ▷ 估算产品成本 ▷ 分析竞争状况
确定产品价格 ◁ 确定定价策略 ◁ 选择定价方法

图 7-3 医药企业定价的基本程序

（一）确定定价目标

企业在制定医药产品价格时，定价目标必须与企业经营目标一致，符合总体战略规划。

（二）预测市场需求

需求的变化会影响企业的产品销售乃至企业营销目标的实现。因此，估计市场需求状况是制定价格的重要工作。

（三）估算产品成本

成本是企业制定医药产品价格的关键。药品价格的上限取决于市场需求及有关限制因素，而最低价格不能低于产品的经营成本费用，这是企业价格的下限。

（四）分析竞争状况

企业价格的制定除取决于需求状况、成本状况之外，还受市场竞争状况的强烈影响。通过对竞争状况的分析，了解竞争对手的价格，才能做到知己知彼。

（五）选择定价方法

医药企业的定价方法取决于医药企业的定价目标和影响价格的主要因素。医药企业为了实现其定价目标，就要采取适当的定价方法。定价方法通常可分为成本导向定价法、需求导向定价法、竞争导向定价法等。

（六）确定定价策略

定价策略侧重于根据医药市场具体情况，运用价格手段去实现医药企业定价目标，使价格与医药市场营销组合中的其他因素更好地结合起来，促进和扩大产品销售，提高医药企业的整体效益。

（七）确定产品价格

合理的医药产品价格既受到消费者的认可，又可以使企业获取一定利润并在市场中富有竞争力。因此，企业确定医药产品价格时，要综合考虑企业定价目标、竞争对手状况、市场需求状况等因素，在补偿成本耗费基础上采用适合企业的定价方法和定价策略，确定合理的医药产品价格。

二、医药产品的定价方法

（一）成本导向定价法 🄴 微课

以成本为中心的定价方法是最基本的方法。成本导向定价法就是指以医药企业在生产经营过程中发生的成本作为定价的基础，加上企业预期利润则为产品的基本价格。成本导向定价法通常有以下几种。

1. 成本加成定价法　在单位产品成本的基础上，加上一定比例的预期利润作为医药产品的售价。利润在价格中所占的多少是按一定比例反映的，这种比例习惯上称为"几成"，所以这种方法称为成本加成定价法。计算公式如下。

$$单位产品价格 = 单位产品成本 \times (1 + 加成率)$$

成本加成定价法是一种传统的、最普遍和最简单的定价方法。这种方法的优点是简单易行，在市场环境基本稳定的情况下，这种方法能够补偿全部成本费用，并保证企业获得稳定合理的利润。但是这种方法也存在缺点，其缺点是只从保证卖方利益出发进行定价，而忽略了市场竞争与市场需求对价格的影响，也没有考虑到产品生命周期的问题，因此这种定价方法灵活性较差，难以适应市场竞争的变化。

2. 目标利润定价法　医药企业根据计划完成的总销售量，预算出总成本，再以总成本为基础加上预期的固定利润，计算出单位药品价格的方法，这个利润不随成本的变化而变化。计算公式如下。

$$单位产品价格 = （总成本 + 目标利润）/预计销售量$$

这种方法的优点在于不仅可以保证实现既定的目标利润，还能够考虑到销量对制定价格的影响。但是目标利润定价法同样是一种生产者导向定价法，没有考虑到竞争和需求对价格的影响。而且这种方法制定出的价格是以预估的销售量来决定的，忽略了药品价格是营销销售量的重要因素，如果实际销售量达不到预期销售量而完不成财务目标，则企业的利润将会受到严重影响。

3. 盈亏平衡定价法　在销量既定的条件下，企业产品的价格必须达到一定的水平才能做到盈亏平衡。既定的销量就称为盈亏平衡点，这种制定价格的方法就称为盈亏平衡定价法。科学地预测销量、固定成本、变动成本是盈亏平衡定价的前提。企业产品的销售量达到既定销售量，可实现收支平衡。超过既定销售量获得盈利，不足既定销售量出现亏损。计算公式如下。

$$单位产品价格 = 单位固定成本 + 单位变动成本$$

以盈亏平衡点确定的价格只能使企业的生产耗费得以补偿，而不能得到收益，因而这种定价方法，是在企业的产品销售遇到了困难，或市场竞争激烈，为避免更大的损失，将保本经营作为定价的目标时，才使用的方法。

4. 边际成本定价法　又称边际贡献定价法、变动成本定价法。它以变动成本作为定价基础，只要定价高于变动成本，企业就可以获得边际收益（边际贡献），用以抵补固定成本，剩余即盈利。这种定价方法以减少亏损为目的，只要单位医药产品的价格高于单位变动成本就行，至于高多少，由医药市场竞争情况及企业能力而定。采用这种定价方法，虽然医药产品价格高于变动成本的差额不足以补偿固定成本，但是可以部分补偿固定成本。但这种方法作为一种权宜之计在短期内可以使用，不宜长期使用。

（二）需求导向定价法

需求导向定价法又称市场导向定价法，是指根据市场需求状况、产品效用或消费者对医药产品价值的理解和需求差别为基础来制定医药产品的价格。这种方法主要考虑医药企业外部因素，即以产品在市场上的需求强度为定价基础。

1. 认知价值定价法　也称感知价值定价法或理解价值定价法，是指医药企业根据消费者对医药产品价值的感觉来定价，而不是依据医药产品的实际价值。各种医药产品的价值在消费者心目中都有特定的位置，当消费者选购某一种医药产品时通常会与其他同类产品进行比较，通过权衡相对价值的高低而决定是否购买。目前，越来越

请你想一想

成本加成定价法、目标利润定价法、盈亏平衡定价法的优缺点各是什么？

多的制药企业开始尝试将其药品的价格建立在患者、顾客对其相应药品的认知价值的基础上。采用这种定价方法时，医药企业可以利用各种非价格的营销策略和手段，如广告、包装等，树立医药产品的形象，增强消费者对医药产品的价值理解和评估，然后根据医药产品在消费者心目中的价值来定价。认知价值定价法的关键在于传递比竞争对手同样的药品具有更多的疗效、使用更便捷或是吸收效果更好等信息，使消费者感到购买该药品能比购买其他药品获得更多的相对利益。

2. 需求差异定价法　根据消费者对医药产品需求的差异，对同种医药产品制定不同的价格的方法。这种价格上的差异是根据顾客、产品、地区等决定的，而不是由成本差异决定的。

采用需求差异定价法应具备一定的前提条件，首先医药市场可以细分，并且各细分市场之间具有明显的需求差异性；其次价格的差异性不会引起消费者的反感。需求差异定价法能够灵敏反映出市场需求的变化，有利于医药产品销售和提高医药企业的市场占有率，扩大医药企业的总收入，增加企业利润，价格竞争的适应性较强，但是消费者需求的差异变化难以准确把握，定价时容易产生误差。通常情况下，需求差异定价法有以下几种方式。

（1）因人而异　以顾客为基础差别定价，消费者收入不同，其需求弹性也不同，据此可对同一产品制定不同的价格。

（2）因地而异　以空间、地点差异为基础定价，企业根据自己产品销售区域的空间位置或地域来确定商品的价格，如企业同一品规的药品在医院药房和零售药店的区别定价；在华南地区和西北地区以不同的批价销售。

（3）因时而异　以时间差异为基础定价，根据同一商品在不同时间、季节里的不同需求强度可对其制定不同价格。

（4）因货而异　以产品为基础定价，对不同的批号或式样的商品，制定不同的价格。

3. 销价倒推定价法　又称反向定价法。其特点是不以产品成本为依据直接制定出厂价格，而是先以市场需求状况、消费者的期望价格为基础，根据产销量、利润目标等因素制定出市场零售价，然后倒推出批发价和出厂价。采用这种方法定价时，关键是要做好市场可销价格的评估工作，要考虑的因素主要有该商品的市场供求状况、影响需求变化的因素、需求价格弹性、消费者对该商品的偏好程度、可销价格与其他同类商品的比价关系等。计算公式如下。

$$批发价格 = 市场可销零售价格 \div (1 + 批零差率)$$
$$出厂价格 = 市场可销批发价格 \times (1 - 销进差率)$$

（三）竞争导向定价法

竞争导向定价法是以市场上相互竞争的同类产品价格为定价基础，并随着竞争状况的变化确定和调整价格水平。这种定价方法的优点在于它以竞争对手的价格作为参照，不与成本或消费者需求直接挂钩，从自身的竞争目标、竞争环境、竞争优势等方面考虑，制定一个最有利于企业获得竞争利益的价格。缺点在于企业过分关注价格的竞争，容易忽略其他营销组合可能造成产品差异化的竞争优势，也容易引起竞争者报复，导致恶性降价竞争，使公司毫无利润可言。

1. 随行就市定价法 又称通行价格定价法，是指企业所提供的药品价格以现行市场上竞争者同样药品的价格为标准价格来制定价格的方法。这种定价方法主要适用于需求弹性比较小，或供求基本平衡且已经形成了医药行业价格的医药商品。

请你想一想

随行就市定价法与主动竞争定价法的特点分别是什么？

2. 主动竞争定价法 这种定价方法与随行就市定价法相反，是一种主动定价方法。它不追随竞争者的价格，而是根据本企业产品的实际情况和与竞争对手的产品差异性，有意将医药产品的价格定得高于或低于竞争者的价格。采用这种定价方法的前提是医药企业的产品有自己的特色和优势，在消费者心目中有独特的品牌形象。

3. 投标定价法 又称密封投标定价法，是指在投标交易方式中，医药企业以竞争者可能的报价为基础，兼顾本身应有的利润来制定价格的一种方法。即当企业为药品集中采购招标竞标时，对竞争对手的报价进行预测，在此基础上制定自己产品价格的定价法，是招标人通过引导卖方竞争的方法来寻找最佳合作者的一种有效途径，也是近年来药品生产企业对参加集中招标采购的药品采用的一种定价方法。

你知道吗

药品价格谈判

居高不下的药品费用成为很多人的医疗负担，尤其是抗癌药等一些特殊药品，甚至出现了海外代购现象。新医改以来，各地普遍反映专利药品和独家生产药品缺乏市场竞争，价格偏高，建议在推进公立医院药品集中采购的过程中，采取统一谈判的方式，把价格降至合理区间。

2015年10月，经国务院批准，国家卫生计生委等17个部门建立了协调机制，组织开展首批国家药品价格谈判试点工作，谈判主要针对国内专利药品和独家生产药品。

被首批选择作为试点谈判的替诺福韦酯、埃克替尼、吉非替尼等3种药品，是乙肝、肺癌领域适用范围广、临床效果好，但因专利授权价格高昂的药品。

慢性乙肝的口服药物替诺福韦酯谈判之前的月均药品费用约为1500元，谈判后降至约490元，降幅达到77%；肺癌靶向药物埃克替尼谈判之前的月均药品费用约为12000元，谈判后降至约5500元，降幅54%；吉非替尼谈判之前的月均药品费用约为15000元，谈判后降至约7000元，降幅为55%。

第三节 医药产品定价策略

PPT

医药产品定价策略是指医药企业在不同的内部条件和外部条件环境下，为了在目标市场中实现定价目标而采取的价格策略。医药产品定价策略的关键在于使医药产品的价格既能让消费者所接受，又能使企业获得一定的利润。企业环境的多因素及其多变性，决定了企业选择价格策略的复杂性。定价策略是医药企业的一种重要营销手段，因此，医药企业应在全面分析各种因素的基础上选择合适的定价策略。下面介绍几种常用的定价策略。

一、新药定价策略

在激烈的市场竞争中，公司开发的新产品能否及时打开销路、占领市场和获得满意的利润，这不仅取决于公司适宜的产品策略，还取决于其他市场营销手段和策略的协调配合，定价是医药企业价格策略的一个关键环节，新药价格确定得正确与否，直接关系到新药是否能顺利进入市场，并为以后占领市场打下基础。通常情况下，新药定价策略主要有以下三种。

（一）撇脂定价策略

撇脂定价策略又称高价策略或吸脂定价策略，它是指在新产品上市之初，将新产品价格定位在较高水平，以便在短期内获取高额利润，在竞争者研制出相似的产品以前，尽快收回投资的价格策略。"撇脂"的原意是指把浮在牛奶上面那层最好的奶油撇出来，这一定价策略就像从牛奶中撇取所含的奶油一样，取其精华，所以称为"撇脂定价"策略。一般而言，对于全新产品、受专利保护的产品、需求价格弹性小的产品等，可以采用撇脂定价策略。其优缺点比较见表 7 - 1。

表 7 - 1　撇脂定价策略优缺点比较

优点	缺点
利用求新心理，通过高价，短期内收回研发费用，获取较高利润，减少投资风险	限制了市场的规模，也不利于占领和稳定市场，容易导致新产品开发失败
提高医药产品的地位，形成产品品牌形象，拥有较大的调价余地，通过逐步降价保持企业的竞争力	导致竞争者大量涌入，仿制品、替代品迅速出现，从而迫使价格急剧下降
高价可以限制需求的过快增长，缓解产品供不应求状况	容易招致公众的反对和消费者抵制，甚至会被当作暴利来加以取缔，诱发公共关系问题

（二）渗透定价策略

渗透定价策略又称薄利多销策略，与撇脂定价策略截然相反，是指医药企业在新药上市初期制定比较低的价格，使新药以物美价廉的形象出现，吸引大量消费者，促使医药企业销量增加，争取市场的主动权，提高市场占有率。这种定价策略比较适合那些所生产的医药产品潜在市场需求量大、医药产品需求弹性大且通过产量扩大能降低成本的医药企业。其优缺点比较见表 7 - 2。

表7-2　渗透定价策略优缺点比较

优点	缺点
迅速占领市场，增加销售量，降低成本，获得长期稳定的市场地位	单位产品的利润较少，投资回收期限较长，投资风险大
有效阻止竞争者进入市场，增强企业的市场竞争能力	降低企业优质产品形象，容易使消费者怀疑商品质量

（三）满意定价策略

满意定价策略又称中间定价策略，是指新产品投入市场一开始就以适中的、买卖双方均感合理的价格销售产品的策略，它是介于撇脂定价策略和渗透定价策略之间的一种定价策略。撇脂定价策略定价过高，对消费者不利，既容易引起竞争，又可能遇到消费者拒绝，具有一定风险；渗透定价策略定价过低，对消费者有利，对企业最初收入不利，资金的回收期也较长，若企业实力不强，则很难承受。而满意定价策略将价格定在高于渗透价格并低于撇脂价格，以稳定价格和预期销售额的稳定增长为目标，力求将价格定在一个适中水平上，使得生产者和消费者利益得以兼顾，供求双方都比较满意。这一定价策略主要适用于价格弹性弱的常用医疗用药物和重要的医药产品生产资料。其优缺点比较见表7-3。

表7-3　满意定价策略优缺点比较

优点	缺点
既能避免高价策略带来的风险，又能防止采取低价策略给生产经营带来的损失，能在一个相对稳定的市场环境中获取平均利润	可能造成高不成、低不就的状况，对消费者缺乏吸引力，难以在短期内打开销路，中价水平不易保持长期稳定
价格不会出现较大的波动和失控，有利于维护物价总水平的基本稳定，维护广大消费者的利益	对于新产品，市场上首次出现，价格无相关参照物可比较，实行起来缺乏可操作性

你知道吗

国产靶向新药达沙替尼的定价策略

2014年7月，我国某药企的重磅仿制新药达沙替尼片上市，诸多新闻都以"定价仅为原研药的1/8"为主要卖点解读，引起各界的诸多讨论。达沙替尼首仿药50mg规格定价为70元/片、20mg定价为35元/片，而原研厂家的达沙替尼50mg的定价为527元/片、20mg的定价为270元/片。从单片定价来看，确实价差巨大。

在我国，购买原研产品达沙替尼片的患者可以享受买3个月送9个月的慈善项目，当然，前提是符合慈善协会与原研公司制定的相关流程，比如证明是低收入人群，用药3个月后提出申请，有固定的注册医生以及领取赠药的地点等。某种程度上而言，原研公司已经把慈善捐赠当作体面的降价。这远远比降价来得高明，毕竟定价低了就很难提价，而慈善捐赠项目是可以改变的，万一产品需要降价，原研产品还可以通过改变捐赠方案来维持营业收入。

中国每年新发白血病患者约有5000人，患病人数约5万，适用靶向药物的患者达70%以上。将达沙替尼仿制药的价格定位在一个医生和患者都无法忽视且无法拒绝的点上，可谓一记狠招。如果不考虑支付能力，市场确实很大，低价策略能极大地吸引无法一次支付原研药前 3 个月用药成本的患者。

二、心理定价策略

心理定价策略是指企业运用心理学原理，依据不同类型的消费者在购买商品时的不同心理要求来制定价格。

（一）尾数定价策略

尾数定价策略又称零头定价，是指医药企业在确定药品价格时，利用消费者求廉、求实的心理，制定非整数价格，以零头数结尾，使消费者在心理上有一种占便宜的感觉；或者是价格尾数取吉利数，从而激起消费者的购买欲望，促进商品销售。心理学研究表明，价格尾数的微小差别，能够明显影响消费者的购买行为。比如将某种价值为 10 元的药品定价为 9.88 元，一方面给人以便宜的感觉，迎合消费者求廉的心理；另一方面可使消费者认为此价格是精心核算后制定的，于是对医药企业产生信任感，从而达到扩大销售的目的。通常情况下，这种定价策略主要适用于价格较低的医药产品。

（二）整数定价策略

整数定价策略与尾数定价正好相反，即按整数而非尾数定价。是指医药企业把医药产品的价格定成整数，不带尾数，以显示产品具有一定质量，使消费者产生"一分钱一分货"的感觉，满足顾客高消费心理。这种舍零凑整的策略实质上是利用了消费者按质论价的心理，消费者购买这类医药产品时，常把价格看作质量的标志，而将此医药产品的价格定为整数，使医药产品显得高档，正好迎合了消费者的自尊心理与炫耀心理。一般来说，整数定价策略适用于那些名牌、优质的医药产品。

（三）声望定价策略

声望定价策略是针对消费者"价高质优"的心理，对在消费者心目中享有一定声望、具有较高信誉的产品制定高价。声望定价策略以企业和产品已有的声望为基础，制定出的价格进一步迎合了部分消费者求名心理和以价论质的心理，从而有助于不断提高医药企业和药品的声望，巩固市场并维持较高的利润率。对于医药产品而言，声望定价策略主要适用于保健品、稀有药材等。

（四）最小单位定价策略

最小单位定价策略是通过较小计量单位标价，让人感觉较为便宜，乐于接受，从而增加销售量的定价策略。价格过高，常常使人望而生畏，不敢问津。若用较小单位标价，则让人更容易接受，从而促进交易。例如，某种名贵中药材标价每 10 克 7 元会比标价每千克 700 元更容易让消费者接受。

（五）习惯定价策略

习惯性定价策略是指消费者在长期中形成了对某种商品价格的一种稳定性的价值

评估。它所依据的是消费者"习惯成自然"的心理，对于常年销售的家庭必备药品、老药、慢性病用药，消费者需要经常、重复地购买，因此这类药品的价格在消费者心理上已习以为常，家喻户晓。企业制定价格时最好尽量顺应消费者的习惯价格，不能轻易改变，否则会引起消费者的不满，导致购买的转移。

（六）招徕定价策略

招徕定价策略是指医药企业为了招徕顾客，有意将少数医药产品降价甚至低于进货价，以招徕吸引顾客的定价方式。这种定价策略让消费者产生错觉，认为这里所有的商品都很便宜，其实大部分商品都保持原价，甚至有些还高于竞争对手的价格。这种定价策略可以活跃卖场的销售气氛，增大客流量，带动整个卖场的销售额上升。"平价药店"多用此种经营模式。

> **请你想一想**
>
> 高价保健品现以超低价出售，人们看到它便宜，觉得其他药品也一定会便宜，于是促成了交易。这是哪种定价策略？

三、折扣定价策略

折扣定价策略是一种减价策略，是指医药企业在原定价格的基础上给予购买者一定的价格优惠，以吸引其购买的一种价格策略。这里主要介绍与医药商品相关的几种形式。

（一）数量折扣定价策略

数量折扣是指按购买数量的多少，分别给予不同的折扣，购买数量愈多，折扣愈大。其目的是鼓励顾客大量购买从而降低企业在销售、储运、记账等环节中的成本费用。这种折扣策略可以刺激顾客在固定的地方订货与购买，培养顾客的购买忠诚度。比如某医药企业规定一次性购买 100 盒以内每盒售价 20 元，一次性购买 100 盒以上每盒售价 18 元，尽管数量折扣使产品价格下降，单位产品利润减少，但销量的增加、销售速度的加快，使企业的资金周转次数增加，流通费用降低，导致企业总体盈利水平上升，对企业来说利大于弊。

1. 累计数量折扣　在一定时期内购买本企业医药商品累计达到一定数量所给予的价格优惠。其目的是鼓励顾客经常向本企业购买，成为可信赖的长期客户，这种方法特别适用于长期交易的商品、大批量销售的商品，以及需求相对比较稳定的商品，可以鼓励客户长期购买本企业的医药产品，建立长期交易关系。

2. 非累计数量折扣　一次购买某种医药商品达到一定数量或购买多种医药商品达到一定金额所给予的价格优惠。这种折扣策略是鼓励客户一次大量购买，从而降低企业销售成本，增加销售量，增加盈利。这种方法特别适用于短期交易的商品、季节性商品，以及过时、滞销、易腐、易损的商品。

（二）现金折扣定价策略

现款折扣是指医药企业对在规定的时间内提前付款或用现金付款者所给予的一种价格折扣，因此也叫付款期折扣。其目的是鼓励顾客尽早付款，有助于增加医药企业的变现能力，使医药企业尽快回收资金、加速资金周转，降低销售费用，减少财务风险。采用现金折扣一般要考虑三个因素：折扣比例、给予折扣的时间限制、付清全部货款的期限。

（三）功能折扣定价策略

功能折扣又称中间商折扣，是指中间商在产品分销过程中所处的环节不同，其所承担的功能、责任和风险也不同，医药企业据此给予不同的折扣。主要是针对批发企业和零售企业的折扣，对批发商来厂进货给予的折扣一般较大，零售商从厂方进货的折扣会低于批发企业。鼓励中间商大批量订货，扩大销售，争取顾客，并与生产企业建立长期、稳定、良好的合作关系是实行功能折扣的一个主要目标。

（四）季节折扣定价策略

有些医药商品的生产是连续的，而其消费却具有明显的季节性，为了调节供需矛盾，这些医药商品的生产企业便采用季节折扣的方式，对在淡季购买药品的顾客给予一定的优惠，使企业的生产和销售在一年四季都能保持相对稳定。季节折扣比例的确定，应考虑成本、储存费用、基价和资金利息等因素。例如，对于滋补药品和季节性药品的销售就可以采用这一策略。

（五）促销折扣定价策略

促销折扣是指生产企业对为其药品进行广告宣传、布置专用橱窗等促销活动的中间商给予减价或津贴，作为对其开展促销活动的报酬，以鼓励中间商积极宣传本企业的药品。折扣的多少，随行业、医药产品及中间商推广多少而定。这种策略特别适合于新药的导入期，其实质是企业为开拓药品市场而支付的费用。

请你想一想

某批发商与某医药企业签订了年销售回款 500 万元，年终给予 2% 折扣的销售总协议。请问这是哪种折扣定价策略？

四、组合定价策略

所谓组合定价，是指从全局出发，根据医药产品使用上的相关特性为医药产品制定不同的价格，以促进各种医药产品的销售和总利润的增加。

（一）互补医药产品定价策略

对于有相互补充关系的一组医药产品，可将价值大、使用寿命长、购买频率少的主件产品价格有意识地定得低一些；而对于与之配套使用的价值小、购买频次多的易耗品，价格定高一些，以此来求得长远和整体的利益。配套医药产品，既可以实行配套购买的优惠价格，也可以实行赠送配套小包装医药产品的策略，以吸引消费者成套购买，节约营销成本，扩大销量，加速资金周转，增加盈利。这一定价策略主要适用于价值大、质量高、消费面广的医药产品。

（二）替代医药产品定价策略

替代品的价格变动与被替代品的销售量之间存在正相关关系。即替代品的价格定得较高，被替代品的销量会增加，反之，则销量减少。如一些药店有专门的消炎药柜台，药店若想提高某个医药产品的销售量，就可以考虑提高相应的替代医药产品的价格，尤其是可以提高畅销医药产品的价格来刺激非畅销医药产品的销售，这样可能会提高药店整体的利润水平。

五、不同生命周期阶段的定价策略

这是一种根据医药产品在生命周期不同阶段的不同特点，而采用不同定价方法的策略。

（一）导入期定价策略

导入期是医药新产品进入市场的初期，特点是产品制造成本高，促销费用高，而销量小，市场占有率低。针对这些特点，企业可采取撇脂定价策略、渗透定价策略、满意定价策略三种策略。

（二）成长期定价策略

进入成长期以后，经营目标是努力扩大市场占有率，增加销售量，降低成本，质量逐步提高。针对这一阶段的特点，可通过规模效益，适度降价来吸引消费者。

（三）成熟期定价策略

成熟期是医药产品在市场上已经完全被消费者接受和认可，市场基本达到饱和的阶段。在这个阶段，医药企业必须根据市场条件的变化实行竞争价格策略，力争巩固市场占有率。

（四）衰退期定价策略

衰退期医药产品在市场上逐渐被淘汰，产品销售量急剧下降，甚至出现负增长，企业利润降到最低。对于衰退期的定价策略可以采取可驱逐价格和维持价格这两种策略，力争维持局面，实现新老产品顺利交替，尽量减少企业损失。

六、地区定价策略

地区定价策略是指医药企业根据医药商品销售地理位置不同而规定差别价格的策略。医药企业要决定对于卖给不同地区顾客的某种医药商品，是分别制定不同的价格，还是制定相同的价格。一般来说，一个医药企业的产品，不仅要卖给当地顾客，同时也要卖给外地顾客。而卖给外地顾客，就要把药品从产地运到顾客所在地，需要花一些装运费。医药企业要根据商品流通费用，如运输成本、仓储等买卖双方分担的情况，确定医药产品的价格。

（一）原产地定价策略

原产地定价是指医药商品的报价为生产地出厂价格，由买主负担全部运输、保险等费用，即医药企业（卖方）和买方在某种运输工具上交货的价格。医药商品的所有权也从离开仓库时起由卖方转移到买方。交货后，从产地到目的地的一切风险和费用一概由顾客承担。如果按在产地某种运输工具上交货定价，那么每一个顾客都各自负担从产地到目的地的运费，这是很合理的。但是，这样定价对医药企业也有不利之处，即远地的顾客就可能不愿购买这个企业的产品，而购买其附近企业的产品。

（二）统一交货定价策略

统一交货定价是指医药企业对于卖给不同地区顾客的某种医药产品，都按照相同的出厂价加相同的运费（按平均运费计算）定价，也就是说，对全国不同地区的顾客，不论远近，都实行一个价。这种定价策略对近处的顾客不利，但是很受远处买主的欢迎，并且便于计算。通常情况下，运费便宜的药品或者是重量轻、体积小的医药商品适合采用这种定价策略。

（三）分区定价策略

分区定价是指医药企业把全国（或某些地区）分为若干个价格区，对于卖给不同价格区顾客的某种医药产品，分别制定不同的地区价格。距离企业远的价格区，价格定得较高；距离企业近的价格区，价格定得较低。而对同一个价格区范围内实行统一价格。这种定价策略介于原产地定价和统一交货定价之间。

（四）基点定价策略

基点定价是指医药企业选定某些城市作为定价基点，然后按一定的厂价加从基点城市到顾客所在地的运费来定价。有些医药公司为了提高灵活性，选定多个基点城市，按照离顾客最近的基点计算运费。采用这一定价策略可以使医药企业产品在各地的交货价格基本相同，有利于开拓远距离市场，扩大医药产品销售。它适用于运费成本所占比重较大、价格弹性较小的医药商品。

（五）运费免收定价策略

运费免收定价是指运费全部由卖方承担的一种定价策略，其目的是迅速促成交易，增加销售，平均成本就会降低，因此足以抵偿这些费用开支。采用运费免收定价策略，可以使医药企业加深市场渗透能力，并且在竞争日益激烈的市场上站住脚。

第四节　医药产品价格调整策略

企业处在一个不断变化的环境之中，当企业的内部环境或外部环境发生变化时，为了生存和发展，必须调整价格，以适应激烈的市场竞争。

一、提高医药产品价格的策略

（一）提高价格的原因

1. 供不应求　在市场供不应求，企业无法满足顾客对其产品的全部需求时，只有提高价格以平衡供求，增加收入。

2. 通货膨胀 当通货膨胀物价上涨时，企业成本费用上升，必须通过提高产品销售价格，以平衡收支，保证盈利。

3. 成本上涨 由于原材料、人工费等价格上涨，使医药企业产品成本上升，如果仍维持原有价格，会影响正常利润。

（二）提高价格的方式

1. 直接提高价格 很多医药企业利用提高产品技术含量，推出更新换代产品，或改变医药产品的包装，或追随竞争对手涨价的步伐，提高医药产品价格。

2. 间接提高价格 医药企业采取减少医药产品剂量、取消或减少价格折扣、取消或减少赠品、简化包装、减少产品的附加免费服务等方式间接提价。因为其提价手段较为隐秘，消费者对价格的反应会相对温和。所以，间接提价的方式也是大多数医药企业在调整价格时更愿意选择的一种方式。

二、降低医药产品价格的策略

（一）降低价格的原因

1. 供过于求 企业生产能力过剩，产品积压，虽然运用各种营销手段（如改进产品、努力促销等），却仍难以打开销路。

2. 竞争激烈 面对激烈的价格竞争，企业市场占有率下降，为了击败竞争者，扩大市场份额，必须降价。

3. 成本优势 企业的产品成本比竞争者低，需要通过降价来提高市场占有率，同时，使成本由于销量和产量增加而进一步降低，形成良性循环。

4. 资金周转 医药企业急需回笼大量现金，如企业因为其他产品销售不畅，或为了筹集资金进行某些新活动，而资金借贷来源中断，此时，医药企业可以通过对某些需求价格弹性大的产品予以削价，获取现金。

5. 环境变化 因为政治、法律环境及经济形势的变化，药品存在降价空间。如政府为了进一步完善药品价格形成机制，保护患者的利益，往往通过政策和法令、参与市场竞争、降低企业交易成本、改善行业生态等形式，促使药品价格回归合理水平。

你知道吗
_____

"4+7" 带量采购影响扩大，药品定价机制走出新局

2018 年，中央全面深化改革委员会第五次会议审议通过《国家组织药品集中采购试点方案》，明确了国家组织、联盟采购、平台操作的总体思路。北京、天津、上海、重庆 4 个直辖市和沈阳、大连、厦门、广州、深圳、成都、西安共 11 个城市（"4+7" 个城市）将进行国家组织药品集中采购试点。

带量采购以一致性评价作为质量标杆，成本作为底价，采购量作为筹码，让降价

真正做到有的放矢。带量采购有三大优势：①有确定的商品数量要求，买卖双方可以针对交易细节开展谈判，与不带量的集中采购相比，带量可以给药品企业明确的销售承诺和预期，方便企业安排生产和销售，控制成本，从而可以给出更优惠的价格，让患者获得更多收益；②实施带量采购意味着通过招投标可以直接签署购销合同，实现招采合一，可减少药品购销环节；③有助于推动药品采购流程的完善，消除"二次议价"空间，促进评标过程的规范化。

（二）降低价格的方式

1. 直接降低价格　在医药企业产品成本降低时，医药企业可以自主调低价格让消费者获得更多的实惠，但为了避免引起不必要的误会，必须向消费者解释降价的原因。医药企业通过降低价格，使医药企业产品在市场占有更大的优势，扩大了医药产品的销售数量。

2. 间接降低价格　通常有三种形式：①通过改进医药产品的性能、提高医药产品的质量、增加医药产品包装的材料、提高免费服务等方式，在价格条件不变的情况下，增加附加价值，降低产品的价格；②医药企业可以通过加大医药产品的折扣比例，或者在原有基础上扩大各种折扣比例，在其他条件不变的情况下，降低产品的价格；③在保持原有价格不变的情况下，医药企业可以通过增加为消费者支付运费、实行送货上门等额外费用，降低产品的价格。

【课堂活动】

医药产品价格策略实施

一、活动目的

掌握药品的价格构成要素及产品的定价方法；熟悉医药产品定价与调价策略的运用；学会选择合适的定价方法、策略为药品定价。

二、活动内容

根据背景资料，分析默沙东公司选择的定价方法和"舒降之"的定价策略。

三、背景资料

默沙东公司的舒降之（辛伐他汀）1994 年进入中国市场，是首个进入中国的他汀类降脂药。他汀类药物在降脂药市场上占绝对主导地位。在阿托伐他汀出现之前，辛伐他汀市场占有率一直是第一位的。属于第三代他汀的立普妥带来强效降脂功效，并依靠疗效和营销策划方面的优势，后来居上，成为全球最畅销的药物。而随着中国冠心病预防循证医学研究（CCSPS）的出炉，和谐调脂又成为国内专家推崇的降脂潮流。2000 年时，默沙东公司的舒降之占辛伐他汀市场份额的 83.8%，国内企业的产品份额占 17.2%。而随着 2007 年全球专利的丧失，国内众多企业都在争相抢仿这个曾经的全球最畅销药品。目前，在 SFDA 官网上可以查到的辛伐他汀批准文号多达 159 个。舒降之更是受到来自仿制药企业的低价冲击。

舒降之是他汀类降脂药中唯一一个进入《国家基本药物目录》的品种，国家对基本药物的政策是统一招标、统一采购、集中配送。如果舒降之还维持原先单独定价的策略，肯定无法在各地基本药物招标中胜出，也势必失去广阔的基层医疗市场。因此对于降价，默沙东其实已经酝酿了很久，默沙东决定于 2010 年 1 月 1 日起统一降低舒降之的出厂价。

舒降之目前在中国有两个规格：20 毫克 7 片装和 40 毫克 5 片装。默沙东公司把两个规格的价格都进行了调整。20 毫克 7 片装的价格调整为 25 元；40 毫克 5 片装调整为30.70 元。相比于发改委规定的最高限价，降幅超过 50%。调后的价格比某药业生产的国产辛伐他汀片同样品规 27 元的价格还低。

四、活动准备

1. 场地准备　营销情景室、计算机室或互联网环境。

2. 物品准备　根据背景资料所提供的竞争产品，通过互联网搜集市场上竞争产品的相关资料，并做好记录。

3. 人员准备　将同学分成若干项目小组，每组 6~8 人，推选一人担任组长负责分配组内成员任务，共同完成活动操作。

五、活动步骤

【第一步】每个小组同学阅读背景资料，并通过课本已学知识和网上查询资料自学。

【第二步】由组长分配各自成员在规定的时间内完成下列因素的分析、调查：①分析迫使舒降之降价的因素；②分析舒降之的定价目标；③通过互联网查询相关资料，分析当期降脂药品市场的需求；④分析竞争者的产品成本、价格和质量；⑤分析默沙东公司选择的定价方法；⑥分析舒降之的定价策略。

【第三步】每组选代表阐述本小组的实施过程。

【第四步】填写活动报告，要求书写规范、认真、准确。

【第五步】由教师对各小组的实施情况及分析、调查进行评估打分，并归纳点评。

六、注意事项

1. 搜集市场上竞争产品的相关资料时，因舒降之的价格于 2010 年 1 月 1 日起统一调价，故应搜集 2010 年之前舒降之的价格信息。

2. 小组成员应合理分工，注意团队配合。

目标检测

一、选择题

（一）单项选择题

1. 以下不属于药品价格构成要素的是（   ）。

　　A. 生产成本　　　　B. 产品差价　　　　C. 企业利润　　　　D. 国家税金

2. 医药企业向市场推出新药时，将价格定位在较高水平的策略属于（   ）。

　　A. 撇脂定价　　　　B. 渗透定价　　　　C. 满意定价　　　　D. 招徕定价

3. 某种名贵中药材标价每 10 克 7 元会比标价每千克 700 元更容易让消费者接受的策略属于（   ）。

　　A. 整数定价　　　　B. 尾数定价　　　　C. 声望定价　　　　D. 最小单位定价

4. 一家药房将一瓶 200 元的药品以 80 元的价格出售，每天都能吸引大量顾客，但是其他药品都保持原价的策略属于（   ）。

　　A. 招徕定价　　　　B. 特殊定价　　　　C. 声望定价　　　　D. 满意定价

5. 对在消费者心目中具有较高信誉的产品制定高价的策略属于（   ）。

　　A. 整数定价　　　　B. 尾数定价　　　　C. 声望定价　　　　D. 习惯定价

（二）多项选择题

1. 以下以成本为依据的定价方法有（   ）。

　　A. 成本加成定价法　　　　　　　　　B. 盈亏平衡定价法

　　C. 随行就市定价法　　　　　　　　　D. 目标利润定价法

2. 以下属于需求差异定价法的有（   ）。

　　A. 因人而异　　　　B. 因地而异　　　　C. 因需而异　　　　D. 因时而异

3. 以下属于地区定价策略的有（   ）。

　　A. 统一交货定价　　　　　　　　　　B. 因地而异

　　C. 基点定价　　　　　　　　　　　　D. 运费免收定价

二、思考题

1. 医药产品的定价方法有哪些？

2. 医药产品的定价策略有哪些？

3. 某医药企业的固定成本为 500000 元，生产某药品的变动成本为 200000 元，企业期望达到相对于成本的利润率为 20%，预计该药品销售量为 20000 件，则该药品单价为多少？

书网融合……

　　微课　　　　　　　　划重点　　　　　　　自测题

第八章 医药产品分销策略实施

学习目标

知识要求

1. **掌握** 影响医药分销渠道选择设计的因素；分销渠道选择设计原则及策略实施。
2. **熟悉** 医药分销渠道管理和调控的方法。
3. **了解** 医药分销渠道含义、构成、类型。

能力要求

1. 学会解决医药分销渠道管理中存在的问题。
2. 能够熟练运用分销渠道选择技巧进行医药分销渠道方案设计。

实例分析

亚宝药业渠道改革的"阵痛"

实例 亚宝药业目前公司产品主要以渠道驱动下的药店销售为主，销售模式采用渠道驱动模式，即公司只向 50 余家一级经销商发货，并进行货款的结算。一级经销商通过自有渠道向下游经销商进行配送销售。此模式下公司只与一级经销商发生业务关系，一级以下经销商和终端销售完全依赖渠道驱动实现自然销售。

基于"两票制""营改增"和药品流通领域整治等政策预期，亚宝药业从去年底就开始着手营销渠道变革：由渠道驱动向终端驱动转型。公司正在进行的终端拉动模式，即选择更多有终端覆盖能力的优质区域经销商直接进行合作和发货，实行渠道销售的扁平化，公司资源将向终端倾斜，渠道扁平化后，终端销售环节对渠道储备库存需求降低。

此外，亚宝药业目前正推动与所有合作商基于互联网技术下的数据直连工作，经过 5 个月的改革，现已实现近 800 家经销商数据直连工作，掌握了 25 万家终端药店数据。

问题 1. 亚宝药业的传统营销渠道模式是怎样的？存在哪些优势和弊端？

2. "两票制"对医药分销渠道产生的政策影响有哪些？

3. 亚宝药业在分销渠道上产生了哪些变革？

第一节 医药分销渠道

PPT

医药分销渠道是医药营销的核心环节之一。有效的销售渠道能使医药产品迅速到达消费者手上。在当今激烈的医药市场竞争中，分销渠道决策是企业面临的最重要的战略决策之一。

一、医药分销渠道的内涵

医药产品分销渠道是指医药产品或其相应的服务从生产者向消费者或最终用户转移过程中所经过的中间途径。简而言之，医药产品分销渠道就是医药产品或相应服务从医药生产企业向消费者转移的过程中，直接或间接取得产品或服务的所有权，或帮助所有权转移的所有商业组织和个人。在实际营销活动中，大部分医药生产企业并不是把产品或相应服务直接销售给消费者（或最终用户），而是需要借助一系列中间商的买卖活动（或网络营销系统）来实现。如医药批发公司、零售药店、医药代理商等，但不包括供应商或辅助商等。药品生产企业和消费者分别处于分销渠道的起点和终点。

二、医药分销渠道的特点

医药产品关乎消费者的生命健康，其分销渠道成员的选择和经营管理要求都非常严格，医药分销渠道具有以下特点。

1. 渠道成员准入严格 《药品管理法》规定：从事药品生产或经营活动，应当经药品监督管理部门批准，取得药品生产或经营许可证。无药品生产或许可证的，不得生产或经营药品。同时从事药品生产或经营活动，应当遵守药品生产或经营质量管理规范，建立健全药品生产或经营质量管理体系，保证药品生产或经营全过程持续符合法定要求。

2. 渠道类型选择受限 如疫苗、血液制品、麻醉药品、精神药品、医疗用毒性药品、放射性药品、药品类易制毒化学品等国家实行特殊管理的药品不得在网络上销售。特殊医药产品由药监部门指定的经营机构进行销售，这些渠道成员通常具有特许专营此类特殊医药产品的能力。

3. 渠道设计专业性强 影响医药产品分销渠道设计的因素复杂，企业在设计分销渠道时应统筹考虑自身的战略目标、经营实力、竞争状况、目标市场潜力等情况，以实现各环节的优势互补、资源共享、流通高效。

三、医药分销渠道的构成

医药分销渠道由医药生产企业、医药中间商和消费者构成（图 8-1）。

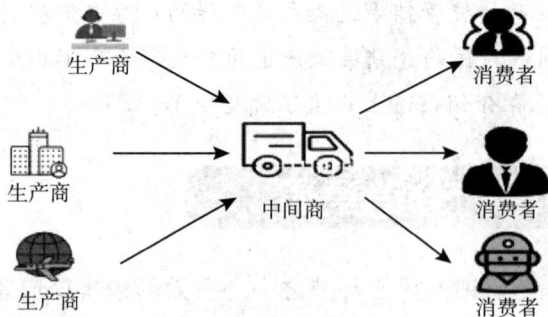

图 8-1 医药分销渠道的构成

（一）医药中间商

1. 概念 介于医药生产企业与消费者之间，专门从事医药产品或参与医药产品流通业务，促进交易行为实现的经济组织。因为是联系生产者和消费者的中间环节，因此人们习惯上称之为中间商。医药中间商在分销过程中起到促成商品交换、简化交易、扩大交易范围、加快商品流转速度和沟通信息的作用。

2. 分类

（1）按在流通中是否拥有所有权划分 可分为医药经销商和医药代理商。

1）医药经销商 医药生产企业或者供货商与医药经营企业通过合同或契约的形式约定，在规定的期限和地域内购进销出指定的医药产品的一种组织形式，其中受委托方被称为经销商。

2）医药代理商 直接受医药生产企业和医药经营企业的委托，替委托人销售药品并收取一定佣金的组织和个人。按照所代理的产品来分，医药代理商可分为采购代理和销售代理。按照代理的区域来分，医药代理商可分为全国总代理和地区代理。医药企业是否选择代理商以及选择何种代理商进行销售，需要视具体情况而定。在开拓新的区域市场或是开展全新医药产品销售时，选择具有专业的医药营销知识与技能的代理商是一个较好的选择。医药产品代理商和医药产品经销商的比较见表 8 - 1。

表 8 - 1 医药产品代理商和医药产品经销商的比较

比较内容	医药经销商	医药代理商
法律关系	与生产商或供应商是买卖关系	与生产商或委托人是代理关系
法律后果	归属经销商	归属委托人
经营风险	有一定市场经营风险	无风险或风险较低
利润获取	买进卖出的差价收入	佣金的收入

（2）按在流通中的地位划分 可分为医药批发商和医药零售商。

1）医药批发商 将医药产品或服务销售给具有合法资质的医药零售商或经营客户的合法组织机构。它是医药产品分销渠道的重要组成部分。医药批发商曾经是医药分销渠道的主导，它们通过设计和发展渠道将许多医药零售商和医药制造商的活动连接起来。

2）医药零售商 将医药产品或服务直接销售给目标消费者的合法组织机构。它们是分销渠道中最靠近消费者的环节，主要有医院药房和零售药店。零售药店通过各种购物环境把各种医药产品提供给消费者。医药批发商和医药零售商的经营特点及优势比较见表 8 - 2。

表 8 - 2　医药批发商、医药零售商的经营特点及优势比较

医药经销商	经营特点	经营优势
医药批发商	流通中间环节和起点 销售对象是间接消费者 交易次数少，批量大，以非现金结算	机构齐全，网络覆盖广 筹资能力强，资金雄厚 有完备的配套设施 信息量大，具有指导生产、引导消费的能力
医药零售商	流通最终环节 销售对象是直接消费者或使用者 批量进货，零星销售，交易次数多，金额小 场地与服务对药品销售影响较大	国家政策为行业较快发展提供机遇 规范化和连锁化不断上升 多元化，个性化 信息灵敏直接

你知道吗

零售药店分级分类

近日，商务部发布《全国零售药店分类分级管理指导意见（征求意见稿)》。零售药店也要分类分级管理了！其中，零售药店分类划分标准见表 8 - 3、分级标准见表 8 - 4。

表 8 - 3　零售药店分类标准

分类	分类标准	经营范围
一类药店		乙类非处方药
二类药店	按照现有药品质量保障能力、人员配置和处罚记录等划分	非处方药、处方药（不包括禁止类、限制类药品）、中药饮片
三类药店		非处方药、处方药（不包括禁止类药品）、中药饮片

表 8 - 4　零售药店分级标准

分级	分级标准					
	环境设施	药品供应保障能力	信息化设备	人员服务水平	诚信情况	科普教育便民服务
A 级	达标	基本能力	基础的信息化设备	合格	近 1 年无严重失信行为	营业时间内提供服务、科普宣传
AA 级	良好	较强能力	药品可追溯管理系统	良好	近 2 年无严重失信行为	24 小时内提供服务、经常科普宣传和便民服务
AAA 级	良好	很强能力	成熟的药品可追溯管理系统	优秀	近 3 年无严重失信行为	24 小时供药、咨询、服务，持续科普宣传

（二）医药分销渠道构成模式

医药分销渠道的结构，按照医药产品从其生产者转移到消费者或者用户手中经过的环节不同，有以下结构模式（图 8 - 2）。

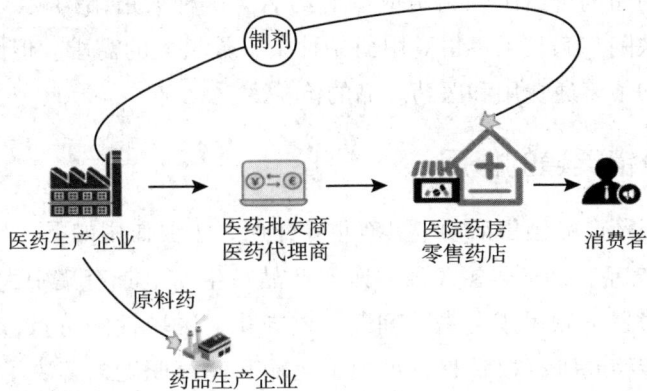

图 8 – 2　医药分销渠道的结构模式

1. 医药生产企业→消费者　由医药生产企业直接将产品销售给消费者，销售过程不经过任何中间环节，是最简单、最短的分销渠道，又称零阶渠道。大型医疗设备、原料药等医药产品主要采用此类渠道结构模式；医药企业的 OTC 药品也可以采用此类渠道结构模式，通过邮寄销售、送货上门、设立企业销售机构等形式，以最快的速度和最便捷的方式将药品直接出售给消费者等。这种渠道模式有利于促销产品和树立医药企业形象。由于处方类医药产品需要专业人员指导使用，通常不采取此分销渠道。

2. 医药生产企业→医院药房或社会零售药店→消费者　又称一阶渠道，这种分销渠道，可以利用医院药房或社会零售药店分布分散、覆盖广、接触客户多、对医药市场需求变化反应快的优势，减少中间环节，加快销售速度，获取较大利润空间。此外，生产企业直接面对终端，能提供优质的服务和技术指导，树立良好的企业形象。缺点是医药生产企业发货、铺货、管理、回款等工作量较大。

3. 医药生产企业→批发商→医院药房或社会零售药店→消费者　又称二阶渠道，这种传统的分销渠道模式环节比较合理，是医药产品传统销售模式中的主渠道结构。有利于医药生产企业大批量的生产销售，节约流通费用，加快资金周转，并获取更大空间利润。同时也满足零售商多品种、多批次、少批量的购进需求，减少零售商的资金占用。

4. 医药生产企业→代理商→医院药房或社会零售药店→消费者　医药生产企业委托代理商销售其产品给医院药房或社会零售药店，也属二阶渠道。实力不足且没有自建销售网络的中小企业，由代理商全权负责，增强了企业更大范围市场的药品销售能力，减轻医药生产企业销售压力，有利于产品促销。其缺点是企业的利润小，而且对市场信息反馈慢，对动态的把握也比较差。

5. 医药生产企业→代理商→批发商→医院药房或社会零售药店→消费者　又称三阶渠道，这是渠道最长、流通环节最多的渠道结构模式，很多中小企业为了迅速铺开市场，常在全国范围内寻求区域药品代理商，由代理商再去寻找本区域多家批发商，由批发商负责将药品销售给医院药房或零售药店。这种渠道结构模式解决了生产企业营销能力不足的缺陷，满足了零售商用药品种杂、数量多的需求。但因为流通环节多、时间长，相应增加了流通费用和医药产品的价格。

四、医药分销渠道的作用

分销渠道在医药产品销售活动中具有重要作用，主要作用如下。

1. 转移医药产品，调节供需矛盾 医药产品在生产上具有集中大批量、连续专业化的特点，而在消费上则呈现分散、间断、差异化、区域性的特点，通过分销渠道实现医药产品实物转移或所有权转移，承担了运输和储存职能，解决了医药产品生产与消费之间在数量、品种、规格、剂型、时间及空间上的矛盾。

2. 减少交易次数，节省流通成本 在医药产品流通过程中，中间商的参与可以降低医药产品交易的次数。

假设现有三家医药生产者，将医药产品销售给三家医药产品终端的药店或医院，若没有中间商参与，交易次数为 $3 \times 3 = 9$ 次。（图 8 - 3）。若有中间商参与流通，则需要交易 $3 + 3 = 6$ 次（图 8 - 4）。可见，医药产品分销渠道能减少医药产品交易次数，降低交易费用，节省医药企业成本支出。

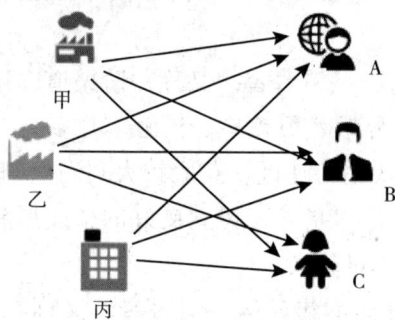

图 8 - 3　没有中间商参与的药品交易　　图 8 - 4　有中间商参与的药品交易

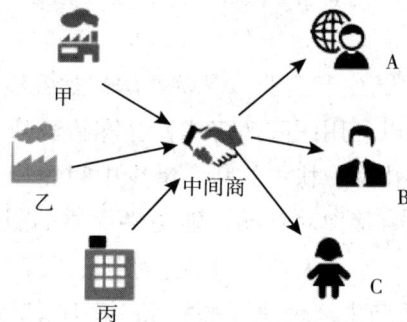

3. 收集市场信息，承担经营风险 分销渠道成员可以发现、收集下一级渠道成员及消费者的需求情况和竞争对手情况，促使企业围绕市场需求制订生产计划。同时将企业产品的信息及时准确地传递给目标市场，使渠道成员和消费者迅速了解并接受企业产品，渠道成员间建立良好的信息沟通网络。分销渠道各成员之间通常是利益共享、风险同担的合作机制，因此具有转移市场经营风险的功能。

4. 搭建销售网络，促进产品销售 分销渠道的中间商具有比较完善的营销网络，可以为企业的新产品迅速铺开市场，缩短新产品的导入期。渠道成员可以在医药企业的支持下，设计各种促销活动，传播有关医药产品的信息，吸引消费者，促成交易成功。

5. 缓解资金压力，提供健康服务 渠道中间商收集流通资金，用以支付渠道建设和运转作用费用，加快医药企业资金流动，缓解医药企业的资金压力。同时渠道成员中有大量的医药方面的专业人员，可以代替医药企业为消费者提供及时、可靠的药学服务。

五、医药分销渠道的基本类型

（一）直接渠道和间接渠道

根据医药企业的分销活动是否有中间商参与，可分为直接渠道和间接渠道。

1. 直接渠道 零阶渠道，是指没有中间商的参与，生产企业将医药产品直接销售到消费者手中，是最简单、最快捷的分销渠道。

2. 间接渠道 在医药产品分销过程中，有若干中间商参与的分销渠道，是目前医药分销渠道的主要类型。按照医药产品流通过程中所经过的销售渠道层级多少，间接渠道可以分为一级渠道、二级渠道、三级渠道等。层级越多，分销渠道越难以控制和协调。

直接渠道与间接渠道的优缺点比较见表 8－5。

表 8－5 直接渠道与间接渠道的优缺点比较

渠道类型	优点	缺点
直接渠道	销售及时，信息沟通直接，减少销售成本，容易控制价格，提高产品使用效率	很难短期内广泛分销、占领或巩固市场，分散精力，投资大，容易产品积压
间接渠道	有助于提高市场占有率，缓解生产经营压力，减少经营风险，利于企业间的协作	不利于渠道的管理与控制，流通时间长，市场反应慢，销售成本高

（二）长渠道和短渠道

根据医药分销渠道中间环节层次的多少，可分为长渠道和短渠道。

1. 长渠道 医药生产企业使用两个或两个以上不同类型的中间商来分销产品。其优点是市场覆盖面大，容易推广。缺点是增加渠道成本，削弱产品价格的市场竞争力。通常在以下情况选择长渠道：①生产与销售存在一定时空距离；②消费者区域分散；③生产或需求有季节性；④产品具有耐久性；⑤产品单价较小、标准化程度低、小批量销售；⑥产品专业性不强。

2. 短渠道 医药生产企业只使用一个或不经过中间商的分销渠道。其优点是增强了产品价格的市场竞争力，但因渠道短，所以市场覆盖面小，不利于市场开拓和占有。通常在以下情况选择短渠道：①生产者与消费者距离很近；②生产企业资金雄厚，大量生产且集中销售；③产品品种繁多，需求变化大；④单位价值高；⑤产品易腐易损；⑥新上市产品；⑦产品专业性较强。

（三）宽渠道和窄渠道

根据分销渠道中每个层级流通环节使用的同类型中间商数目的多少，可分为宽渠道和窄渠道。

1. 宽渠道 医药生产企业在同一层级的流通环节上选用两个以上同类型中间商分销其产品，产品在市场上的分销面广，称为宽渠道。如某医药企业在二、三线城市与多家批发商签订经销合同，由批发商向各零售药店、连锁药店供货。宽渠道能拓宽销售网络，扩大市场覆盖面。

2. 窄渠道 医药生产企业在同一层级的流通环节上仅选用一个中间商来分销其产品，称为窄渠道。如为了实现有序营销，太极集团启动太极藿香正气液全国省级市场总经销权的竞卖活动。

宽渠道与窄渠道的优缺点比较见表8-6所示。

表8-6 宽渠道与窄渠道的优缺点比较

渠道类型	优点	缺点
宽渠道	网点广，购买方便	管理难度大，流通成本高
窄渠道	成员关系密切，易于管理控制，提高分销渠道效率	不利药品及时推向市场，不便于消费者购买

请你想一想

"互联网+大健康"行业是未来发展的大趋势，你认为电商会完全取代医药传统的分销渠道吗？

第二节 医药分销渠道选择

PPT

医药分销渠道是实现药品从医药生产企业至消费者的通道。医药分销渠道设计与选择是关系到药品能否及时进入市场、能否销售畅通并及早收回货款的关键。

一、医药分销渠道选择的影响因素 微课

选择医药产品分销渠道是医药产品分销渠道策划的重中之重，其核心是确定到达目标市场的最佳途径，即能够实现企业目标市场覆盖能力最强，顾客满意程度最高，经济效益最优的渠道。所以企业选择分销渠道时，必须综合考虑以下五种影响因素。

（一）产品因素

医药产品特性对分销渠道的选择起决定性作用。主要包括医药产品的理化性质、单位价值、通用性、时效性、技术性和产品的生命周期等。

1. 药品理化性质 易变质、易氧化的医药产品为了避免拖延及重复处理，通常需要选择直接渠道。对于体积和重量大的产品如大型医疗器械，宜选择零阶渠道或一阶渠道，以减少产品的运输和储存费用。

2. 药品单位价值 单位价值高的医药产品，如生物制品、新特药等，宜采用直接渠道，尽量降低流通费用；反之，单位价值低的药品则宜采用长渠道和宽渠道分销，方便

消费者购买；处方药一般选择一阶渠道。

3. 药品通用性　用量大、使用面广的常用药宜采用每一层级都有许多中间商的宽渠道和长渠道。

4. 药品时效性和技术性　有效期较短、保质条件限制严格的药品，或季节性医药产品，适合选择短而窄的渠道，以减少流通时间和中间环节对产品质量的影响。需要在低温下储存的药品或储存养护要求较高的药品，应尽量选择较短的分销渠道以便及时销售。

5. 药品市场生命周期　投入期的产品，为快速进入市场，应采用短渠道或直接渠道。成长期产品应当在原基础上增加渠道宽度，吸引更多的客户。衰退期产品，为削减销售成本，渠道应窄而短。

（二）市场因素

主要包括目标市场规模大小、消费者地区分布、购买习惯和市场竞争状况等。

1. 市场规模　市场需求量小而单次购买批量大的产品，宜采用短而窄的分销渠道；市场需求量大而单次购买批量小的产品，多采用宽渠道以扩大市场占有率。容量大、购买力强的目标市场，可采用短渠道或直接渠道；而潜力小、购买力弱、范围小的目标市场，可通过批发商向中小零售商供货，其渠道类型则采用长渠道。

2. 消费者地区分布　消费者地理位置比较分散，消费分布均匀，宜采用长而宽的渠道；反之，如果消费者集中在某一地区，宜用短而窄的渠道。

3. 购买习惯　消费者不同的购买心理，也影响到分销渠道的选择。对于一般购买频率较高的常用价格低廉的药物，顾客要求购买方便，宜选择长而宽的渠道，使顾客可以随时就近购买；对于一些价格较为昂贵、购买率低的新特药物应选择窄渠道分销。

4. 竞争状况　分销渠道设计还要受到同行业内竞争者所使用的渠道的影响，当市场竞争不激烈时，可采用同竞争者类似的分销渠道；反之，则采用与竞争者不同的分销渠道。

（三）企业因素

企业特性在分销渠道选择中扮演着十分重要的角色，主要包括企业规模、经营目标、资金实力、管理能力、品牌信誉等。

1. 企业规模　企业的总体规模决定其市场范围、较大客户的规模及与中间商合作的能力。资金雄厚、市场营销经验丰富又具备仓储、运输能力的大企业，在渠道选择上主动权大，一般会选择短渠道或自建渠道；反之，考虑渠道的成本因素，多依赖中间商，采取长而宽的渠道。

2. 经营目标　企业为维护医药产品价格和进行统一的促销，维持市场的有序性，可以选择短渠道；反之，就可以选择长渠道。

3. 财务实力　企业的财务实力决定了其营销模式的选择。财务实力强的企业，市场营销职能多数由企业自身承担；财务薄弱的中小企业，一般都采用"佣金制"的分销方法，首选愿意并且能够承担部分储存、运输以及顾客融资等成本费用的中间商。

4. 管理能力　渠道营销管理能力较强的企业，可采用短渠道分销；反之，则应尽可能利用中间商进行产品销售。

5. 品牌信誉　企业产品信誉和品牌优势明显，市场覆盖范围广，客户规模大，有自己的营销网络，会选择性寻求中间商，所以适合采用短而窄的渠道。而对于中小企业，知名度低、资金有限、管理能力弱，适合选择长而宽的渠道来分销产品。

（四）中间商因素

主要包括中间商的合作意愿、经营规模、分销成本及服务能力等。

1. 合作意愿　如不愿意合作的中间商较多，医药生产企业只能选择短渠道或者建立自己的分销机构；反之，可以由医药中间商的层次来决定渠道的长度。

2. 经营规模　购货较多的大规模中间商适合短渠道或直接渠道，小规模中间商采用长渠道。

3. 分销成本　中间商的分销成本高，只能采用短而窄的渠道；中间商的分销成本低，在保证较好利润的情况下，可以采用长而宽渠道。

4. 服务能力　中间商能为客户提供优质的服务，宜采用长而宽渠道；反之，则选择短而窄渠道。

（五）环境因素

分销渠道设计还要受到环境因素的影响，主要包括政策、经济、法律等。

1. 经济形势　在市场需求旺盛时，企业可以选择最合适的分销渠道。当经济萧条时，市场需求下降，医药企业都希望采用能使最后顾客以廉价购买的方式将其医药产品送到市场，这也意味着宜采用短渠道，并免除那些会提高最终售价却没必要的服务。

2. 政策法规　国家对列入特殊管理的药品实行严格监管，其分销渠道有明确的规定和限制。如疫苗上市许可持有人应当按照采购合同的约定，向省级疾病预防控制机构供应疫苗，不得向其他单位或者个人供应疫苗。医疗体制改革宏观环境、政策要求、管理制度等都直接影响或制约了医药产品分销渠道类型的设计与选择。

二、医药分销渠道选择的原则

在选择分销渠道模式时，企业追求的是能实现低风险、高效益的经营目标。无论出于何种考虑，从何处着手，一般都要遵循以下原则。

（一）畅通高效原则

流通时间、流通速度、流通费用是衡量分销效率的重要标志。

畅通高效是医药分销渠道选择的首要原则。物畅其流、经济高效的分销渠道模式，不仅要让消费者在适当的地点、时间以合理的价格买到满意的商品，而且应努力提高医药企业的分销效率，争取降低分销费用，以尽可能低的分销成本，获得最大的经济效益，使医药企业在竞争中占有先机。

（二）覆盖适度原则

医药企业在选择医药商品分销渠道模式时，要统筹考虑，合理布局网点。既要考虑分销速度、分销费用，也要考虑分销区域是否有较高的市场占有率足以覆盖目标市场。避免因一味强调降低分销成本，导致销售量下降、市场覆盖率不足的后果，或因扩张过度、分布范围过宽过广造成的沟通和服务困难，形成无法控制和管理目标市场的局面。

（三）稳定可控原则

医药企业的分销渠道模式一经确定，便需花费相当大的人力、物力、财力去建立和巩固，整个过程往往是复杂而缓慢的。所以，医药企业一般不会轻易更换渠道成员，更不会随意转换分销渠道模式。要有效地引导渠道成员充分合作，减少冲突发生。只有保持分销渠道的相对稳定，才能进一步提高分销渠道的效益，确保实现渠道成员的总体目标。在保持稳定可控的基础上，当营销环境发生变化时，能及时设计新的渠道模式，以适应环境的变化，保持渠道的适应力和生命力。

（四）协调平衡原则

医药生产企业选择设计的分销渠道要为实现企业的战略目标而服务，因此，必须与企业未来的总体战略规划保持协调一致。不能只追求自身的效益最大化而忽略其他分销渠道成员的局部利益，应统一、协调、有效、合理分配各个成员间的利益，实现分销渠道各环节的优势互补和资源共享，获得系统协同效率。

三、医药分销渠道的交替方案

在研究了医药分销渠道的影响因素之后，根据选择分销渠道的原则，分销渠道设计的下一步工作就是明确各主要分销渠道的交替方案，主要涉及以下三个基本因素（图8-5）。

选择中间商　明确中间商　确定成员的
类型　　　　数目　　　　权利与义务

图8-5　分销渠道交替方案

（一）选择中间商的类型

医药生产企业首先必须明确可以完成其分销渠道工作的各种中间商的类型。这涉及是否采用中间商、选择哪几类中间商等问题。渠道中间商的选择是一个双向选择的过程，渠道中间商倾向选择获利能力大、优质医药产品的生产企业，而医药生产企业在选择医药中间商时，通常从以下五个方面对渠道成员情况进行评估。

1. 经营资质　医药产品是特殊商品，具有严格的管理制度，医药产品经销商必须具备相应的资质才能从事医药产品经营销售活动，所以确认经销商的经营资质是首要考虑因素。

2. 经营特征　医药生产企业选择中间商，目的是通过中间商的经销网络，实现快速进入市场。所以，医药生产企业要考虑中间商的服务区域、营销能力、营销网络、经营理念、企业规模、与本企业的合作意愿等经营方面的内容。

3. 业务现状　考评中间商以往的销售业绩、市场占有情况、同类产品的营销情况、业务人员素质、企业信誉等。

4. 硬件条件　考评中间商公司规模、资金实力及周转、货款周期、仓存运输实力等。

5. 商业信誉　了解中间商在社会上的诚信度、其他商业客户对其的评价、是否代理过形象出众的医药产品等。

（二）明确中间商的数目

确定使用中间商类型以后，医药生产企业营销决策者还必须决定在每一渠道层次上使用中间商的数量，即决定渠道的宽度。在每一个分销渠道的不同层级上选择用多少数目的中间商，是医药企业分销渠道战略的一个重要内容，取决于医药产品本身的特点、市场容量的大小、需求面的宽窄以及企业整体经营目标等因素。

你知道吗
────────────────────

医药代理营销

医药代理营销是医药营销的主要渠道之一，可以具体划分为全国总代理经销模式和区域总代理经销模式。

1. 全国总代理营销模式　医药生产企业在全国范围内指定一家总代理商专门负责药厂一种或多种品牌药品的市场推广销售。其优点是生产商和代理商分工、利益明确；利用全国总代理的雄厚资金优势进行产品的宣传、推广、分销和返款工作，降低了生产企业的市场风险。缺点是医药生产企业难以参与、监控产品的品牌创建和销售渠道构建，不利于市场的长远发展。

2. 区域总代理营销模式　药品生产企业在某一区域只选择一家医药公司总代理自己的产品，利用区域总代理的地区优势将医药产品快速推向市场。其优点是一定程度上避免了代理商的集权，可以时时监督医药品牌的宣传力度和效果。缺点是区域总代理可能同时从事多个品牌的代理，精力较为分散，可能对企业产品重视程度不够，从而对市场推广和品牌建设造成不利。

────────────────────

（三）确定渠道成员的权利与义务

医药生产企业和中间商需要在每一个渠道成员的条件和责任上达成协议。其主要内容有价格政策、销售条件、经销区域或特殊服务等。生产企业应为中间商制定价格目录和公平的折扣体系，明确每一个渠道成员的销售区域、审慎安排新中间商的市场位置。

四、医药分销渠道交替方案的评估

每一个医药分销渠道交替方案都是医药生产企业产品送达最后顾客的可能路线。医药企业必须对各种可能的分销渠道交替方案进行评估。评估标准有三个：经济性、控制性和适应性。

（一）经济性

在这三项标准中，经济标准最为重要。评估分析渠道方案时就要分析各方案的销售量和销售成本。在销售成本相同的情况下，选择能使销售量达到最大的分销渠道；在销售量相同的情况下，选择销售成本最低的分销渠道。一般情况下，生产企业自行推销的成本比利用中间商推销的成本高，但是当销售量超过一定规模时，利用中间商的成本会越来越高。

（二）控制性

使用代理商无疑会增加控制上的难度。代理商是独立的企业，所关心的是如何取得最大利润。医药生产企业可通过对中间商的培训、沟通、阐明权利与义务关系、建立特许经销商或特约代理商等手段来加强对分销渠道的控制。

（三）适应性

在评估各分销渠道交替方案时，需要考虑的标准，那就是医药产品生产者是否具有适应环境变化的能力，即应变力如何。每个分销渠道方案都会因某些固定期间的承诺而失去弹性。所以，一个涉及长期承诺的分销渠道方案，只有在经济性和控制性方面都很优越的条件下，才可予以考虑。

五、医药分销渠道的策略

医药企业可以根据自身实力，结合产品特点，选择不同的分销渠道策略，即密集分销策略、独家分销策略和选择性分销策略。

（一）密集分销策略

又叫广泛分销策略。指在某一地区尽可能通过多家合适的批发商、零售商推销其产品。这种渠道策略优点是市场覆盖面广，消费者购买便利。缺点是由于同一层级中间商较多，渠道管理难度较大。密集分销策略适用于购买方便、对服务水平要求较低、无特殊质量要求的产品。如保健品、OTC 医药产品、技术含量不高的家用医疗器械等。

（二）独家分销策略

指在一个特定的市场区域内仅选用一家经验丰富、信誉卓著的零售商或批发商来推销本企业产品。这种渠道策略优点是生产商与中间商联系密切，便于管理和控制，有利于提高销售服务水平。缺点是生产商经营风险集中在独家分销商上，如果独家分销商经营不善或发生意外，则生产商损失较大。这种渠道策略适用于单价高、服务要求高、要有较高质量保证的产品。如新产品或名牌产品的销售常常采用独家分销。

（三）选择性分销策略

指制造商在一个区域内仅通过少数几个精心挑选的、最合适的中间商推销其产品。它比密集分销方式节省费用，较易控制中间商，又比独家分销市场覆盖面广，有利于扩大销路，开拓市场。适用于一切药品。

第三节 医药分销渠道管理

PPT

医药分销渠道成员之间因为共同利益的相互依赖而合作，又因各自利益的相互矛盾而竞争，还会因为利益关系产生冲突。医药企业必须充分正视这些情况的存在，并采取有效的管理措施，加强渠道成员的合作，鼓励渠道成员积极有序竞争，避免渠道成员间的有害冲突，保证分销渠道流通顺畅。

一、成员管理

医药企业选择了分销渠道后，必须对整个分销渠道中所有成员进行科学管理，维护渠道秩序，保障销售畅通，才能实现企业的最终营销目标。医药分销渠道成员管理主要包括对成员培训管理、分级动态管理、激励管理、评估管理和信息化管理等一系列管理工作。

（一）培训管理

为与各层级医药中间商保持稳定、持久的合作关系，增强医药中间商对其的信任和忠诚，提高医药中间商的营销水平和销售业绩，医药生产企业有计划地对渠道成员实施培训。培训内容有医药企业的形象理念宣传、产品知识学习、销售政策解读、营销队伍推介、营销策略支持等。

（二）分级动态管理

1. 分级管理 建立渠道成员档案，根据渠道成员的主要销售指标（销售量及回款额的大小等）确定客户的不同地位，区分为不同类别，以便企业或销售人员在日后营销工作中对不同类别渠道成员实施分级管理，使有限的企业资源能投入有效的配置中。如渠道成员的销售额占累计销售额75%左右的，划为 A 类客户，即关键客户；渠道成员的销售额占累计销售额的20%左右的，划为 B 类客户，即主要客户；渠道成员的销售额占累计销售额5%左右的，划为 C 类客户，即视为具有未来潜力的客户。

请你想一想

如果你是医药生产企业的营销管理者，会如何加强对关键客户的管理？

2. 动态管理 医药生产企业应该经常检查、跟踪、督促渠道成员完成销售额度、款期、最低库存量等责任的落实。对渠道成员进行实时跟踪统计，当渠道成员销售业务出现变动或异常时，要及时反馈，查找原因，调整销售策略。

（三）激励管理

医药生产企业需要对渠道成员不断地进行激励，来促进渠道成员实现既定的销售目标。对渠道成员的激励管理方法很多，常用的有下面五种方法。

1. 提供优质产品 医药生产企业根据市场需要及时向渠道成员提供适销对路的医药产品，协助渠道成员做好相应的医药产品市场开发等工作。

2. 制定合理价格政策 合理的价格政策是调动渠道各成员分销积极性的主要因素。合理的价格政策除了要充分考虑企业的成本补偿外，还要兼顾渠道成员的合理利益。通常医药生产企业在制定产品价格时要根据实际的销售业绩情况给予渠道成员适当的价格折扣，这也是鼓励渠道成员积极销售产品的有效手段。如给予中间商一定的累计折扣和数量折扣等。

3. 建立有效奖惩制度 销售额和回款额是营销的两个难点，为鼓励渠道成员实现多销售早回款，当销售额到达一定标准后，给予渠道成员销售返利；或提前收到渠道成员货款时也给予一定销售返利。反之，渠道成员没有达到合同约定标准或出现违约行为时，应给予相应的惩罚。

4. 提供服务和支持 医药生产企业可向渠道成员提供技术指导，派出专业人员协助其进行销售业务培训。如提供企业和产品宣传资料、组织渠道成员到企业参观、指导产品陈列、集中讲解产品知识等。

5. 积极开展促销活动 由医药生产企业负责一定的广告费用，或与分销渠道成员共同开展促销活动、共同现场宣传等，从而扩大企业和医药产品的品牌知名度，以促进市场销售。

（四）评估管理

医药生产企业通过检验和评估分销渠道成员销售情况、库存状态、销售服务和回款情况等，督促分销渠道成员履行合同，确保营销活动顺利而有效地进行。如果某一渠道成员销售出现异常，过多地低于合同标准，需分析找出原因，及时采取补救措施。评估分销渠道成员一般要考虑以下四种情况。

1. 渠道成员合作态度和意愿 直接影响企业对其医药产品的投入强度、市场分布、销售情况等。每当企业调整营销策略，即将或已经发生重大经营变化时，应该重点评估分销渠道成员对持有本企业产品的态度和合作意愿。

2. 渠道成员业绩 医药生产企业要随时对分销渠道成员的销售业绩及信用情况进行评估，特别是要计算分析关键客户、重要客户销售额占比情况，要比较分析其实际销售业绩与目标定额之间的差距，找出原因，并采取相应的措施来维护企业整体营销稳定增长。

3. 渠道成员客户级别 医药生产企业在一定时期内对分销渠道成员销售和回款情况进行统计分析时，应区分不同程度的重要性，有效调配企业优势资源，集中投入重要的分销渠道成员身上。

4. 渠道成员发展潜力　医药生产企业要重视分销渠道成员的发展潜力，定期进行客观的评估分析，这样有利于企业的长远发展和做出战略部署。

（五）信息化管理

医药分销渠道信息化管理是通过信息化手段和工具，对医药分销渠道的物流、资金流和信息流进行及时、准确的管理。医药分销渠道信息化管理内容主要包括有平台建设、基础信息管理、客户资源管理、营销数据管理、行为活动管理、营销费用管理、统计分析等方面。在大数据时代，医药分销渠道信息化管理带给企业的管理效益有以下方面。

1. 提升客户管理水平　通过建立标准化、信息化的客户档案，方便对客户资源进行有效分类和筛选，根据客户需求随时调整企业生产，协调销售订单和库存，有效地开展营销活动。同时，便于对客户进行个性化服务指导，防止客户资源流失，保证日常业务的稳定。

2. 规范价格管理体系　信息化管理可以规范价格管理体系，对每种产品提供不同的价格信息。可以为每个分销商定义一个折扣率，分销商通过客户端进入业务系统后，系统将根据该客户被预先设定的级别，自动报出相应级别的价格，以保证不同层级价格体系的合理。此外，还可以设定限价控制，一旦超过限价，管理系统就会自动进行操作限制。

3. 有利于物流监控　利用信息化手段，加强产品流向的监管，结合对关键标识信息的跟踪等措施，追溯产品流向，实现销售数据的共享，可有效防止串货发生，为形成良好的市场秩序提供基本保障。

4. 搭建分销业务统一平台　分销渠道信息化管理加强了与供应商、第三方物流公司、直接客户的业务协同，完善供应链管理，为企业电子商务打下基础。

5. 控制渠道运营费用　通过全过程的销售跟踪，管理者可以随时掌握和分析经销商、分销商每个活动从发生到结束的整个过程费用使用情况，并可以在活动进行的不同阶段，随时停止以后的相关任务，从根本上控制费用的使用，节约企业渠道运营成本，降低运营风险。

6. 降低资金风险　通过对从签订销售协议到销售回款整个流程的信息化管理，随时查看到客户欠款的情况，有助于控制应收账款，减少大量未回笼资金出现的可能，降低资金风险。同时，通过库存控制，仓库资源得到合理的利用，减少了资金占用率。

你知道吗

信息化药品追溯体系

药品信息化追溯体系是通过信息化手段，对药品生产、流通和使用等各环节的信息进行追踪、溯源的有机整体。

药品上市许可持有人和生产企业按照统一药品追溯编码要求，对产品各级销售包装单元赋予唯一追溯标识，以实现信息化追溯。药品上市许可持有人和生产企业在销售药品时，应向下游企业或医疗机构提供相关追溯信息，以便下游企业或医疗机构验证反馈。药品上市许可持有人和生产企业要能及时、准确地获得所生产药品的流通、使用等全过程信息。

药品批发企业在采购药品时，向上游企业索取相关追溯信息，在药品验收时进行核对，并将核对信息反馈给上游企业；在销售药品时，应向下游企业或医疗机构提供相关追溯信息。

药品零售和使用单位在采购药品时，向上游企业索取相关追溯信息，在药品验收时进行核对，并将核对信息反馈给上游企业；在销售药品时，应保存销售记录明细，并及时调整售出药品的相应状态标识。

二、冲突管理

医药产品分销渠道中各成员之间既有因为共同利益产生的相互依赖，又因各自的经济利益而存在相互矛盾产生冲突。

（一）冲突原因

1. 经营目标不一致　通常医药生产企业希望扩大市场占有率，这种目标追求使其对市场规模及经济形势的预测等持乐观态度，并且给中间商制定了较高的销售目标；中间商对市场判断较为谨慎，对生产商为其制定的销售指标不满。再如中间商一味要求降低供货价格，对医药产品市场推广不利，致使医药生产企业增加渠道费用支出，损害医药生产者利益等。

2. 不能有效沟通信息　生产企业与中间商有效的信息沟通是成员间良好合作的前提。当渠道信息沟通不畅时，成员间就会发生冲突。如当某一种医药产品市场出现销售异常，而中间商却没有把市场变化形势及时通知给医药生产企业，致使医药生产企业盲目生产形成库存积压；或医药生产企业由于自身条件的限制，不能按照市场需求及时调整生产计划，不能及时向中间商提供适销对路产品，给中间商的销售带来困难；或医药生产者提供的服务不到位，影响中间商的销售等。

3. 渠道资源分配不合理　渠道成员对生产企业在产品、客源、支持费用等渠道资源分配上产生意见分歧，特别是如果稀缺资源分配不合理，就会造成其他分销成员的不满或抱怨。如医药产品生产企业对批发商不予以保护，把医药产品直接销售给零售商，使批发商利益受损等。

（二）冲突类型

根据冲突的形式和内容，可以将医药产品分销渠道冲突分为垂直冲突、水平冲突和多渠道冲突。

1. 垂直冲突　同一分销渠道发生在上下相关联不同层级渠道成员之间的利益冲突。

服务支持等方面产生的如批发商抱怨医药生产企业信用条件严苛，在价格方面控制太紧，进货价格高，利润少；批发商同零售商争夺客户；中间商对医药生产企业提供的产品服务支持不满，抱怨技术指导不到位、广告服务太少等。通常情况下，渠道的层次越多，发生垂直冲突的可能就越大。

2. 水平冲突　同一分销渠道发生在同一层级渠道成员之间的利益冲突。如因医药生产企业不能合理规划中间商的销售区域或物流监管不到位而发生跨区域销售。再如渠道同一层次的医药产品价格定价不合理，致使某些分销渠道成员为了自身利益而跨区域销售，可能会损害其他成员的利益等。

3. 多渠道冲突　也称为交叉冲突，同一医药产品在同一目标市场有两个以上的分销渠道，不同分销渠道的成员在服务于同一目标市场时产生的利益冲突。如某一企业同时利用互联网销售平台、企业自建销售机构、中间商三条渠道进行医药产品的销售，那么这三条渠道之间的冲突就是多渠道冲突。

（三）管理措施

1. 垂直冲突管理　加强分销渠道上下层级成员之间的沟通，共同协商制定产品价格体系，共同制定市场推广方案，合理分摊促销费用，力求渠道各环节所有成员满意。同时，医药生产企业与分销渠道成员要签订关于售前、售中、售后的服务协议，保持服务目标与服务水准的相对统一。

2. 水平冲突管理　医药生产企业和分销渠道成员之间建立综合监督团队，对区域价格和服务等方面进行监督和管理，确保同一渠道同一层次的渠道成员之间的医药产品价格一致。对违反相关约定的，应给予严厉处罚。

3. 多渠道冲突管理　可以采取同水平冲突相似的价格管理办法。此外，医药生产企业直接供货给零售商的出厂价，应参照分销渠道成员售给零售商的批发价格，防止零售商进价的差异，力争经销商出货价和终端零售价格的统一。同时，对分销渠道成员进行严格的管理、监督和评估，严格规范中间商经营行为，保持不同渠道服务的一致性和协调性，减少冲突发生的可能。

三、窜货行为管理

（一）窜货行为

窜货也称倒货，指在分销渠道中的各级经销商、代理商受利益驱动，通过各种渠道，有意地将医药产品以低于规定价格、跨出约定代理区域外的销售行为。窜货行为是医药企业分销渠道管理中经常遇到的问题。发生窜货现象，会导致中间商对产品失去信心，造成假药流入市场，对医药生产企业的品牌和市场造成巨大的破坏。

（二）产生原因

1. 差别定价不当　针对不同的目标市场，医药生产企业做出的差别价格不合理，造成低价进货的中间商向其他市场或区域窜货。另外，渠道中个别分销成员故意压低市场销售价格，把医药生产企业提供的促销费、广告费、补贴费用等用来弥补降价销售带来的损失，造成渠道成员间价格大战。

2. 销售目标过高　医药生产企业对目标市场规模及渠道成员的分销能力做出不符实际的判断，给经销商制定的销售目标难以实现。当经销商不能完成销售任务时，往往都是向周边区域倾销产品，从而导致窜货的发生。

3. 经销商选择不当　分销成员不能诚信履行合同约定，为追求自身利益最大化，损害渠道其他成员利益，违约向其他辖区窜货。

4. 抛售滞销品和处理品　医药产品在目标市场销售不好，造成库存积压，为解决库存积压带来的资金压力，或避免医药产品临近过期造成经济损失，经销商降低价格，跨区域将产品流向畅销区。

5. 其他原因　如医药企业缺少防止窜货管理制度、监管不力、中间商管理水平低等。

（三）管理方法

1. 加强管理制度建设　医药生产企业应制定严格的窜货管理制度，对分销商要划定区域，明确区域代理商业务和责任范围，将禁止跨区域销售条款写入合同，并有效执行。

2. 规范市场价格体系　制定各区域目标市场上的不同层级经销商的价格，如果在统一零售价的基础上实行终端浮动价的，也要限制一定的浮动幅度，并严格执行。

3. 建立奖惩机制　为督促经销商诚信履行合同，提高对窜货经销商威慑力，生产企业要收取一定的窜货保证金，对发生窜货行为的经销商进行量化惩罚。如扣除保证金、取消相应业务优惠政策、扣除货款、取消当年返利等。情形严重的，应该立即停止向其发货，重新选择代理商。对于举报的代理商，应该给予奖励。

4. 加强源头代码查询　对销往不同区域的产品在包装上进行代码标记，随时扫描市场上流通的医药产品的代码，就可以快速地查询到该批产品是否为窜货，并且消费者还可以通过互联网或电话随时随地查询商品的真伪。

5. 加强销售通路监控与管理　医药生产企业要密切掌握经销商销量态势，为代理商制定合理的销售指标，严格控制供货数量，避免让客户囤积库存；定期进行实地调研，对区域市场明察暗访，发现问题及时解决；加强物流渠道监控，及时查看经销商提供的销售流向，当经销商的物流出现异常现象时，及时做出判断，并采取相应的措施，杜绝医药产品窜到其他区域。

6. 培养提高经销商忠诚度　全面了解经销商的资信、销售能力和业绩、合作意愿等信息，选择值得信赖的经销商；医药生产企业要加强对经销商的日常拜访，及时收集经销商的意见反馈，为经销商提供完善周到的售后服务和技术指导，增进与经销商和客户之间的信任和感情，形成良性互动，减少潜在窜货风险。

7. 加强内部管理 加强企业文化建设，建立完善企业培训制度、适合人才发展的政策、绩效考评机制和激励机制，提升营销经理人的管理能力和企业认同感，从内部杜绝营销经理人为谋求个人利益，间接纵容经销商窜货，扰乱产品市场的规范有效经营。

四、控制和调整策略

（一）控制

医药分销渠道控制可以解决企业产品上市初期渠道不畅、销售费用过大等困难，同时解决需要密集分销的产品在日常网络建设中的不足等问题。

1. 环节控制 根据医药商品的特性，尽可能地使用短渠道，减少中间环节，必要时可采取直销形式，减少产品在流通过程中停留的时间和费用，提高渠道效率。

2. 成本控制 医药生产企业要对渠道投入和效益进行分析，尽可能减少渠道费用，争取渠道的经济效益最大化。

3. 价格控制 为了争夺市场，经销商往往采取低价竞争的方式。这种以低价为特征的恶性竞争的结果是使经销商元气大伤，最终脱离原来的业务，所以供应商对价格的监控都是渠道控制的主要内容之一。

4. 人员控制 分销渠道运行中人员素质是关键，不管选择什么样的分销渠道模式，对销售人员的培训、考核、激励、监督等管理工作都是渠道控制的主要内容。

5. 区域控制 不少企业在选择分销渠道时，对区域控制采取顺其自然的态度，有的在分销协议中不做明确的规定，有的虽有明确规定但执行力度不够，出现经销商跨地区销售，窜货现象频发，引起渠道冲突。区域控制要求被选择的经销商严格遵守分销条款，出现跨地区分销现象需及时处理。

6. 物流控制 随着产品销售量的增加，畅通的物流周转是渠道控制的主要内容，企业首先要考虑产品的运输问题，善于利用运输公司的物流网络节省费用，其次要考虑周转仓库的设置，与经销商合作建立周转仓库是很好的办法。

（二）调整策略

1. 调整时机 通常医药分销渠道出现以下情况时需要及时做出调整。

（1）**合同到期** 与经销商的合同到期后，是续签，还是变更合同，或中断合作是医药生产企业面对的重要决策。一般而言，在没有找到合适的替代者之前，医药生产企业不应该草率终止与渠道成员的合作。

（2）**合同变更和解除** 合同没有履行或没有完全履行前，按照法定条件和程序，在对原合同条款进行修改补充或提前终止合同时，医药分销渠道会随之发生调整。

（3）市场环境发生变化　在市场环境发生变化时，医药生产企业之前所建立起的分销渠道不再适用，这时必须对渠道成员进行调整。

2. 调整形式　有以下三种形式。

（1）增减渠道成员　医药产品分销渠道调整最常见的形式，是指保持原有渠道模式不变，根据需要适当增减个别渠道成员，以达到优化资源配置，提高市场运营效率的目的。一般情况下，为了适应激烈的市场竞争，企业多采取减少渠道环节，即向扁平化方向转变。企业进行增减渠道成员决策时，要认真权衡利弊，注意渠道成员的变化对营销活动的综合影响。

（2）增减分销渠道　当医药市场需求、环境条件以及医药生产企业自身生产经营活动发生变化时，会导致某些营销渠道被弃用，减少分销渠道；或为了开拓新的市场，还需增加新的营销渠道。如某医药企业调整产品结构，增加生产某一类产品，随着企业生产的调整，就要设计和建设该类产品的分销渠道。

（3）调整分销渠道系统　医药生产企业最为复杂和困难的渠道变化决策。这种决策不仅涉及渠道本身成员及系统变化，而且涉及营销组合等一系列市场营销策略的相应调整。如某医药企业大力发展移动医疗，需要重新定位以适应新的目标市场，而对原有的分销渠道进行根本性的重新设计；或根据医药产品不同的生命周期阶段而对分销渠道进行变革等。

【课堂活动】

医药产品的分销渠道选择

一、活动目的

理解医药分销渠道的功能、类型及其影响因素，掌握选择渠道类型的技巧，培养学生医药市场营销的应用能力。

二、活动内容

广州某药企 C 公司欲推广一个儿科 OTC 新品"小儿七星茶糖浆"，为了尽快推进全国市场，公司在多家媒体上发布广告招商。你作为该公司营销策划部的营销人员，需为该公司选择一条该产品的分销渠道类型，请列出方案并说明原因。

三、背景资料

【产品名称】小儿七星茶糖浆

【药品成分】薏苡仁、稻芽、山楂、淡竹叶、钩藤、蝉蜕、甘草

【适　应　证】定惊消滞。用于小儿消食不良，不思饮食，二便不畅，夜寐不安

【用法用量】口服，儿童一日 2 次，每次 10 ~ 20 毫升，婴儿酌减

【包装规格】每瓶装 100 毫升

四、活动准备

1. 场地准备　营销情景室、计算机室。

2. 物品准备　通过互联网搜集活动所需的相关资料，并做好记录。

3. 人员准备　将同学分成若干项目小组，每组 4 ~ 6 人，推选一人担任组长，负责分配组内成员任务，共同完成活动操作。

五、活动步骤

【第一步】小组成员在组长的组织下进行市场调研，了解收集有关市场同类医药产品销售渠道情况，做好实训准备。

【第二步】通过小组研究讨论，分析各分销渠道类型的优缺点及影响因素。

【第三步】为该产品分别建立一条直接渠道和间接渠道。

【第四步】评估分销渠道选择的交替方案。

【第五步】撰写分析报告。

六、注意事项

1. 要有针对性地搜集最新信息资料。

2. 运用所学理论进行分析、处理实际问题时，能提出自己的观点，所列方案应具有合理性和可行性。

目标检测

一、选择题

（一）单项选择题

1. "药厂→药店→消费者"这一渠道属于（　　）。

　　A. 长渠道　　　　　B. 零阶渠道　　　　C. 直接渠道　　　　D. 间接渠道

2. 分销渠道的宽度是指（　　）。

　　A. 中间商总数　　　　　　　　　B. 批发商总数

　　C. 零售商总数　　　　　　　　　D. 同一层次中间商数量

3. 某企业生产的工业原料要经过中间商销售。C 市的一个中间商包揽了该企业在 C 市的全部产品销售业务，条件是从销售额中提取千分之五的佣金。这家中间商是生产企业的（　　）。

　　A. 零售商　　　　　　　　　　　B. 批发商

　　C. 批发兼零售商　　　　　　　　D. 代理商

4. 制造商在某一地区精心选择最合适的几家中间商分销其产品。这种分销策略是（　　）。

    A. 密集分销　　　　B. 选择性分销　　　C. 独家分销　　　D. 区域分销

5. 销量大、顾客多的常用药品适宜选择的分销渠道是（　　）。

    A. 直接渠道　　　　B. 窄渠道　　　　C. 长渠道　　　　D. 短渠道

6. 同一渠道不同层次的各个企业之间的冲突是（　　）。

    A. 水平冲突　　　　B. 垂直冲突　　　　C. 交叉冲突　　　　D. 特殊冲突

7. 当目标客户人数众多时，生产商多采用（　　）。

    A. 长渠道　　　　　B. 短渠道　　　　　C. 窄渠道　　　　　D. 直接渠道

（二）多项选择题

1. 医药企业对渠道选择方案的评估标准有（　　）。

    A. 渠道的经济性　　　　B. 渠道的控制性　　　　C. 渠道的适应性

    D. 渠道的实用性　　　　E. 渠道的广泛性

2. 影响分销渠道设计的因素有（　　）。

    A. 市场因素　　　　　B. 产品因素　　　　　C. 环境因素

    D. 企业因素　　　　　E. 中间商因素

3. 医药分销渠道的作用是（　　）。

    A. 筹集资金　　　　　B. 调节市场供需矛盾　　　C. 减少交易次数

    D. 节省流通费用　　　E. 调节库存

二、思考题

1. 简述医药产品分销渠道设计和选择的原则。

2. 如何激励和管理医药产品分销渠道上的成员？

书网融合……

    微课　　　　　　　划重点　　　　　　　自测题

第九章 医药产品促销策略实施

学习目标

知识要求

1. **掌握** 人员推销、广告促销、营业推广、公共关系等促销组合策略。
2. **熟悉** 促销组合的概念及影响组合的因素。
3. **了解** 医药市场促销方案制定的特点。

能力要求

1. 学会初步设计医药市场促销方案；实施药品促销方案中的活动。
2. 能够设计制定药品 POP 海报。

实例分析

奇正藏药科普加立体传播 提升并巩固品牌地位

实例 奇正藏药 2019 年报告显示，公司上半年实现净利润 2.02 亿元，同比增长 6.28%；实现营业收入 6.10 亿元，同比增长 12.44%。公司围绕疼痛一体化品牌建设，持续强化品牌营销，加快城市拓展和新产品拓展力度，推动医疗市场和零售市场的稳步增长。

公司在医疗市场加大渠道下沉力度，积极推动城市拓展，加快潜力市场的开发。通过产品推广，结合患者教育、义诊活动等项目开展，增加公司明星产品在基层医疗市场的品牌影响力，促进基层终端销量的提升。

品牌营销方面，以做强镇痛系列产品为核心，以"拒绝疼痛 奇正疼你"为品牌主张，更多地关注消费者体验，线下积极推动"母亲节关爱""兰马跑团"等活动，有力地建立奇正与消费者之间的沟通平台，提升了企业品牌和产品品牌。

产品方面，继续巩固公司主要产品消痛贴膏在骨骼肌肉系统中成药用药中的领先地位，同时加强公司镇痛系列产品管理，积极培育新品，形成以消痛贴膏、白脉软膏、青鹏软膏、如意珍宝片为一体的疼痛一体化产品品类。

公司启动互联网奇正大健康平台建设，完成集运营推广、客户服务、产品管理为一体的电商前中后台组织架构建设，阿里-奇正医药旗舰店上线。

问题 1. 实例中奇正藏药是如何策划产品市场营销的？

2. 举例说明常见的医药产品促销方式。

第一节 · 医药产品促销组合认知

PPT

医药生产企业不仅要开发适销对路的医药产品，还必须开展一系列的促销活动，使医药产品被更多目标消费者所接受。促销的核心是企业与消费者通过有效的信息沟通，树立良好的企业和医药产品形象，稳定和扩大企业的市场份额，实现企业经营目标。

一、医药产品促销内涵

（一）概念

医药产品促销是指医药企业通过向消费者传递有关本企业及产品或服务的各种信息，使消费者对该产品或服务产生好感和信任，说服或吸引消费者购买其产品，以达到扩大销售量的一系列活动的总称。促销实质是一种信息沟通活动，即营销者向目标对象（如听众、观众、读者、消费者或用户等）发出作为激发消费的各种信息，影响其态度并最终促成交易的行为。

（二）特点

1. 阶段性　任何促销活动的策划都是独具特色的，在活动创意、活动地点、活动时间、费用支出等上很少重复使用。同一品牌医药产品不宜频繁采用同一种形式的促销活动，举办太频繁会造成消费者的误解，有损产品品牌形象。

2. 多样性　促销活动因促销的目的、对象、时间不同，采用的促销形式亦不同。促销的有人员促销或非人员促销；有定时促销、定量促销、定点促销、特型促销、买赠促销和事件促销等。

3. 针对性　促销活动的针对性较强，以促进销售为目标，每一个促销方案的策划都是针对特定人群、特定区域和特定时间范畴，实施或作用的产品范围通常有限制性和指向性。

4. 即期性　促销的本质是一种营销活动的激励过程或激励手段，具有暂时性、短期性，在销售中产生的反应速度较快。

5. 易控性　由于市场促销的内容是向客户提供额外的利益，以此去刺激客户的购买行为。向哪些客户提供这种利益、提供多少这样的利益，完全由组织者预先做出计划，并可以在活动中视具体情况随时给予调整。

（三）本质

医药企业促销活动的全过程就等同于医药产品及服务的信息传播全过程。医药企业能否成功运用促销手段，很大程度上依赖于其所掌握信息的数量和质量。为了使信息传播的模式更为合理，信息传播的效果更有价值，信息传播的过程更有效率，医药促销活动的第一步是必须熟悉和掌握信息传播的原理。

　　传播是通过声音、文字、图像等形式，相互发送、传递、交流、接受和分享信息的活动过程。简单地说，传播就是什么人通过什么途径或渠道，采用何种方式，对谁进行信息传递，要达到何种目的。医药市场营销中的信息传播主要是指医药企业采用人员传播和非人员传播的方式对影响企业营销活动的一切外部环境进行信息传递，从而达到塑造良好企业形象和产品形象的目的。信息传播基本过程如图9-1所示。

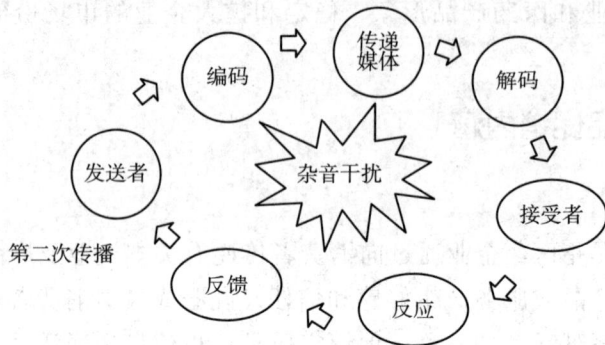

图9-1　信息传播基本过程

　　1. 发送者　发出信息一方，也称来源或沟通者。发送者要明确信息的传播对象，从接受者的角度考虑对信息如何进行编码，选择能触及接受者的媒体传递信息。

　　2. 受众　接受者，往往通过主动或者被动地对编码信息进行解码来接受信息。

　　3. 编码过程　发送者将信息转化成受众能够理解的标志或符号的过程。发送者与受众的经验领域相互交叉重叠的部分越多，信息就越有效。因此，要求发送者要尽可能使用受众所熟悉的语言，避免使用容易产生歧义的标志或符号。

　　4. 传递媒体　将信息从发送者传递给受众的载体和介质。宏观媒体包括电视、广播、互联网、报刊等；微观媒体是指文字材料中使用的墨水、广播及电视的无线电信号、声音引起的空气中波的振动等信息传递的载体和介质。因为传播过程往往会受到杂音干扰，编码的信息经过解码后，几乎很少与原信息完全一致，如电视台的电波受到了干扰、刊登广告的书面材料印刷错误、演讲人的方言造成了误解等。在反馈过程中，原来的受众变成了发送者，原来的发送者变成了受众，反馈也要编码，经过传递媒体，再解码到达对方。反馈的开始就意味着第二次传播的开始。所以，传播具有双向、循环的特点，发送者和受众在传播过程中不断转换自身的角色。

　　（四）作用

　　1. 传递信息，引导消费　无论是药品正式进入市场之前还是之后，企业都需要及时向市场介绍药品特点、疗效、规格、价格等信息。通过促销宣传，可以使医药中间商或消费者了解医药企业生产经营什么医药产品、有哪些特点、到什么地方购买、购买的条件是什么等，从而引起注意，激发其购买欲望。同时也可以及时将医药中间商或消费者的意见和建议等信息反馈给企业，使企业进一步改进和提高自己的生产或经营管理水平，更好地满足消费者的需求。

2. 指导用药，扩大需求 有效的促销活动在激发需求方面的作用是显而易见的。营销人员在介绍医药产品的疗效、价格、质量、用法用量和注意事项等内容时，不仅起到了指导用药的作用，同时，还可以创造需求。当消费者了解到的医药产品特征与自身需求达成匹配后，就能产生购买行为，使市场需求朝着有利于企业销售的方向发展。

3. 突出特点，提高竞争实力 医药市场同类医药产品的竞争非常激烈。企业有针对性地开展促销活动，突出本企业医药产品的特点，宣传其与竞争者的差异，强调带给消费者的独特价值，使更多消费者了解、熟悉和信任公司的药品，促使消费者产生偏爱，成为企业或企业医药产品的忠实消费者，从而提高企业的竞争力。

4. 强化形象，巩固市场 企业通过促销活动，树立良好的企业和医药产品形象。特别是宣传企业名、优、特医药产品的特点，使客户对企业及医药产品产生好感，提高品牌知名度和忠诚度，从而稳定和扩大企业的市场份额，巩固市场地位。

二、医药产品促销组合

（一）概念

医药产品促销组合是指医药生产企业根据促销的需要，对不同促销方式进行适当选择和综合运用，形成一个完整的销售系统，以便实现更好的促销效果（图9-2）。

（二）促销方式

医药产品的促销方式有人员推销、广告促销、营业推广、公共关系四种方式，其中广告促销、营业推广、公共关系三种方式也称为非人员推销方式。四种促销方式有着不同的营销目标、优势和不足，见表9-1。

图9-2 医药产品促销组合

表9-1 各种促销方式的对比一览表

促销方式	优点	缺点	营销目标	时效性	适应范围
人员推销	灵活直接 针对性强 有利于服务	人才培养难 成本高 范围有限	与客户建立良好关系	中长期	处方药为主
广告促销	范围广 形式多样 易控制	信息量有限 针对性差 成本高	提高企业及产品知名度	传统媒体中长期 网络媒体中短期	非处方药
公共关系	影响面广 信任度高 扩大知名度	花费精力大 效果可控性差	树立良好的公众形象	长期	非处方药
营业推广	效果显著	覆盖范围窄 有局限性	短期内增加销售量	短期	非处方药

三、影响医药产品促销组合策略的因素

1. 促销目标　企业进行促销活动所要达到的目的。医药企业在不同时期针对不同医药产品在不同市场环境下都有其特定的促销目标。企业的促销目标不同就可能侧重不同促销组合方式。如一家医药企业在成立之初的目标是迅速提高品牌认知度，其促销组合会侧重公共关系、广告和人员推销；假如企业的目标是迅速增加销售额，抢占市场份额，促销组合会侧重广告和营业推广。

2. 预算支出　促销预算是医药企业为从事促销活动而事先确定支出的费用预算，是企业促销活动的经济基础。促销预算的多少直接影响促销手段的选择。一般来说，广告的费用较高，公共关系的费用最低。医药企业根据自己的促销目标，全面衡量主客观条件，从实际出发，制定出经济而又有效的促销组合。

3. 促销总策略　可以分为"推进策略"和"拉引策略"，医药企业对推进或拉引策略的选择也会影响医药产品促销组合的编配。

（1）推进策略　医药生产企业以医药中间商为促销对象，通过促销方式将医药产品沿着营销渠道的物流路线，由渠道成员依次促销给下一个渠道成员直至最终顾客。如处方药多采用这种策略。当医药生产企业采用推进策略时，会把更多资金投入医药产品的专业渠道促销中，如医药产品交易会（图9-3）。

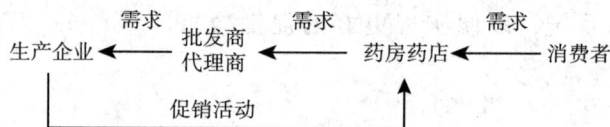

图9-3　处方药推进策略

（2）拉引策略　医药生产企业以最终顾客为促销对象，直接对最终消费者或购买者进行产品推荐，促使其对医药产品产生强烈需求进而向中间商求购，中间商继而向医药生产企业求购，拉引医药产品在整个营销渠道上流动。当医药企业采用拉引策略时，会把更多的资金投入广告和营业推广中，激发目标消费者的潜在需求（图9-4）。

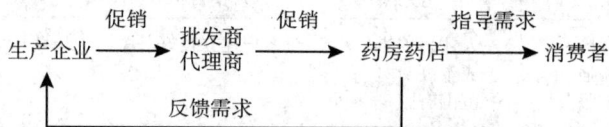

图9-4　非处方药拉引策略

通常情况下，医药生产企业采用双向促销策略，把推动策略和拉引策略配合起来运用，在向中间商进行大力促销的同时，通过广告刺激市场需求，努力把医药产品推向市场，这比单独地利用某一种策略更为有效。

4. 目标市场特征　影响促销组合决策的重要因素，医药企业也应针对不同的市场特征采取不同的促销组合。如果目标市场人口规模较大且地理位置分散、产品技术安全性

高、非处方药类产品、消费群体缺乏专业医药背景等，可以投入广告和采用营业推广等促销方式；如果目标市场规模较小、地域范围集中、目标受众多为丰富医药学专业知识的医生、产品技术性强，则应优先考虑人员推销，让营销人员和目标市场进行直接有效的接触。

5. 消费者购买阶段　可分为四个阶段，即知晓、了解、信任、购买。消费者购买过程的不同阶段，促销成本效应是不同的。例如，非处方药在购买决策初期（知晓和了解阶段），广告和公共关系的作用最大，促销效果最好；而人员推销和营业推广在非处方药购买决策后期（信任和购买阶段）促销效果最明显。

6. 产品特征　对于不同种类的医药产品，消费者具有不同的购买习惯和消费行为，医药企业应采用不同的促销组合。如非处方药可以面向大众进行直接宣传，其促销方式应当首选广告，同时辅以营业推广和人员推销。产品的生命周期也是必须考虑的因素，如导入期的产品，需提高客户的认知度，

> **请你想一想**
>
> 结合你所观察到的市场营销实践，想一想影响某种保健品促销组合策略的因素有哪些？

应首选广告作为促销工具；进入成长期和成熟期的产品，可以通过公共关系树立企业形象、培养客户忠诚度和品牌形象；衰退期的医药产品不再选择广告宣传促销方式。

你知道吗

电商消费节

随着电子商务的发展，多数企业已经进军网络销售平台，电子商务已经成为一个不可或缺的营销渠道，面对层出不穷的电商"价格战"，商家将目光锁定在11月11日"天猫购物节"，各大电子商务网站一般会利用这一天来进行一些大规模的打折促销活动，以提高销售量。这一天就成了电子商务行业大促销的日子。

2009年，天猫（当时称淘宝商城）开始在11月11日举办促销活动，最早的出发点只是想做一个属于淘宝商城的节日，让大家能够记住淘宝商城。选择11月11日，也是一个有点冒险的举动，因为此时刚好处于传统零售业十一黄金周和圣诞促销季中间。但这时候天气变化正是人们添置冬装的时候，当时想试一试，看网上的促销活动有没有可能成为一个对消费者有吸引力的窗口。结果大获成功，"双十一"成为电商消费节的代名词，甚至对非网购人群、线下商城也产生了一定影响力。

第二节　医药产品人员促销策略

PPT

一、医药产品人员促销内涵

（一）概念

人员推销又称直接推销，是指医药企业派出人员直接与目标客户、中间商进行面

对面的沟通、洽商，通过相互的沟通和交流，促进商品和服务的销售，并且通过信息的反馈来发现和满足顾客需求的促销方式。

（二）特点

人员推销是现代医药市场中最重要且有效的一种促销方式，具有以下特点。

1. 信息传递双向性　推销人员与目标顾客面对面洽谈时，信息交流具有双向性。一方面，推销人员将医药产品的信息准确地传递给目标客户；另一方面，目标顾客可以向推销人员反馈市场信息，提出对企业及产品的意见和要求等，为企业调整和改善营销策略提供依据。

2. 目标群体针对性　在特定促销时限内，医药企业促销的医药产品目标客户指向非常明确，医药产品推销人员可以根据客户的特点和购买动机，在访问客户之前进行详细的客户资料收集和研究，拟定一套有针对性的、具体可行的推销方案。

3. 促销过程灵活性　人员推销能及时捕捉和把握客户的态度、情感、肢体语言等信息，灵活机动地进行有效的沟通，提供能满足客户个性化需要的服务，帮助客户辨明问题，指出机会，提出建议，最终达成实际的交易。

4. 应用范围有限性　人员推销固然有效，但成本高，每个推销人员直接接触消费者的数量和范围有限，面对较大的目标市场时，不利于增强企业竞争力。同时人员推销的专业性和技术性很强，对人员素质和能力要求较高，优秀推销员人才比较稀缺。

5. 工作内容关联性　推销人员在进行医药产品推广工作时，经常要同时兼做许多相关性的工作，如展示样品、进行操作示范、介绍产品的使用方法、帮助安装调试等，要根据客户的需求、动机和行为，采取灵活的协调措施，解答客户的质疑。推销人员还可能要完成售后服务、调研、情报收集等与促销相关的工作。

6. 顾客关系密切性　医药产品推销人员与客户直接接触，提供一对一的服务，有利于满足客户需求并充当客户的购买顾问，与客户建立起超出单纯业务关系的友谊和信任，巩固企业的客户资源，起到了公共关系的作用。

（三）人员素质要求

推销人员素质是人员促销的关键，医药企业对推销人员的思想道德品质、知识结构和岗位能力有较高的要求（图9-5）。

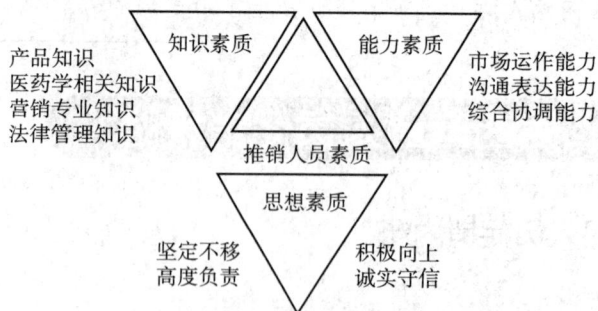

产品知识　知识素质　能力素质　市场运作能力
医药学相关知识　　　　　　　　沟通表达能力
营销专业知识　　　　　　　　　综合协调能力
法律管理知识

推销人员素质

思想素质

坚定不移　积极向上
高度负责　诚实守信

图9-5　医药产品推销人员素质要求

1. 思想素质要求　推销人员能坚守诚实守信的职业道德，有积极向上、不畏困难的职业精神和高度负责的工作态度。能与客户建立良好、稳定、持久的沟通；推销人员要具有谦虚、谨慎、友善、正直等传统美德，对客户谦恭有礼、热情耐心；推销人员的仪表要整洁，行为要得体，谈吐要大方，尽力给客户留下好感，为推销活动打下良好的基础。

2. 知识结构要求　医药产品促销工作专业性、技术性较强，推销人员必须具备医学、药学、营销学、管理学多方面的专业知识，才能适应医药产品的推销工作。

（1）**药品知识**　推销人员必须熟悉企业医药产品各方面的信息，必须明确医药产品市场营销价格策略、交易条款等，才能将产品的全部信息传递给客户，激发其兴趣。

（2）**医药学相关知识**　医药产品推销人员必须具备的基本的医学、药学知识，在宣传推广时才能够准确无误地介绍医药产品的临床研究成果，完整而准确地向医生和客户介绍产品，从各个方面解答医生和客户提出的疑问，从而在短时间内被医生和客户接受和认同。

（3）**市场营销知识**　掌握市场营销基本理论和推销技巧，能更好地理解、贯彻企业的营销战略和策划，根据不同客户的购买需求、购买心理、购买行为等，有效地对客户实施说服、动员等推销工作。

（4）**法律及管理知识**　包括如医疗卫生管理规定、药事管理法等相关的经济法律知识。

3. 岗位能力要求　推销人员岗位能力主要表现为掌握医药产品的特征与适用于市场的能力、分析产品价格与消费者可负担性的能力、选择进入市场渠道的能力以及进行宣传策划和实践操作能力等。

（1）**开发和维护市场能力**　推销人员对市场需求、市场现状、发展趋势和消费者的购买需求等能独立进行分析和判断。敢于挑战自我，积极开拓目标市场，能积极对目标市场进行促销策划和有效实施。同时，推销人员能够重视市场的维护，能妥善协调处理市场开拓和管理中的各种问题，积极做好产品的售前、售中和售后服务，成功完成产品的市场推销，实现销售回款。

（2）**与客户沟通交流能力**　良好的语言沟通表达能力是推销人员与客户交流必须具备的能力之一，推销人员宣传产品时，语言要清晰、简明扼要、富有感染力。在与客户交流时，要善于聆听，能抓住客户心理，理解客户感受，使客户产生共鸣，从而激发客户的购买需求和欲望。

（3）**协调应变能力**　医药市场外部宏观环境和内部微观环境复杂多变，突发事件经常发生，推销人员要有灵活的应变协调能力和较强的综合能力，在不同的环境背景下，遇到突发情况和困难都能采取应对措施来完成自己的推销工作。

二、医药产品人员推销形式及推销过程

（一）形式

医药产品人员推销要针对医药产品特征、目标市场特征、目标客户特征等因素采

用不同的方法。

1. 上门推销　医药产品在新上市推广期中最常用的促销形式，尤其是处方药的销售。它是由推销人员携带产品样品、说明书和订单等，主动拜访药品经营者、医院及消费者，进行面对面沟通洽谈，介绍产品或提供服务。这种推销形式可以针对客户的需要提供直接有效的服务，主动性强、成功率高，便于企业收集产品和市场信息。缺点是成本高、范围小、耗时长、工作量大。

2. 柜台推销　又称药店营销，是指医药企业在适当地点设置固定门店，由派驻进店的企业推广人员或店员负责对入店顾客进行促销。门店营业员是广义的推销人员，负责接待客户，向其推销医药产品。柜台推销优点是店面内的产品种类齐全，能满足客户的不同需求，为客户提供较多的购买方便，并且可以通过推销人员专业化的服务，帮助客户做出正确的选择，让客户对产品产生信任感。缺点是企业处于被动销售，不能积极争取市场。主要用于 OTC 医药产品的推销。

3. 会议推销　利用各种订货会、推广会、交流会、贸易会、厂商联谊会等相关的会议向与会人员宣传和介绍企业的医药产品、开展推销活动。如临床推广、学术推广是常用的会议推销方式。这种形式接触面广，推销集中，有助于集中宣传企业形象，集中进行业务洽谈，效率高、成交额较大、推销效果显著。缺点是企业筹备耗费精力，对推销人员专业知识和素质要求很高。

4. 通信推销　利用电话、通讯、网络等现代通信手段向消费者进行医药产品促销。如电话营销、微信公众号等。其优点是迅速宣传、促销费用低、促销范围广、促销对象针对性强、长期积累的目标客户信息资源利用率高。缺点是顾客不容易产生信任，不能单独用于复杂的医药产品市场促销。

（二）过程和技巧

医药产品人员推销工作是从开发目标市场并筛选潜在客户开始直到满足顾客需求为止的一个循环过程。医药产品人员推销过程如图 9–6 所示。

寻找客户 → 准备拜访 → 访问客户 → 展示产品 → 排除异议 → 达成交易 → 跟进服务

图 9–6　医药产品人员推销过程

1. 寻找目标客户　包括寻找潜在客户线索和筛选确定客户两个过程。

（1）寻找客户线索　人员推销活动的第一步就是挖掘客户的线索，寻找潜在的推广对象。寻找客户线索的方法多种多样，如通过老客户介绍，或通过网上资源查阅、专业商业数据库发现，或通过医药企业名录、销售记录和电话号码黄页查找，或通过有业务联系的企业介绍新客户等。

（2）筛选确定客户　对挖掘客户信息进行筛选排查，判断潜在客户成为真正客户的可能性。通过对客户的筛选，企业能集中力量有效进行推销活动，节约推销精力、时间、金钱，提高成功率。筛选客户首要考虑因素是客户需求，即客户是否需要企业提供的产品，以及需要多少产品。其次，筛选客户时应该考虑的因素是购买能力，包括客户现有的购买能力和潜在购买能力。最后，判断客户是否具有购买决策权，医药推销人员必须了解客户的内部组织机构、医药产品购买决策系统和决策过程，判断谁是真正的决策者，从而针对决策者开展推销活动。

2. 准备拜访洽谈 主要包括对推销产品、拜访对象、拜访资料、拜访计划的准备。

（1）熟悉产品 推销人员提前做好市场调研，了解产品目前的销售市场，如产品品牌定位、产品竞争力、对手动态等信息。同时，推销人员还要熟悉所推销医药产品的名称、特点、功效等相关情况，高效地传递产品信息，有效地开展后续的促销活动。

（2）了解情况 若拜访对象为企业，应提前了解企业的名称、电话、法人、地址以及近期动态等；若拜访对象为目标消费者个体，应该准确掌握客户的基本情况，如姓名、电话、地址、职业、学历背景等。

（3）准备资料 拜访客户时，推销人员通常要提前将推销材料准备齐全，主要有产品介绍、价目表、促销策划书、产品样品等，并借助材料进行推销叙述。拜访前最重要的就是推销叙述词的准备。医药营销实践中，推销人员先言简意赅地叙述产品的特点，指出与其他竞争产品相比的特别之处；从而引述产品的功能和效果；最后告知客户本产品能给其带来的效果及利益。

（4）拜访计划 拜访客户时应明确拜访目的和内容，全面考虑拜访时间、地点以及拜访的方法，针对客户实际情况制订合适的访问计划，并合理安排访问的时机。

3. 访问客户 推销人员可采取电话访问、电子拜访和上门拜访等形式访问客户，直接与目标客户接触。电子拜访是推销人员把产品信息通过电子邮件发给客户；或为客户提供网上互动的服务，帮助客户接受医药产品继续教育；或召开网上可视电话会议进行新药推介，方便医生获取新药信息，也节省了推销人员亲自拜访的成本。在拜访活动中，推销人员仪表要整洁，着装要得体，举止要礼貌，开场白要简洁明确，要注意关注客户心理状态的变化，创设和谐融洽的沟通氛围，促进拜访的成效。

4. 展示产品 推销人员在介绍医药产品时，先要了解客户的需要、习惯和态度，然后再阐述产品如何满足客户的需要；或是推销人员鼓励客户提出疑问，然后凭借自己丰富的专业知识予以解答，帮助客户解决临床用药的实际问题。展示产品时尽可能借助现代信息化手段，如通过制作宣传短视频或采用动画的方式演示药物作用的全过程等，生动形象地将医药产品信息传递给客户，吸引客户的注意，提高讲解展示效果。切忌随意贬低竞争对手的产品，以免引起客户的反感。

5. 排除异议 推销人员常常会被客户以各种各样的理由拒绝，面对客户的质疑和不同意见，推销人员必须妥善应对，掌握排除异议的技巧。

（1）尊重客户 客户永远是第一位的，推销人员要尊重客户的看法，认真聆听客户的意见，切忌东张西望、表现不耐烦等。

（2）避免争辩 心平气和地面对客户提出的异议，不与客户争辩，争辩不能说服客户购买产品，反而会加剧客户的不满情绪，降低在客户心目中的信誉。

（3）充足准备　推销人员在推销活动前，充分考虑客户可能提出的各种异议，有针对性地做好应对拒绝的答复。这样在推销过程中，即使遭到客户的异议和拒绝，也能胸有成竹地处理。

（4）灵活应对　推销人员倘若察觉到客户可能提出异议，可以先发制人直接给出解答；如果不能或不宜立即答复的，可以缓冲一段时间再做出回答；如异议是容易发生争执的话题或故意为难推销人员，就回避不做回答。

6. 达成交易　推销人员对客户发出的表情神态、言行举止等信号做出正确判断，适时抓住时机，提出促成交易的条件，如价格优惠、额外产品赠送、技术服务等营业推广手段。

7. 跟进服务　达成交易后推销人员仍需要与客户保持联系，提供后续服务。如追踪产品使用效果和临床应用情况等。同时，要加强与客户的信息沟通和记录，促进双方间的交流，为下次推销活动做好准备，促进双方之间建立持续稳固的合作关系。

你知道吗

电话销售技巧

随着市场经济的发展，越来越多的企业用电话作为销售的工具。那么如何掌握好电话销售技巧，打好销售电话呢？

1. 目的明确　设计出最简明的产品介绍语言，然后根据对方的需要再介绍产品的性能和价格。最终给对方留下一个深刻的印象，以便达成销售目的。

2. 语言简洁　电话销售时，一定要使自己的语气平稳，让对方听清楚你在说什么，最好讲标准的普通话。语言要尽量简洁，说到产品时一定要加重语气，要引起客户的注意。

3. 对象清晰　在电话营销之前，一定要把客户的资料搞清楚，更要搞清楚你打给的人是有采购决定权的。

4. 重点突出　在电话销售时，一定要把公司名称、自己的名字和产品的名称以及合作的方式说清楚。在电话结束时，一定别忘了强调你自己的名字。比如"某某经理，和您认识我很愉快，希望我们合作成功，请您记住我叫某某某，我会经常和您联系的"。

5. 及时跟进　电话销售人员打过电话后，要把客户分成最有希望成交的和可争取的，一定要做登记，之后不间断地跟进。

三、医药产品人员推销管理

（一）招聘管理

推销人员的知识、素质和能力决定推销工作的成败，要想使推销工作取得成功，医药企业就必须通过招聘挑选出一批符合要求的推销员组成销售队伍。如某医药生产企业招聘市场推广专员任职条件如下：①医学、药学或营销、工商管理等相关专业；②为人诚实正直，在校期间具有社会实践经验；③具有良好的沟通能力和强烈的学习愿望；④积极主动、吃苦耐劳，勇于挑战自己；⑤具有良好的团队合作精神和创新精神；⑥具备良好的公关、沟通、谈判能力。

（二）培训管理

培训可提高药品推销人员的素质，为顺利完成推销工作打下基础。一般来讲，培训的主要内容如下。

1. 职业道德培训 主要是指对推销人员进行推销道德教育和职业荣誉感教育，以增强其事业心和自信心，树立一切为顾客服务的思想。

2. 企业发展概况培训 主要针对新入职的推销人员进行，让其了解企业的历史和发展目标、组织结构、财务情况、主要产品的推销情况和推销策略、市场竞争对企业的影响等，使其尽快建立熟悉感，树立自信心。

3. 产品知识培训 主要包括产品的设计制造过程、产品质量、产品特点、产品的用途及注意事项。此外，还要了解竞争者产品的特色和优缺点。

4. 市场拓展培训 主要内容是向推销人员介绍企业顾客的基本情况，介绍企业品的市场占有率，以及市场开发战略等。

5. 推销技能培训 通过推销技能培训，推销人员要掌握推销技巧和推销原则，明确推销工作的程序和责任，养成良好的工作习惯。

6. 政策法规培训 在社会主义市场经济条件下，推销人员要顺利完成推销任务，必须了解有关的政策、法规，这样才有利于推销工作的顺利进行。

> **请你想一想**
> 我国药品管理相关的法律法规对药品销售人员有哪些要求？

（三）报酬与激励管理

1. 报酬管理 药品推销人员的报酬主要有包括薪金制、佣金制和薪金佣金结合制等三种方式，三种报酬方式详细内容见表9-2。

表9-2 医药产品推销人员三种报酬方式

报酬方式	内涵	优点	缺点
薪金制	定期从企业取得固定薪金	收入稳定，规避经营环境变化的影响	缺乏利益刺激，实际运用较少
佣金制	根据完成的销售额获取固定比例报酬	有力激励推销人员从事特定产品推销	没有经济保障，容易导致片面追求销售量，忽视与业绩无关系的工作
薪金佣金结合制	既有固定的薪金，又有按销售额获得的佣金	具备薪金制和佣金制的优点	当固定薪金较低时，仍会导致更多关注眼前利益

2. 绩效考核管理 药品推销人员的绩效考核是指按照一定的标准，采取科学的方法，检查和评定企业员工对所规定的职务职责的履行程度，以确定其工作成绩的一种

有效管理方法。绩效考核常用的指标有销售量、销售总额、增长率、费用、新市场开发速度等。

3. 激励管理　有助于药品推销人员提高推销水平，促进销售目标的顺利完成，在工作中培养优秀的促销团队。常用的激励的方式如下。

（1）奖励法　推销人员达到企业设定的目标后，给予相应报酬。

（2）激励法　针对推销人员的成绩给予肯定和奖励，或对其过错行为给予惩罚。

（3）跟进法　将一定时期推销任务的各项指标完成情况、成绩及时反馈给推销员，以此增强他们的工作信心和成就感，激励他们的进取心。

第三节　医药产品广告宣传

PPT

消费者对非处方药、保健品及医疗器械等医药产品的购买有着较大的自主权，但不具备辨别这些产品内在品质的能力，倾向通过搜寻产品信息来做购买决策。于是，广告成为公众知晓医药产品信息最快、最便捷的一种方式，广泛地影响着人们的购买决策。据相关权威机构的调查数据显示，超60%的消费者倾向购买打过广告的医药产品。

一、医药产品广告的概念和作用

（一）概念

医药产品广告是医药企业通过各类媒体向广大消费者介绍药品、医疗器械及保健品相关知识，以促进消费者购买的传播活动。广告是医药企业普遍使用的促销手段之一，传播速度快，覆盖面广，通常用来改变消费者对产品的态度，刺激消费并树立企业产品形象。

广告宣传一般涉及四方当事人，分别是广告主、广告经营者、广告发布者和广告代言人。广告主，是指为推销商品或者服务，自行或者委托他人设计、制作、发布广告的自然人、法人或者其他组织。广告经营者，是指接受委托提供广告设计、制作、代理服务的自然人、法人或者其他组织。广告发布者，是指为广告主或者广告主委托的广告经营者发布广告的自然人、法人或者其他组织。广告代言人，是指广告主以外的，在广告中以自己的名义或者形象对商品、服务作推荐、证明的自然人、法人或者其他组织。

（二）作用

1. 提供医药产品信息　如药品广告主要向医生、药师和患者宣传药品适应证或功能主治、作用机制、毒副反应、用法用量、注意事项等信息，帮助医药卫生专业人员和消费者合理选择用药。

2. 促进医药产品销售　如非处方药广告能够通过电视媒体、互联网等媒介广泛、快捷地传递药品信息，广大消费者能够根据广告自行购药并按说明书使用，增强人们的自我保健意识，能有效扩大非处方药销售。

3. 树立企业品牌形象 广告中说什么、怎么说，对药品营销至关重要。广告语朗朗上口，通俗易懂，给消费者能留下很深的印象，帮助企业打响产品知名度并获得品牌效应。

二、医药产品广告的法规要求

医药产品是一种特殊的产品，关系到每一位消费者的健康和生命安全。医药产品广告受到国家有关法律法规的限制。《中华人民共和国药品管理法》《中华人民共和国广告法》《药品、医疗器械、保健食品、特殊医学用途配方食品广告审查管理暂行办法》《互联网药品信息服务管理办法》等法律法规都对医药产品广告进行了相关的规定。

（一）禁止和限制规定

医药产品广告禁止和限制的具体规定见表9-3。

表9-3 医药产品广告的禁止和限制规定

法律法规	禁止规定	限制规定
《中华人民共和国广告法》	麻醉药品、精神药品、医疗用毒性药品、放射性药品等特殊药品，药品类易制毒化学品，以及戒毒治疗的药品、医疗器械和治疗方法，不得做广告	除这些以外的处方药，只能在国务院卫生行政部门和国务院药品监督管理部门共同指定的医学、药学专业刊物上做广告
《药品、医疗器械、保健食品、特殊医学用途配方食品广告审查管理暂行办法》	下列药品、医疗器械、保健食品和特殊医学用途配方食品不得发布广告：麻醉药品、精神药品、医疗用毒性药品、放射性药品、药品类易制毒化学品，以及戒毒治疗的药品、医疗器械；军队特需药品、军队医疗机构配制的制剂；医疗机构配制的制剂；依法停止或者禁止生产、销售或者使用的药品、医疗器械、保健食品和特殊医学用途配方食品；法律、行政法规禁止发布广告的情形	除这些以外的处方药和特殊医学用途配方食品中的特定全营养配方食品广告，只能在国务院卫生行政部门和国务院药品监督管理部门共同指定的医学、药学专业刊物上发布

（二）审批要求

《中华人民共和国药品管理法》规定：药品广告应当经广告主所在地省、自治区、直辖市人民政府确定的广告审查机关批准；未经批准的，不得发布。《药品、医疗器械、保健食品、特殊医学用途配方食品广告审查管理暂行办法》规定：未经审查不得发布药品、医疗器械、保健食品和特殊医学用途配方食品广告。

（三）内容限制规定

医药产品广告的内容限制规定见表9-4。

表 9-4 医药产品广告的内容限制规定

法律法规	内容限制规定
《中华人民共和国药品管理法》	药品广告的内容应当真实、合法，以国务院药品监督管理部门核准的药品说明书为准，不得含有虚假的内容 药品广告不得含有表示功效、安全性的断言或者保证；不得利用国家机关、科研单位、学术机构、行业协会或者专家、学者、医师、药师、患者等的名义或者形象做推荐、证明 非药品广告不得有涉及药品的宣传
《中华人民共和国广告法》	医疗、药品、医疗器械广告不得含有下列内容：表示功效、安全性的断言或者保证；说明治愈率或者有效率；与其他药品、医疗器械的功效和安全性或者其他医疗机构比较；利用广告代言人做推荐、证明；法律、行政法规规定禁止的其他内容 药品广告的内容不得与国务院药品监督管理部门批准的说明书不一致，并应当显著标明禁忌、不良反应。处方药广告应当显著标明"本广告仅供医学药学专业人士阅读"，非处方药广告应当显著标明"请按药品说明书或者在药师指导下购买和使用" 推荐给个人自用的医疗器械的广告，应当显著标明"请仔细阅读产品说明书或者在医务人员的指导下购买和使用"。医疗器械产品注册证明文件中有禁忌内容、注意事项的，广告中应当显著标明"禁忌内容或者注意事项详见说明书" 保健食品广告不得含有下列内容：表示功效、安全性的断言或者保证；涉及疾病预防、治疗功能；声称或者暗示广告商品为保障健康所必需；与药品、其他保健食品进行比较；利用广告代言人做推荐、证明；法律、行政法规规定禁止的其他内容 保健食品广告应当显著标明"本品不能代替药物"

（四）媒体和形式限制规定

《药品、医疗器械、保健食品、特殊医学用途配方食品广告审查管理暂行办法》中对广告媒体和形式限制的规定见表 9-5。

表 9-5 广告媒体和形式限制规定

医药产品	广告媒体和形式
处方药和特殊医学用途配方食品中的特定全营养配方食品	广告只能在国务院卫生行政部门和国务院药品监督管理部门共同指定的医学、药学专业刊物上发布
特殊医学用途婴儿配方食品	广告不得在大众传播媒介或者公共场所发布
医疗、药品、医疗器械、保健食品广告	广播电台、电视台、报刊音像出版单位、互联网信息服务提供者不得以介绍健康、养生知识等形式变相发布医疗、药品、医疗器械、保健食品广告

截至 2020 年 8 月，药监局共批准了可发布处方药广告的医学药学专业刊物 563 家，如《中国临床药学》《中国健康教育》等。医药专业媒体的主要读者群是医药卫生专业技术人员和医疗管理人员，对医生用药选择的影响力较大。

三、医药产品广告的特点和原则

（一）特点

1. 公众性　广告促销范围是所有促销方式中最大的。同一时间能够将产品信息传递给具有同一需要或同一特性的一群消费者，而不是个别消费者。

2. 间接性　其他促销方式的企业人员都会不同程度地与消费者发生面对面的交流，

而广告则是通过大众传播媒体去说服消费者购买产品。这就决定了广告提供的所有信息，对大众来说都应该是最有价值的，即能起到传播信息、引导消费、满足消费者需求的作用。

3. 单向性　不同于面对面的人际沟通，广告是通过大众传播媒体向公众单向传递产品信息，但无法获得消费者的反馈信息。消费者每天都要面对成百上千条广告的冲击，在无法双向沟通的情况下，如何让消费者从众多广告中记住企业的品牌和产品是广告促销的核心价值所在。

4. 严肃性　药品广告用词必须严谨，重点把药品的功效、副作用、不良反应等说清楚，不能使用含糊不清的语言。

（二）原则

1. 合法性原则　一切医药产品广告都要严格按照法律法规的要求进行宣传。

2. 真实性原则　医药产品关系到广大人民群众的健康安全，广告的传播信息必须真实，来不得半点浮夸。

3. 科学性原则　医药产品的广告不能违背医药和药学的基本原理，不能违背客观事实。

4. 社会性原则　医药产品广告在宣传企业产品的同时，也要注重社会效果，注重传播积极向上的生活态度，对社会风气和文化起到积极的影响。例如"远红外保健椅，家庭欢乐好伴侣""健康生活，爱诺守护"，这里的"家庭欢乐""健康生活"体现了一种积极向上的生活态度。

四、医药产品广告媒体的分类

医药产品广告可选择的大众媒体，大致有报纸、杂志、广播、电视、广告牌、霓虹灯、交通广告、网络广告等。其中最常用的五大媒体是报纸、杂志、电视、广播和网络。这里的电视涵盖移动电视，网络包含手机媒体。截至 2019 年 6 月，我国互联网普及率达 61.2%，网民规模达 8.54 亿，手机网民规模达 8.47 亿，互联网广告占到中国广告市场的半壁江山。除了大众媒体，企业也可自行进行广告宣传，如宣传单、商品陈列、现场广告即 POP 广告、宣传手册等。各类主要媒体的特征见表 9-6。

表 9-6　广告媒体的特征

媒体	优点	缺点
网络	超越时空，反复播放；范围广泛，高度开放；多媒体，个性十足；低成本，双向互动	受硬件环境的限制；被动性，需要消费者主动进入互联网
电视	视听结合，传达效果好；传播迅速，影响面大；娱乐性强，宣传效果好	成本高；播放时间短，传播效果稍纵即逝；目标不具体
广播	成本低；传播面广，信息传播迅速及时	有声无形，表现力差；不能回听，印象不深
报纸	成本低；宣传面广，迅速及时；便于保存和查找	易丢失，时效性短；理解能力受限，感染力差

续表

媒体	优点	缺点
杂志	专业性强，针对性强；医药类专业杂志影响力大，权威性强；可反复阅读，效果持久；印刷精美，引人注目	发行周期长，时效性差；专业性杂志接触面窄
POP 广告	广告与实物一体，传递效果好；目标明确，促销效果明显	成本低；传播范围小；影响力小
宣传手册	专业性强，针对性强；内容具体生动印象深，效果好	成本较高；传播面窄

OTC 药品广告的宣传可以借助以下媒体达到广而告之的效果。首先选择网络和电视媒体，这是因为 OTC 药品多用于治疗常见病、多发病，消费人群广泛，在我国具有高普及率的电视和网络正符合 OTC 药品广告受众广泛这一特点；其次选择报纸杂志，尤其是专业的报纸杂志，因为医生和药师对 OTC 药品的消费有较强的引导作用；最后可选择 POP 广告，OTC 药品具有特定的销售地点即药店，对于普通消费者来说，药店并不仅仅是药品的购买场所，还是获得药品信息和咨询的地方。所以药店中展出和陈列的广告，一方面为消费者提供了药品信息，同时直接激发了潜在购买者产生购买欲望。

请你想一想

请列举三个药品广告，并说说广告的媒体分别是什么、有哪些特征。

处方药只能在医学药学专业刊物做广告，广告的对象主要是医生或职业药师，信息源是医药企业，受众绝大多数是医药专业人员，消费者对处方药信息的接受主要是通过医生或药师的介绍。

你知道吗

药品、医疗器械、保健食品、特殊医学用途配方食品广告审查

申请药品、医疗器械、保健食品、特殊医学用途配方食品广告审查，应当依法提交《广告审查表》、与发布内容一致的广告样件，以及下列合法有效的材料：①申请人的主体资格相关材料，或者合法有效的登记文件；②产品注册证明文件或者备案凭证、注册或者备案的产品标签和说明书，以及生产许可文件；③广告中涉及的知识产权相关有效证明材料。

经授权同意作为申请人的生产、经营企业，还应当提交合法的授权文件；委托代理人进行申请的，还应当提交委托书和代理人的主体资格相关材料。

申请人可以到广告审查机关受理窗口提出申请，也可以通过信函、传真、电子邮件或者电子政务平台提交药品、医疗器械、保健食品和特殊医学用途配方食品广告申请。

五、医药产品广告策略

（一）定位策略

医药产品广告定位策略是指将产品具有竞争力或差异化的特点作为广告诉求点，使产品在目标顾客的心目中占据一个有利位置，从而促进销售的达成。

1. 功效定位 在广告中突出医药产品的特殊功效，使该产品在同类产品中有明显的区别和优势，以增强选择性要求。如药物牙膏，有的突出防治牙疼的功效，有的突出防治牙周炎，有的突出防治牙根出血。其中盖天力的白加黑，由于功效定位正确，在半年内销售增长迅速，超过同行。

2. 品质定位 在广告诉求中突出医药产品的具体品质，如剂型、疗效、副作用、使用方便等，以求在同类产品竞争中突出自身优势，树立品牌独特鲜明的形象，从而赢得市场。例如荣昌制药研发的肛泰，与市场上已有的痔疮宁栓、马应龙痔疮膏、化痔丸、槐角丸等肛门直接给药产品不同，贴肚脐治疗痔疮，避免了药物容易被排泄而产生药物浪费以及使用不便的弊端，随时随地可用药，24 小时持续有效治疗。荣昌肛泰广告定位于"贴肚脐，治痔疮"，突出新剂型的使用方便性，成为当年痔疮市场上的一大亮点。

3. 市场定位 把产品宣传的对象定在最有利的目标市场上。广西金嗓子制药厂的前身是柳州市糖果二厂，在糖果行业竞争激烈产品滞销的情况下进入制药行业。当时市场上已有西瓜霜含片、草珊瑚含片、健民咽喉片等领先品牌，其广告宣传将金嗓子喉片定位为适合家居旅行治疗轻微咽喉疾病的非处方药，将金嗓子喉宝定位于像糖果一样好吃的保护嗓子的保健品，成功地引导了消费需求，使咽喉肿痛声音沙哑的人随时使用。金嗓子喉片和金嗓子喉宝系列产品一跃成为咽喉产品的第一品牌，在市场份额中排名第一。

4. 观念定位 在广告策划过程中，通过分析公众心理，赋予产品一种全新的观念。例如一般人们对感冒治疗形成的共识：感冒了，尽量少吃药，休息几天就基本能自愈；感冒严重就吃点中成药或西药。罗氏制药公司生产的感冒药力度伸维生素 C，从对感冒进行预防着手，推广提前保护意识，于是力度伸加大力度进行广告宣传，突出"保护你，感冒远离你"的产品特色，作为一个全新的维生素 C 防感冒概念，力度伸无疑使人们眼前一亮：原来感冒来临时，要注意免疫力下降，做好健康防护，保证体内维生素 C 的充足。

（二）创意策略

一个好的药品广告创意绝对是智慧的灵光闪现，同时好的广告表现则会让好的创意更加光彩四溢。广告创意尽管是智者的妙手偶得，但大凡事物依旧有规律可循。如果能够掌握广告创意的一些基本方法和表现手段，偶得的机会往往可能就会更多一些。下面介绍几种医药保健广告创意及表现方法。

1. 对比法　将药品的功效凭借恰当的电视或平面语言方式进行对比，即会产生无限的联想和强大的视觉及心理冲击力。这是医药广告最常用的创意及表现手法之一。例如"三十岁的人，六十岁的心脏；六十岁的人，三十岁的心脏！"。电视画面上一侧是一位三十多岁的年轻人慢腾腾地拍着皮球，另一侧是一位老人矫捷地拍着皮球，伴随皮球嘭然落地的音效——某银杏叶片的电视广告出现。

2. 地域风情法　宣传藏药、苗药、蒙药的广告，多采用民族和地域的独特风情，向消费者讲述广告产品背后的故事，以激发消费者的好奇心和崇拜感。例如"这是观音草，我们苗家千百年来一直用它治疗咳嗽……"电视画面上一位身着苗族服饰、背被采药筐的老者，向面前的一位小姑娘诉说着苗药的历史和功效，画外音乐神秘而悠远。

3. 机理法　药品机理广告多数是通过三维动画技术，将发病的病灶或致病菌以拟人或拟物的形式表现在画面上。同时，形象展示药品的某种成分直接破坏或杀死病灶或致病菌的卡通场景。整个过程给人非常鲜明的和直接的"确切治疗"的表现感官认识。例如"融了、排了、通了，中科甲尔！"电视画面上一条鲜红的血管中流淌的血液被血管壁上的血栓阻挡着，缓慢地流动。中科甲尔的"××药物因子"进入血管，迅速融掉血栓，同时推动溶解的血栓向前流去，接下来，整条血管变得畅通……

4. 名人法　名人广告或形象代言人广告是较为古老和常用的广告创意和表现手法。寻求合适的广告形象代言人，利用他们的知名度、美誉度及其形体、演艺和生活中的特点充分展示广告产品的诉求点能够取得消费者趋同心理的消费效果。

第四节　医药公共关系

PPT

医药企业进行公共宣传的目的不是直接推销产品，而是通过媒体报道或相关活动向公众传播企业的经营理念和经营目标，从而赢得公众的信任，提升企业品牌形象，创造更高的附加值。

一、医药公共关系的概念和特点

（一）概念

所谓医药公共关系，就是一个医药企业为了推进相关的内外公众对它的知晓、理解、信任、合作与支持，塑造企业形象、创造自身发展的最佳社会环境，利用传播、沟通等手段而努力采取的各种行动，以及由此形成的各种关系。

公共关系是一种隐性的促销方式，它是以长期目标为主的间接性促销手段。对于医药企业而言，塑造良好的形象是公共关系意识的核心，也是企业能够长远发展的根本保证。因为药品质量好坏，疗效确切与否，直接关系到人民的健康与生命安全；而且公众对药品行业的负面新闻零容忍。相对于其他行业而言，人们对医药企业的形象与名声往往更为关注。

（二）特点

1. 公信力高　同广告一样，媒体宣传能影响广大受众，从而使公司产品或公司政策在短时间内就家喻户晓。而且媒体上的有关医药企业和产品的报道更客观真实，尤其是权威媒体的报道以及政府部门的发布会，更让人们信服，效果更持久。例如：2020 年 4 月 14 日，CCTV 13 新闻频道，国务院联防联控机制召开新闻发布会，国家中医药管理局科技司司长介绍新冠肺炎的药物研发疫苗研制等科研攻关进展情况。发布会上，介绍了此次疫情期间中医药临床使用的"三药三方"，其中连花清瘟胶囊在治疗轻型普通患者方面显示出良好的疗效，在缓解发热咳嗽乏力等症状方面疗效明显，同时可以有效地减轻转重率；介于"三药三方"，特别是"三药"在此次疫情中发挥的重要作用和取得的良好的临床证据，国家药监局已经批准将治疗新冠肺炎纳入"三药"的新的药品适应证中。

2. 互动性强　医药企业在发展过程中必须得到社会公众的支持，通过各类公关活动，与公众零距离接触交流，有利于获得公众对本企业的支持，从而实现企业经营目标。例如：上药信谊从 1999 年开始就组织公益活动，与广大市民沟通交流，多年连续开展"百万市民看浦东、看信谊"公益活动，为社区及居民、学校学生等各类人士提供亲眼见证浦东发展变化，见证新时代民族制药企业风范的公益平台，受益人群达 52 万人。

3. 成本较低　医药企业在涉及公关宣传活动时，一般是通过媒体新闻和公益活动开展公关宣传。与广告宣传和人员促销相比，成本较低。

二、医药公共关系的作用

1. 创造良好的营销环境　通过公共关系可以使医药企业加强同内部员工和外部公众，即媒体公众、政府公众、医生和消费者公众的沟通和联系，形成对本企业有利的舆论气氛。良好的公共关系能够为医药企业在药品市场提供良好的营销环境和政策支持。其中，消费者公众对医药企业产品销售起到决定性的作用。同样，企业内部各成员之间和谐、友善的关系是企业生存和发展的根本保证。

2. 树立医药企业品牌形象　企业形象是指企业内外广大公众对企业的看法、评价、标准和需求，是企业在社会公众心目中从内到外的整体特征的综合印象。尽管医药产品有其特殊性，医药企业同样需要通过公共关系赢得公众支持，在公众心目中树立企业品牌形象，提高企业美誉度。

三、医药企业公共关系活动的分类 📱微课

医药企业实施公共关系活动时，必须严格遵守相关法律法规，如《药品流通监督管理办法》规定：药品生产、经营企业不得以展示会、博览会、交易会、订货会、产品宣传会等方式现货销售药品。医药企业公共关系活动分类如图 9-7 所示。

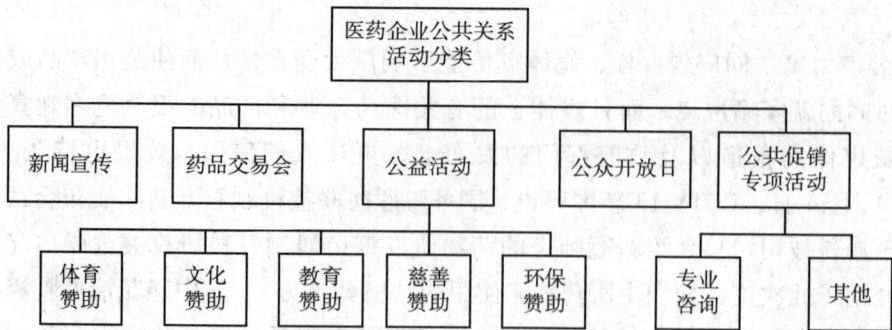

图9-7　医药企业公共关系活动分类

（一）新闻宣传

通过热点事件，引起媒体的关注，以新闻报道的方式向公众传播企业及其产品的信息，也是最常用、影响力最广的公关关系活动。所以，企业应当争取一切机会与新闻界媒体建立密切的联系，及时将具有新闻价值的信息提供给报社、电台等新闻媒体，加深公众对企业的良好印象公关。例如：云南白药长期不断借助新闻宣传，树立云南白药整体形象。2020年上半年来，不同媒体先后报道云南白药的相关事件，平均媒体曝光率每月一次，先后有云视新闻的《北京大学——云南白药国际医学研究中心揭牌》、凤凰网的《共同经历：记录白药战疫的日子》等报道。

（二）药品交易会

药品交易会是医药行业最常用的一种综合运用各种媒体宣传药品和企业信息的传播方式，它通过现场展示和咨询来传递药品信息，推销企业形象，是一种常规性的公共关系活动。例如：国内领先医药健康品牌振东制药参加第81届和82届全国药品交易会，以独特的风格惊艳亮相现场，带来极具竞争力的产品矩阵，展现出中国现代健康医药企业的风采，成为最"亮眼"的展台之一，吸引众多观众目光，引来媒体的争相报道，可以说是非常成功的公关活动。

（三）公益活动

公益活动是从长远着手，出人、出物或出钱赞助和支持某项社会公益事业的公共关系实务活动。公益活动的宣传是企业用来扩大影响力，提高美誉度的重要手段。社会公益事业是中国优良传统的延续，是构建社会主义和谐社会的内在要求。医药企业常用的公益活动类型如下。

1. 体育赞助　体育活动拥有广泛的观众，往往也是新闻媒体报道的对象，对公众的吸引力比较大。因此，赞助体育活动，往往是医药企业组织公益活动的重要选择。常见的有赞助某一项体育运动、赞助某一次体育比赛和赞助体育设施的购置等多种方式。例如：2002年韩日世界杯时，三精制药以不到2000万元的投入全程赞助央视世界杯计时标版，获得的收视回报超过了5000万元。

2. 文化赞助　文化生活是社会生活的重要内容之一。文化赞助不仅可以促进文化事业的发展，丰富公众的生活内容，而且可以培养与公众的良好感情，大大提高医药企业的知名度。常见的赞助方式有大型联欢晚会、文艺演出、电视节目的制作和电影的拍摄等赞助，科学与艺术研究、图书的出版和文化艺术团体等赞助。例如：益安宁丸赞助《中华医药》，传播中医精神。

3. 教育赞助　教育是立国之本，发展教育事业是国家的基本战略。医药企业赞助教育事业，不仅有利于教育事业的发展，而且有利于融洽医药企业与教育单位的关系，企业的人才招聘与培训，树立社会组织关心社会教育的良好形象。常见的赞助方式有设立某项培养和奖励药学专门人才的奖学金、基金，直接赞助某项药学科研项目和学科建设，捐赠设施设备等。

4. 慈善赞助　社会福利和慈善事业赞助就是指医药企业通过出资为各种需要社会照顾的人提供物质帮助和开展义务服务活动。对社会承担义务和责任，既有利于处理企业与社区、政府和公众的关系，又有利于扩大企业的影响力。常见的赞助方式有养老院、福利院、康复中心等的赞助，受灾地区基建和群众生活的资助，专项奖励基金的设立等。例如：中国医师协会、中华护理学会和上海雅虎制药股份有限公司共同成立抗击非典殉职医务人员子女助学基金，为因抗非典殉职医务人员的子女提供受教育的费用，帮助他们顺利完成小学到高中的学业，以此表达全社会对为抢救非典患者不幸以身殉职医务人员的敬意和关爱。

5. 环保赞助　根据调查，如今我国有 78.6% 的家庭备有家庭小药箱，但 80% 以上的家庭却没有定期清理药箱的习惯，过期药品被丢弃后，所造成的危害是旧电池的三倍。广药集团 2004 年就开始实施家庭过期药品回收活动，广药白云山还发布了《中国家庭过期药品回收白皮书》，在当年创下了全球规模最大的家庭过期药品回收吉尼斯世界纪录。2018 年 3 月，广药集团等 12 家医疗行业龙头企业，共同成立"全国家庭过期药品回收联盟"，发起国内首个运用"互联网＋追溯"技术的线上回收活动。事情虽小，却利国利民，一做就是 16 年，让"爱心满人间"不仅仅停留在理念，更变成实实在在的行动。

（四）公众开放日

举办开放参观日活动是企业进行的一种特殊的"公开展览活动"或者广告活动，也是履行社会责任的具体表现。可通过邀请员工亲属、周边居民、消费者、合作伙伴、媒体等公众参观企业，展现"药品高质、高效、安全"背后的企业担当。它能有效搭建与公众沟通的桥梁，消除企业与公众之间的隔阂，培养公众对企业的感情，使企业和产品更好地与社会和谐共处。

（五）公共促销专项活动

企业为了树立品牌形象，促进药品销售，还可以采取一些专项公共活动。

1. 专业咨询　医药企业进行药品服务专业咨询的活动，主要有公开的药品知识咨询、健康知识咨询教育、专家坐堂咨询等。例如：云南白药牙膏积极践行社会责任，关注国人口腔健康，依托知识型"口腔云健康"，以口腔免疫力为契机，为大众提供系列线上主题科普活动。

2. 其他　如企业可以利用开业庆典、周年纪念、危机处理等机会，向社会传播企业正面形象。

四、医药企业危机公关的处理

（一）概念

医药企业危机公关是指为避免或者减轻危机所带来的严重损害和威胁，企业所采取的一系列的自救措施。危机是指给企业带来生存危机的重大事件。

（二）特点

1. 意外性　医药企业公关关系危机是一种意外事件，爆发的时间、规模、态势和影响深度，是始料未及的。因为任何一家医药企业都处在一个开放的系统中，无时无刻不在和外部的供应商、消费者、监管部门进行物质或信息的交换，其中任何一个环节出现问题都会造成企业的失衡、崩溃，形成危机。

2. 破坏性　由于危机常具有"出其不意，攻其不备"的特点，不论什么性质和规模的危机，都必然不同程度地给企业造成破坏，造成混乱和恐慌，任何企业在处理危机时稍有延误或不当，都会带来无可估量的损失。

3. 紧迫性　对企业来说，危机一旦暴发，其破坏性的能量就会被迅速释放，并呈快速蔓延之势，如果不能及时控制，危机会急剧恶化，使企业遭受巨大损失，甚至是灭顶之灾。

（三）处理原则

1. 正视危机　正确的做法是当企业发生危机时，不论事件大小都要高度重视，站在战略的高度，来谨慎对待。当企业发生危机时应该先客观全面地了解整个事件，而后冷静地观察问题的核心问题及根源，研读相关法规与规定，把问题完全参透，或聘请专业公司把脉。

请你想一想

危机事件处理得得当与否能给企业的发展带来什么？为什么？

2. 速度至上　速度是危机公关中的第一原则。在危机出现的最初 12～24 小时内，消息会以裂变方式高速传播。公众、媒体及政府都密切注视公司的一举一动，对于公司在处理危机方面的做法和立场，舆论赞成与否往往都会立刻见于传媒报道。因此在事件发生后，不能含糊其辞，不能速度迟缓，应立即把所有质疑的声音与责任都承接下来，从而迅速控制事态。危机发生后，在第一时间控制住事态，使其不扩大、不升级、不蔓延，是处理危机的关键。

3. 坦诚沟通　保持坦诚是保证危机公关得以有效实施的基本条件。企业处于危机漩涡中时，是公众和媒介的焦点。一举一动都将接受质疑，因此不要有侥幸心理，企图蒙混过关。应主动与新闻媒体联系，尽快与公众沟通，说明事实真相，促使双方互相理解，消除疑虑与不安。始终保持坦诚的态度，面对危机不逃避，敢于承担责任，就容易取得受众的信任和谅解。

4. 权威证实　危机发生后，企业尽量不要在事件还未明朗、大众存在误解的时候去辩解，给大众留下推脱责任的印象。应努力寻求证据，通过权威部门的解释让公众更易接受。

你知道吗

危机公关的处理方法

危机的起因多数源自组织容易疏忽的环节或不曾持续关注的地方，具有突发性、不可控性、不可预测性等特征，可以通过建立预警系统和可追溯的管理流程来处理组织危机。

组织在社会环境发展的过程中难免会遇到来自外界的纠纷与矛盾，拥有危机意识的组织会通过建立预警系统，在内部常态化地分析总结一段时间内发生的潜在风险，从中思考与反省自身的问题及解决之道，形成相应的总结并录入危机管理信息库，给未来处理风险和危机提供可供参考或指导性的方案。

建立可追溯的管理流程和制度，能够帮助组织在较短时间内通过运作流程找到出现问题的环节，以及此环节的负责人和前后环节的衔接情况与具体负责人，通过事件过程的还原，迅速分析出结果，并制定组织对外的应答和事件的处理策略。

第五节　医药市场营业推广

PPT

一、医药市场营业推广的概念和特点

（一）概念

医药市场营业推广又称为销售促进，是指为了刺激消费者需求，促使其立即做出购买行为而采用的各种短期促销形式，如打折销售、奖券、赠品、会员积分等。它是对人员推销及广告活动的有益补充性措施。其本质是通过对消费者的让利，短期内提升销售业绩或市场占有率。

（二）特点

相对于其他的促销方式而言，医药营业推广具有以下几个显著的特点。

1. 促销效果明显　医药营业推广一般是通过提供价格优惠，调动中间商积极性，刺激消费者购买，由于推广攻势迅猛，对中间商和消费者的购买心理产生影响，因而医药营业推广见效快。

2. 无规则性和非经常性　医药营业推广的本质是生产企业让利于中间商和消费者，

这就决定了该方式是非经常性的和无规则性的，通过给消费者和中间商偶然制造惊喜，使他们相信机不可失、时不再来，从而在推广阶段达到销售目标。

3. 短期效果 医药营业推广往往是企业为了特定阶段快速提升产品销量占领市场而采取的措施。这种促销方式追求的是短期效应，通过运用各种推广方式，制造惊喜，抓住消费者冲动的消费心理，达到推广效果。但如果长期使用，会削弱推广的效果，甚至会让消费者对企业产品的质量、疗效或价格等产生怀疑，反而起到负面作用。

二、医药营业推广的常用方式

医药企业进行药品营业推广时，不能违反相关法律法规，如《药品流通监督管理办法》规定：药品生产、经营企业不得以搭售、买药品赠药品、买商品赠药品等方式向公众赠送处方药或者甲类非处方药。《处方药与非处方药流通管理暂行规定》规定：处方药、非处方药不得采用有奖销售、附赠药品或礼品销售等销售方式。

（一）面对中间商的医药营业推广

针对中间商的医药营业推广主要是指医药生产企业对经销商、代理商或零售商等进行的销售促进活动，常用的方式见表9-7。

表9-7　面对中间商的医药营业推广方式特点

类型	营业推广方式特点
购货折扣	卖方按医药商品价格的一定比例，给予买方的减让。具有直接的激励性，对中间商产生短期明显的促销效果，有利于推广新产品、季节性商品或滞销商品等，帮助厂商降低经营风险、拓展市场，以及加快资金周转
推广资助	医药生产企业为促使中间商经销或代理企业的产品，通过在推广方面给予资助，以鼓励中间商在推销企业产品方面所做的努力。推广资助采取的方式通常有按订货量或销售额的多少发放推广津贴；资助中间商做广告；联合展销并提供推广材料和展品等
销售竞赛	医药生产企业如果在同一市场上通过多家中间商来销售企业的产品，就可发起这些中间商参加销售竞赛活动，根据各个中间商销售企业产品的成绩，分别给优胜者以不同的奖励，或是给予较大的批发折扣
交易会	医药交易会一般能汇聚药品、医疗器械、保健品等优质医药产品，形成对营业推广有利的现场环境，是对中间商进行营业推广的良好机会
学术支持	通过向中间商提供药品的功效理论、研发背景及临床效果资料，促进中间商对药品的推广
协助经营	医药生产企业为中间商提供人员培训、上门指导，邮寄经营手册、简报、广告宣传品或产品目录等，举办经营研讨会等形式，促进中间商提高经营效率

你知道吗

购货折扣的形式

购货折扣的形式可以分为数量折扣、附加赠送、现金折扣等多种形式。

1. 数量折扣 医药企业按照购买数量或金额的多少给予中间商不同的折扣，数量越多，折扣越大。数量折扣可分为两种：一种是累积性购买数量折扣，即在一定时间内，按中间商购买产品累计达到的数量或金额，给予不同的折扣优惠。这可鼓励客户长期购买，成为医药企业稳定的客户。另一种是一次性购买数量折扣，即当中间商一次购买产品达到一定的数量或金额标准时，给予的折扣优惠。超过越多，得到的折扣比例也越大。该方法有利于鼓励中间商集中大量进货，以降低生产、销售和储运费用，加快产品出货和资金周转速度。

2. 附加赠送　医药企业根据中间商的购买数量，向其赠送一定数量的相同产品，比如买100件产品送2件产品。因此，附加赠送从本质上看还是一种数量折扣方式。但事实上，附加赠送和数量折扣相比，还是一个减少库存的好方法，更易受到厂商们的青睐。

3. 现金折扣　医药企业对于在约定时间内提前付清货款的中间商，给予一定比例的折扣。这种促销方式的目的在于鼓励客户尽快付款，提高销售回款率，加速资金周转，减少收账费用，预防坏账发生。

（二）面对消费者的医药营业推广

请你想一想

你在药店看到的营业推广活动有哪些？特点分别是什么？

面对消费者的医药营业推广方式主要适用于药店、网上厂商、网络销售平台对保健品、医疗器械和OTC药品的促销，它是以消费者为推广对象，运用各种推广手段，以直接提高消费者现场购买兴趣，达到促进销售的目的。消费者促销的目的是：促使已使用者继续购买，尚未使用的消费者尝试购买，在一段时间内提高产品的销量，降低竞争品牌的威胁。常用的方式见表9-8。

表9-8　面对消费者的医药营业推广方式特点

类型	营业推广方式特点
打折销售	一般选择适当的时机，如新店开业、周年庆、逢年过节或周末等，给予消费者的价格优惠
特价销售	以特别优惠、特别低廉的价格销售医药商品，在同种商品中脱颖而出，对消费者更具有吸引力，更有号召力。在竞争激烈的市场空间中，特价销售成为众多医药企业抢占市场的制胜法宝
限时抢购	包括线上和线下两种形式。由于限时、限量，而且价格低于市场价好几倍而备受消费者欢迎。不少参与限时抢活动的商品上线后，往往在几分钟甚至是几秒钟之内上千件商品就被一抢而空，很多是以秒为间隔成交的
附送赠品	消费者在购买某种医药商品的同时可以获得一份非促销产品的礼品或服务的促销活动。但要注意不能赠送任何药品。如某感冒药在药店促销活动中就采用这一手段，凡是购买一盒该药品的顾客，均可获得精美的体温计，其促销活动取得了很好的效果
有奖销售	主要包括奖励所有购买者的附赠式有奖销售和奖励部分购买者的抽奖式有奖销售。消费者通过参加各种有奖销售活动，不仅得到了额外奖励，还在了解品牌和购买产品过程中感受到了乐趣。一般来讲，厂商开辟新市场、推销新产品、更换新包装、鼓励重复购买，以及重大事件和节庆活动时，均适合采用有奖销售。但药品不可以采用该种方式
会员制	形式多数都表现为会员卡。发行会员卡能起到吸引新顾客、留住老顾客、增强顾客忠诚度的作用，还能实现打折、积分、客户管理等功能，是一种确实可行的增加效益的途径
免费试用	通过将产品，通常是新产品或者试用装，免费送给潜在消费者，供其使用或者尝试，并激励消费者购买的一种促销方式。有利于提高医药产品入市速度，提高品牌知名度和品牌亲和力

续表

类型	营业推广方式特点
以旧换新	以旧商品换购同类新商品，旧商品抵扣一定的价款。以旧换新的目的是消除旧商品形成的销售障碍，鼓励消费者用旧商品去换购新商品。这样做既能起到降价的促销效果，又可避免降价带来的负面影响。但促销成本比较高，操作麻烦
组合销售	一种把相关商品组合成套出售的方式，组合的商品相互之间有一定的内在联系，价格低于单件分别出售的价格。有利于扩大商品销量，并为顾客提供方便，但不宜把不配套的商品搭配组合一起销售
折价券	相当于削减购买价格，鼓励消费者持续购买。采用折价券促销方式时，品牌形象的破坏较轻微

【课堂活动】

双歧杆菌三联活菌胶囊市场促销活动策划

一、活动目的

能够体会促销的重要性，通过各种促销方式的优劣势比较，结合企业、产品和市场实际情况，采取合理的促销方式，以提高药品的销售量。

二、活动内容

某制药企业的双歧杆菌三联活菌胶囊进入本地市场四年，有了一定数量的消费者，在同类市场中占有一席之地，但随着竞争的加剧以及消费的季节性，使得该产品的销售受到了一定的影响，为此，企业希望借助国庆节进行一次促销活动，以达到增加销售的目的。

三、背景资料

【产品名称】双歧杆菌三联活菌胶囊

【规格】210mg×30

【适应证】主治因肠道菌群失调引起的急慢性腹泻、便秘，也可用于治疗中型急性腹泻，慢性腹泻及消化不良、腹胀。

四、活动准备

1. 场地准备　模拟药房或教室。

2. 物品准备　药盒（含药品说明书）、彩色笔、彩色纸、磁铁等。

3. 人员准备　将同学分成若干项目小组，每组4~6人，推选一人担任组长，负责分配组内成员任务，共同完成活动操作。

五、活动步骤

【第一步】明确促销对象，了解消费者心理。

【第二步】比较促销方式，并根据企业情况和市场情况，确定具体促销方式。

【第三步】进一步明确媒体渠道、广告形式和广告语。

【第四步】进一步明确药房推广活动的具体形式、活动时间及成本。

【第五步】药店营业员的卖药服务支持。

【第六步】促销活动方案的展示：每组派代表来陈述促销活动方案。

【第七步】根据各组促销方案的促销方式选用的合理性、活动的具体性和可行性等要素，对其进行评价。

六、注意事项

1. 促销活动前期资料收集是否齐全。
2. 促销活动方案活动设计是否可行、表达有条理。
3. 口头表达，清晰流畅，富有感染力。
4. 团队成员分工合理，团结协作。

目标检测

一、选择题

（一）单项选择题

1. 促销工作的核心是（　　）。
   A. 刺激消费者　　B. 激励消费者　　C. 获取利润　　D. 信息沟通

2. 以下不属于人员推销特点的是（　　）。
   A. 双向性和灵活性　　　　　B. 选择性和完整性
   C. 成本低　　　　　　　　　D. 专业性强

3. 医药产品学术推广属于（　　）。
   A. 人员推销　　B. 广告促销　　C. 非人员推销　　D. 公共关系促销

4. 生产原料产品市场由于技术性较强，需要专业人员操作或进行必要的服务工作，所以多采用（　　）。
   A. 人员推销　　B. 营业推广　　C. 公共关系　　D. 广告促销

5. 下列促销方法中具有刺激消费需求的优点，但容易造成消费者对产品的误解，使其对产品产生质量低、价格高等怀疑的是（　　）。
   A. 广告促销　　B. 公共关系　　C. 营业推广　　D. 人员推销

6. 宣传面广、容易引起消费者注意，但不能及时成交的促销方式是（　　）。
   A. 广告促销　　B. 人员推销　　C. 公共关系　　D. 营业推广

（二）多项选择题

1. 促销的含义中包含（　　　）。

    A. 促销的核心是信息沟通

    B. 促销的目的是刺激购买行为

    C. 促销的方式有人员促销和非人员促销

    D. 促销的手段可统一使用

    E. 促销一定能增加企业销售额

2. 以下方式属于非人员促销的是（　　　）。

    A. 柜台推销　　　　　B. 广告促销　　　　　C. 营业推广

    D. 公共关系　　　　　E. 会议推销

3. 下面促销属于"拉引策略"的是（　　　）。

    A. 人员推销　　　　　B. 广告促销　　　　　C. 营业推广

    D. 公共关系　　　　　E. 口碑营销

4. 医药广告的主要媒体有（　　　）。

    A. 报纸　　　　　　　B. 电视　　　　　　　C. 网络

    D. 医药类专业杂志　　E. 户外广告

5. 面对消费者的 OTC 营业推广方式有（　　　）。

    A. 销售竞赛　　　　　B. 折扣销售　　　　　C. 特价销售

    D. 附送赠品　　　　　E. 有奖销售

二、思考题

1. 医药产品四种促销方式的优缺点分别有哪些？

2. 医药促销的特点有哪些？医药促销人员应具备哪些素质？

3. 简述医药产品广告媒体的优缺点。

4. 对医药中间商和零售商的营业推广方式有哪些？

书网融合……

🅔 微课　　　🗒 划重点　　　🕒 自测题

第十章

大数据时代的医药市场营销

学习目标

知识要求

1. **掌握** 大数据时代的各类医药市场营销的内涵。
2. **熟悉** 大数据时代的医药市场营销模式分类及具体实施。
3. **了解** 大数据时代的医药市场营销模式的特点及原则。

能力要求

1. 学会分析大数据时代的医药市场营销模式及具体实施。
2. 能够分析确定市场需求,从而选择合适的医药市场营销模式。

实例分析

药品零售企业情感营销探索

实例 真正高水平的营销就是让消费者对品牌产生情感,不仅要把产品卖到消费者手上,还要把产品卖到消费者心里,把品牌植入消费者头脑中。药品连锁零售企业可借助情感营销,从"情"切入,使"情"突破消费者的情感障碍,激发消费者的欲望,促使消费者做出购买决定。

在药品零售企业,情感环境的营造随处可见。如:开辟独立的顾客休憩处,安放沙发、饮水机、桌子、报刊架等,并提供报纸、杂志给顾客查阅。虽然这些设施不能产生直接的消费刺激,却在提升药店的硬件环境和品味上起到了积极的作用。

同时,药品零售企业实行情感营销和情感服务不仅仅是简单的笑脸迎客和热情待客,而且要通过一个个具体的行动,去传递对顾客的爱心,让每一个消费者都感受到企业的真情。比如,给消费者量身定做用药档案、主动进行电话回访等。另外,企业也可以通过店内的各种载体宣传健康知识、向顾客散发健康手册、开设健康服务热线、网上医师在线咨询、24小时为顾客提供医疗和药学服务等一系列的活动。在为消费者带来极大便利的同时,也打造了药品连锁零售企业的品牌形象。

问题 实例中,药品零售企业是如何进行情感营销的?

第一节 情感营销

PPT

在情感消费时代,消费者购买商品所看重的已不再是商品数量的多少、质量的好坏以及价钱的高低,而是为了一种感情上的满足,一种心理上的认同。情感营销从消费者的情感需要出发,唤起消费者的情感需求,激起消费者心灵上的共鸣,寓情感于营销之中,让有情的营销赢得无情的竞争。

一、情感营销的内涵

（一）概念

情感营销就是把消费者个人情感差异和需求作为企业品牌营销战略的核心，通过借助情感包装、情感促销、情感广告、情感口碑、情感设计等策略来实现企业的经营目标。

（二）特点

1. 营销借助文化，文化源于情感 当今，不少有头脑的企业家慧眼独具，心有灵犀，充分利用中国悠久的文化进行营销活动，从而牵住了消费者的情感，扣住了消费者的心。当今世界的经济竞争，表面上是产品和服务的竞争，深一层便是管理的竞争，更深一层就是文化的竞争。文化竞争最终还是为了达到"牵动消费者的情感"这一目标。所以，借助文化打开市场营销之门是满足人们情感需求，符合时代潮流的一种新型经营方式。

2. 追求个性 当一个消费者选购某种品牌时，人们通常认为他必然会遵从理性选择。而当同一个消费者放弃购买该品牌时，人们便以为该商品质量低劣、设计粗糙等。其实未必，决定消费者是否购买不单取决于理性选择，还取决于心理与情感因素。

3. 新潮时尚和浪漫情怀 每个时代都有一部分人站在时尚最前列，他们对于文化及社会风俗的新潮流具有敏锐的感知能力和接受能力。与此同时，他们在实际生活中还具有很强的感染力和传播力，随时向周围散发着最新的时尚感觉。

4. 商品的品位和艺术 情感营销必将成为市场营销观念发展的一种新趋势。情感营销的成功开展应包括如情感产品、情感包装、情感品牌、情感广告、情感价格、情感服务和情感环境等方面的基本内容。

二、情感营销的具体实施

1. 情感设计 过去人们购买商品，更看重它的使用价值，一方面是由于商品匮乏，品种单一，没有充分的选择余地；另一方面也是因为人们生活水平低而导致文化欣赏水平不高。现在人们购买商品时，不再满足于吃饱穿暖等低层次的需求，还需要商品能够更多地符合自己的情感。这就要求生产企业必须迎合现代消费者的心理，多设计开发具有个性化、情感化的商品，增加商品的文化附加值。

2. 情感包装 除了满足保护商品、便于携带、便于使用、美化商品、促进销售的基本作用之外，还要求赋予商品不同的风格和丰富的内涵，引起消费者不同的情感感受，博得其好感和心理认同。比如，儿童用药一般采用卡通人物作为外包装，对小朋友很有吸引力；减肥药品一般以女性卡通形式展示出来。

3. 情感商标 一件商品若想吸引消费者，并定位在消费者心目中，就必须有一个响亮的名字，这一点越来越引起企业领导者的重视。那么，如何设计一个好的商标呢？首先，商标要注意简洁、明了，易于识别和记忆；其次，商标也要讲求艺术。

4. 情感广告 人情味十足的广告，通常能使产品形象上升到一个全新的高度，也自然化解了消费者对广告的本能抵触。消费者首先是感动和情感共鸣，继而引发现实的或潜在的消费需求，经营者便在顾客的情感体验和满足中达到自己的目的。如免费开放的植物园内有一个公益广告牌写着"小草正在休息，请勿打扰"，让人见了感觉很亲切，这比"请勿践踏草地"要委婉得多。

5. 情感价格　能满足消费者情感需要的价格，注重价格与消费者自身的情感需要相吻合。为了表示尊师重教，每年教师节各大公司都推出凭教师证可以享受折扣优惠的活动，此举大受教师们的欢迎。

6. 情感公关　公关在企业营销中的作用已被越来越多的企业所认识，运用公关树立企业及其产品形象，已经成为企业营销战略的重点。情感公关要求企业要设身处地地为顾客着想，设法加强与顾客的感情交流，通过调查问卷等形式，使消费者参与到企业的营销活动中来，让消费者对企业及其产品从认识阶段升华到情感阶段，最后达到行动阶段。

7. 情感服务　现在商界提出了一个响亮的口号，叫"二次竞争"。意思是说，第一次竞争的战场是在销售点，那么第二次竞争便是售后服务。生产企业力图用最具诱惑力、竞争力的承诺来劝购，并通过承诺的及时、足量兑现来塑造企业及品牌形象，提高消费者的忠诚度，使本企业与其竞争对手形成明显的服务差异，增强企业的营销效果，获得差异化竞争优势。

8. 情感环境　营造舒适、优雅的营销环境，能给消费者带来愉悦的心情，感官上的享受，可以让消费者产生一种无形的亲切感，在不知不觉的微笑服务中，既购买了原来就想买的商品，又购买了一些进门前本不打算买的商品。

第二节　网络营销

PPT

网络营销是以现代营销理论为基础，借助网络、通信和数字媒体技术实现营销目标的商务活动，由科技进步、顾客价值变革、市场竞争等综合因素促成，是信息化社会的必然产物。

一、网络营销的内涵

（一）概念

网络营销是基于网络及社会关系网络连接企业、用户及公众，向用户及公众传递有价值的信息与服务，为实现顾客价值及企业营销目标所进行的规划、实施及运营管理活动。网络营销是企业整体营销战略的一个组成部分，是为实现企业总体经营目标所进行的，以互联网为基本手段，营造网上经营环境，并利用数字化的信息和网络媒体的交互性来辅助实现营销目标的一种新型的市场营销方式。

（二）特点

1. 跨时空性　信息交换不受时域和地域的限制，是网络营销得以发挥其优势并获得迅速发展的前提条件之一。通过互联网的网络营销方式，企业可以随时随地开展营销活动，以达到尽可能多地占有市场份额的目的。

2. 电子化　在网络营销过程中的商品信息电子化、数字类产品传输数字化、支付手段电子化等特性，使得网络营销具备了传统营销所没有的特征和优势，一方面为营销降低成本、提高服务效率提供了极大的优势；另一方面也对网络营销的发展提出了全新的挑战。

3. 交互性　网络营销的技术基础使整个营销过程具备及时交换信息的能力，通过信息的实时交换，企业可以提供一对一的服务。企业可以通过互联网向客户展示医药商品目录，并提供有关医药商品信息的查询，同时可以和顾客进行双向互动式的沟通，收集市场情报，进行产品测试，以及开展消费者满意度的调查等。及时掌握第一手的顾客信息，同时为顾客提供最快捷的信息反馈，极大提高顾客满意度的同时，也降低了企业的服务成本。

4. 整合性　在互联网上开展的营销活动可以完成从商品信息的发布，到交易的收款和售后服务的全过程，这是一种全程的营销渠道，企业还可以借助互联网将不同的传播营销活动进行统一的设计、规划和协调实施，通过统一的传播资讯向消费者传达信息。

5. 高效性　互联网作为信息高速公路，能够提供一个最快捷的信息传输和处理平台，这就为企业营销过程的高效率奠定了基础。企业应用电脑储存大量的信息，可以帮助消费者进行查询，所传达的信息数量与精确度，远远超过其他传统媒体。

6. 经济性　网络营销能够为企业带来某些成本的降低。网络营销使交易的双方通过互联网进行信息交换，代替了传统的面对面交易方式，这样可以减少印刷、邮递和交通等成本；进行无店面销售可以免交租金，节约水电与人工等销售成本，也减少了由于多次交换带来的损耗，提高了交易效率。

7. 技术性　在以高技术作为支撑的互联网络基础上的网络营销，使企业在实施网络营销时必须有一定的技术投入和技术支持，必须提升信息管理部门的功能，引进懂营销、医药与电脑技术的复合型人才，只有这样，方能具备和增强医药企业在网络市场上的竞争优势。

二、网络营销的优势和作用

（一）优势

1. 有效降低企业营销信息传播成本　网络媒介具有传播范围广、速度快、无地域限制、无时间约束、内容详尽、多媒体传送、形象生动、双向交流、反馈迅速等特点，可以有效降低企业营销信息传播的成本。

2. 无店面租金成本　网络营销不需要店面，所以既可以节约租金成本，又能实现产品直销功能，能帮助企业减轻库存压力，降低运营成本。

3. 国际互联网覆盖全球市场　通过互联网，企业可方便快捷地进入任何一国市场。

尤其是世贸组织第二次部长会议决定在下次部长会议之前不对网络贸易征收关税，网络营销更是为企业架起了一座通向国际市场的绿色通道。

4. 具有交互性和纵深性　网络营销不同于传统媒体的信息单向传播，而是信息互动传播。通过链接，用户只需简单地点击鼠标，就可以从厂商的相关站点中得到更多、更详尽的信息。另外，用户可以通过广告位直接填写并提交在线表单信息，厂商可以随时得到宝贵的用户反馈信息，进一步减少用户和企业、品牌之间的距离。同时，网络营销可以提供进一步的产品查询需求。

5. 成本低、速度快、更改灵活　网络营销制作周期短，即使在较短的周期进行投放，也可以根据客户的需求很快完成制作，而传统广告制作成本高，投放周期固定。

6. 多维营销　纸质媒体是二维的，而网络营销则是多维的，它能将文字、图像和声音有机地组合在一起，传递多感官的信息，让顾客身临其境般地感受商品或服务。网络营销的载体基本上是多媒体、超文本格式文件，广告受众可以对其感兴趣的产品信息进行更详细的了解，使消费者能亲身体验产品、服务与品牌。

7. 更具有针对性　通过提供众多的免费服务，网站一般都能建立完整的用户数据库，包括用户的地域分布、年龄、性别、收入、职业、婚姻状况、爱好等。

8. 具有可重复性和可检索性　网络营销可以将文字、声音、画面结合之后供用户主动检索，重复观看。而与之相比，电视广告却是让广告受众被动地接受广告内容。

9. 受众关注度高　据资料显示，电视并不能集中人的注意力，电视观众中有40%同时在阅读，21%同时在做家务，13%在吃喝，12%在玩赏物品，10%在烹饪，9%在写作，8%在打电话。而网上用户中有55%在使用计算机时不做任何事，只有6%同时在打电话，5%在吃喝，4%在写作。

10. 缩短媒体投放的进程　广告主在传统媒体上进行市场推广一般要经过三个阶段：市场开发期、市场巩固期和市场维持期。在这三个阶段中，厂商要首先获取注意力，创立品牌知名度；在消费者获得品牌的初步信息后，推广更为详细的产品信息；然后建立和消费者之间较为牢固的联系，以建立品牌忠诚。而互联网将这三个阶段合并在一次广告投放中实现：消费者看到网络营销，点击后获得详细信息，填写用户资料或直接参与广告主的市场活动，甚至直接在网上实施购买行为。

（二）作用

1. 搜索引擎营销　即 SEM（通常以 PPC 为代表），通过开通搜索引擎竞价，让用户搜索相关关键词，并点击搜索引擎上的关键词创意链接进入网站/网页进一步了解所需要的信息，然后通过拨打网站上的客服电话、与在线客服沟通或直接提交页面上的表单等来实现自己的目的。

2. 搜索引擎优化　即 SEO，指的是在了解搜索引擎自然排名机制的基础上，使用网站内及网站外的优化手段，使网站在搜索引擎的关键词排名提高，从而获得流量，进而产生直接销售或建立网络品牌。

3. 电子邮件营销　以订阅的方式将行业及产品信息通过电子邮件的方式提供给所

需要的用户，以此建立与用户之间的信任与信赖关系。

4. 即时通讯营销　利用互联网即时聊天工具进行推广宣传的营销方式。

5. 病毒式营销　病毒营销模式来自网络营销，利用用户口碑相传的原理，是通过用户之间自发进行的、费用低的营销手段。

6. BBS 营销　这个应用已经相当普遍，尤其是对于个人站长，大部分到门户站论坛的同时留下自己网站的链接，每天都能带来几百 IP。

7. 博客营销　建立企业博客或个人博客，用于企业与用户之间的互动交流以及企业文化的体现，一般以诸如行业评论、工作感想、心情随笔和专业技术等作为企业博客内容，使用户更加信赖企业深化品牌的影响力。

8. 微博营销　通过微博平台为商家、个人等创造价值而执行的一种营销方式，也是指商家或个人通过微博平台发现并满足用户的各类需求的商业行为方式。

9. 微信营销　网络经济时代企业营销模式的一种创新，是伴随着微信的火热而兴起的一种网络营销方式。微信不存在距离的限制，用户注册微信后，可与周围同样注册的"朋友"形成一种联系，用户订阅自己所需的信息，商家通过提供用户需要的信息，推广自己的产品，从而实现点对点的营销，比较突出的如体验式微营销。

10. 视频营销　以创意视频的方式，将产品信息移入视频短片中，被大众化所吸收，也不会造成太大的用户群体排斥性，也容易被用户群体所接受。

11. 软文营销　软文广告顾名思义，它是相对于硬性广告而言，由企业的市场策划人员或广告公司的文案人员来负责撰写的"文字广告"。与硬广告相比，软文之所以叫作软文，精妙之处就在于一个"软"字，好似绵里藏针，收而不露，克敌于无形。等到你发现这是一篇软文的时候，你已经不经意间掉入了被精心设计过的"软文广告"陷阱。它追求的是一种春风化雨、润物无声的传播效果。如果说硬广告是外家的少林功夫，那么，软文则是绵里藏针、以柔克刚的武当拳法，软硬兼施、内外兼修，才是最有力的营销手段。

12. 体验式微营销　以用户体验为主，以移动互联网为主要沟通平台，配合传统网络媒体和大众媒体，通过有策略、可管理、持续性的 O2O 线上线下互动沟通，建立和转化、强化顾客关系，实现客户价值的一系列过程。体验式微营销以 SNS、微博、微电影、微信、微视、微生活、微电子商务等新媒体形式为代表，为企业或个人达成传统广告推广形式之外的低成本传播提供了可能。

13. O2O 立体营销　基于线上、线下全媒体深度整合营销，以提升品牌价值转化为导向，运用信息系统移动化，帮助品牌企业打造全方位渠道的立体营销网络，并根据市场大数据分析制定出一整套完善的多维度立体互动营销模式，从而实现大型品牌企业全面以营销效果为以全方位视角，针对受众需求进行多层次分类，选择性地运用报纸、杂志、广播、电视、音像、电影、出版、网络、移动在内的各类传播渠道，以文字、图片、声音、视频、触碰等多元化的形式进行深度互动融合，涵盖视、听、光、形象、触觉等人们接受资讯的全部感官，对受众进行全视角、立体式的营销覆盖，帮助企业打造多渠道、多层次、多元化、多维度、全方位的立体营销网络。

14. 自媒体营销 又称个人媒体或者公民媒体，自媒体平台包括个人博客、微博、微信、贴吧等。

15. 新媒体营销 利用新媒体平台进行营销的模式。在 web 2.0 带来巨大革新的年代，营销思维也发生了巨大改变——体验性、沟通性、差异性、创造性、关联性，互联网已经进入新媒体传播 2.0 时代；并且出现了网络杂志、博客、微博、微信、TAG、SNS、RSS、WIKI 等新兴的媒体。

你知道吗

医药电商布局实体药店

1. 店仓一体化 为满足"1 小时送药上门"要求，某医药电商自主开发了一套业务系统，包括药店管理系统、进销存系统、一键购药系统、自动上下架系统和快速捡药系统、智能订单分配系统等。

2. 线上线下一体化 既有品类齐全的产品配备，又有功能完备的软硬件和人员配置，承载了重要的销售职能。但与此同时，其门店也导入了诸多网络元素，既可以成为网络购药的入口，又可以成为网络购药（网订店取、网订店送）的载体，在一定程度上更符合"新零售药店"的定义。

3. 体验式门店 这类药店陈列区域缩减，体验区域明显扩大，有效提升了用户的体验，具有明显的"体验店"特征。

4. DTP 药房 中文简称为"直接面向患者"。DTP 药房已经成为诸多医药电商布局线下的首选。

PPT

第三节 关系营销

关系营销突破了简单的企业与消费者之间的关系，把营销活动视为一个企业与消费者、供应商、分销商、竞争者、政府机关及其他公众发生互动作用的过程，正确处理企业与这些组织及个人的关系是企业营销的核心，也是企业经营成败的关键。它从根本上改变了百年来传统营销将交易视作营销活动关键和终结的狭隘认识。

一、关系营销的内涵和基本模式

（一）内涵

1. 概念 关系营销，又称顾问式营销，指企业在盈利的基础上，识别、建立、维护和巩固与顾客和其他伙伴之间的关系，以实现参与各方的目标，从而形成一种兼顾各方利益的长期关系。

2. 产生背景 关系营销是从"大市场营销"概念衍生、发展而来的。1984 年，科特勒提出了所谓的"大市场营销"概念，目的在于解决国际市场进入壁垒的问题。在传统的市场营销理论中，企业外部环境是被当作"不可因素"来对待的，其暗含的假设是，当企业在国际市场营销中面临各种贸易壁垒和舆论障碍时，就只得听天由命，无所作为。因为传统的"4P"组合策略在贸易保护主义日益盛行的现在，已不足以打开封闭的市场。要打开封闭的市场，企业除了需要运用产品、价格、分销及促销四大营销策略外，还必须有效运用政治权力和公共关系这两种营销工具。这种策略思想被称为大市场营销。虽然关系营销概念直接来自科特勒的"大市场营销"思想，但它的产生和发展同时也大量得益于对其他科学理论的借鉴、对传统营销理念的拓展以及信息技术浪潮的驱动。

（二）基本模式

在关系营销中，怎样才能获得顾客忠诚呢？发现正当需求、满足需求并保证顾客满意、维系顾客，构成了关系营销中的三部曲。

1. 发现正当需求 企业分析顾客需求、顾客需求满足与否的衡量标准是顾客满意程度。满意的顾客会对企业带来有形的好处（如重复购买该企业产品）和无形的产品（如宣传企业形象）。有营销学者提出了导致顾客全面满意的七个因素及其相互间的关系：欲望、感知绩效、期望、欲望一致、期望一致、属性满意、信息满意。欲望和感知绩效生成欲望一致，期望和感知绩效生成期望一致，然后生成属性满意和信息满意，最后导致全面满意。

2. 满足需求并保证顾客满意 期望和欲望与感知绩效的差异程度是产生满意感的来源，所以，企业可采取以下方法来取得顾客满意：提供满意的产品和服务、提供附加利益、提供信息通道。

3. 维系顾客 市场竞争的实质是争夺顾客资源，维系原有顾客，减少顾客的叛离，这比争取新顾客更为有效。维系顾客不仅仅需要维持顾客的满意程度，还必须分析顾客产生满意程度的最终原因，从而有针对性地采取措施来维系顾客。

（1）一级关系营销 也称频繁市场营销或频率营销。维持关系的重要手段是利用价格刺激，对目标公众增加财务利益。

（2）二级关系营销 在建立关系方面优于价格刺激，增加社会利益，同时也附加财务利益，主要形式是建立顾客组织，包括顾客档案，正式的、非正式的俱乐部以及顾客协会等。

（3）三级关系营销 增加结构纽带，同时附加财务利益和社会利益。与客户建立结构性关系，它对关系客户有价值，但不能通过其他来源得到，可以提高客户转向竞争者的机会成本，同时也会增加客户脱离竞争者而转向本企业的收益。

二、关系营销的原则和层次

（一）原则

关系营销的实质是在市场营销中与各关系方建立长期稳定的相互依存的营销关系，

以求彼此协调发展，因而必须遵循以下原则。

1. 主动沟通原则 在关系营销中，各关系方都应主动与其他关系方接触和联系，相互沟通信息，了解情况，形成制度或以合同形式定期或不定期碰头，相互交流各关系方需求变化情况，主动为关系方服务或为关系方解决困难和问题，增强伙伴合作关系。

2. 承诺信任原则 在关系营销中各关系方相互之间都应做出一系列书面或口头承诺，并以自己的行为履行诺言，才能赢得关系方的信任。承诺的实质是一种自信的表现，履行承诺就是把誓言变成行动，是维护和尊重关系方利益的体现，也是获得关系方信任的关键，是公司（企业）与关系方保持融洽伙伴关系的基础。

3. 互惠原则 在与关系方交往过程中必须做到相互满足关系方的经济利益，并通过在公平、公正、公开的条件下进行成熟、高质量的产品或价值交换，使关系方都能得到实惠。

（二）层次

1. 一级关系营销 企业通过价格和其他财务上的价值让渡吸引顾客与企业建立长期交易关系。如对那些频繁购买以及按稳定数量进行购买的顾客给予财务奖励的营销计划。

2. 二级关系营销 企业不仅用财务上的价值让渡吸引顾客，而且尽量了解各个顾客的需要和愿望，并使服务个性化和人格化，以此来增强公司和顾客的社会联系。二级关系营销的主要表现形式是建立顾客俱乐部。

3. 三级关系营销 企业和顾客相互依赖对方的结构发生变化，双方成为合作伙伴关系。三级关系营销的建立，在存在专用性资产和重复交易的条件下，一方放弃关系会付出转移成本，关系的维持具有价值，从而形成"双边锁定"。这种良好的结构性关系会提高客户转向竞争者的机会成本，同时也会增加客户脱离竞争者而转向本企业的利益。

三、关系营销的具体实施

1. 筛选合作伙伴 企业首先从所有的客户中筛选出值得和必须建立关系的合作伙伴，并进一步确认要建立关系营销的重要客户。选择重要客户的原则不仅仅是当前的盈利能力，而且包括未来的发展前景。企业可以首先选择 5 个或 10 个最大的客户进行关系营销，如果其他客户的业务有意外增长也可入选。

2. 指派关系经理 对筛选出的合作伙伴指派关系经理专人负责，这是建立关系营销的关键。企业要为每个重要客户选派干练的关系经理，每个关系经理一般只管理一家或少数几家客户，并派一名总经理管理关系经理。关系经理对客户负责，是有关客户所有信息的汇集点，也是公司为客户服务的动员者，对服务客户的销售人员应当进行关系营销的训练。总经理负责制定关系经理的工作职责、评价标准、资源支持，以提高关系经理的工作质量和工作效率。

3. 制订工作计划 为了能够经常地与关系对象进行联络和沟通，企业必须分别制订长期的和年度的工作计划。计划中要确定关系经理职责，明确他们的报告关系、目标、责任和评价标准。每个关系经理也必须制订长期和年度的客户关系管理计划，年度计划要确定目标、策略、具体行动方案和所需要的资源。

4. 了解关系变化　企业要通过建立专门的部门，用以跟踪顾客、分销商、供应商及营销系统中其他参与者的态度，由此了解关系的动态变化。同时，企业通过客户关系的信息反馈和追踪，测定他们的长期需求，密切关注合作伙伴的变化，了解他们的兴趣。企业在此基础上，一方面要调整和改善关系营销策略，进一步巩固相互依赖的伙伴关系；另一方面要及时采取措施，消除关系中的不稳定因素和有利于关系各方利益共同增长的因素。此外，通过有效的信息反馈，企业会改进产品和服务，更好地满足市场的需要。

第四节　绿色营销

PPT

绿色营销是为适应 21 世纪消费需求而产生的一种新型营销理念，也就是说，绿色营销还不可能脱离原有的营销理论基础。因此，绿色营销模式的制定和方案的选择及相关资源的整合还无法也不能脱离原有的营销理论基础，可以说绿色营销是在人们追求健康、安全、环保的意识形态下所发展起来的新的营销方式和方法。

一、绿色营销的内涵

（一）概念

绿色营销也称生态营销、环境营销，它是指企业在营销活动中，谋求顾客利益、社会利益和企业利益的协调，既要充分满足顾客需要，实现企业利润目标，又要注意生态环境，实现经济与市场的可持续发展。

绿色营销观念认为，企业在营销活动中，要顺应时代可持续发展战略的要求，注重地球生态环境保护，促进经济与生态环境协调发展，以实现企业利益、消费者利益、社会利益及生态环境利益的协调统一。从这些界定中可知，绿色营销是以满足社会和企业的共同利益为目的的社会绿色需求管理，以保护生态环境为宗旨的绿色市场营销模式。

（二）内容

1. 树立绿色营销观念　这是在绿色营销环境条件下企业生产经营的指导思想。传统营销观念认为，企业在市场经济条件下生产经营，应当时刻关注与研究的中心问题：消费者需求、企业自身条件和竞争者状况，并且认为满足消费需求、改善企业条件、创造比竞争者更有利的优势，便能取得市场营销的成效。而绿色营销观念却在传统营销观念的基础上增添了新的思想内容。

2. 设计绿色产品　产品策略是市场营销的首要策略，企业实施绿色营销必须以绿色产品为载体，为社会和消费者提供满足绿色需求的绿色产品。所谓绿色产品是指对社会、对环境改善有利的产品，或称无公害产品。这种绿色产品与传统同类产品相比，至少具有下列特征。

（1）核心功能　既要能满足消费者的传统需要，符合相应的技术和质量标准，更要满足对社会、自然环境和人类身心健康有利的绿色需求，符合有关环保和安全卫生的标准。

（2）实体部分　应减少资源的消耗，尽可能利用再生资源。产品实体中不应添加有害环境和人体健康的原料、辅料。在产品制造过程中应消除或减少"三废"对环境的污染。

（3）包装　应减少对资源的消耗，包装的废弃物和产品报废后的残物应尽可能成为新的资源。

（4）生产和销售的着眼点　不在于引导消费者大量消费而大量生产，而是指导消费者正确消费而适量生产，建立全新的生产美学观念。

3. 制定绿色产品的价格　价格是市场的敏感因素，定价是市场营销的重要策略，实施绿色营销不能不研究绿色产品价格的制定。一般来说，绿色产品在市场的投入期，生产成本会高于同类传统产品，因为绿色产品成本中应计入产品环保的成本，主要包括以下几方面。

（1）在产品开发中，因增加或改善环保功能而支付的研制经费。

（2）在产品制造中，因研制对环境和人体无污染、无伤害而增加的工艺成本。

（3）使用新的绿色原料、辅料而可能增加的资源成本。

（4）由于实施绿色营销而可能增加的管理成本、销售费用。

4. 绿色营销的渠道策略　绿色产品从生产者转移到消费者所经过的通道。企业实施绿色营销必须建立稳定的绿色营销渠道，策略上可从以下几方面努力。

（1）启发和引导中间商的绿色意识，建立与中间商融洽的利益关系，不断发现和选择热心的营销伙伴，逐步建立稳定的营销网络。

（2）注重营销渠道有关环节的工作。为了真正实施绿色营销，从绿色交通工具的选择、绿色仓库的建立，到绿色装卸、运输、贮存、管理办法的制定与实施，认真做好绿色营销渠道的一系列基础工作。

（3）尽可能建立短渠道、宽渠道，减少渠道资源消耗，降低渠道费用。

5. 搞好绿色营销的促销活动　绿色促销通过绿色促销媒体，传递绿色信息，指导绿色消费，启发引导消费者的绿色需求，最终促成购买行为。绿色促销的主要手段如下。

（1）绿色广告　通过广告对产品的绿色功能定位，引导消费者理解并接受广告诉求。在绿色产品的市场投入期和成长期，通过量大、面广的绿色广告，营造市场营销的绿色氛围，激发消费者的购买欲望。

（2）绿色推广　通过绿色营销人员的绿色推销和营业推广，从销售现场到推销实地，直接向消费者宣传、推广产品绿色信息，讲解、示范产品的绿色功能，回答消费者绿色咨询，宣讲绿色营销的各种环境现状和发展趋势，激励消费者的消费欲望。同时，通过试用、馈赠、竞赛、优惠等策略，引导消费兴趣，促成购买行为。

（3）绿色公关　通过企业的公关人员参与一系列公关活动，诸如发表文章、演讲、影视资料的播放，社交联谊、环保公益活动的参与、赞助等，广泛与社会公众进行接触，增强公众的绿色意识，树立企业的绿色形象，为绿色营销建立广泛的社会基础，促进绿色营销的发展。

二、绿色营销的具体实施

1. 绿色营销计划　实施绿色营销战略是与企业的长期发展规划和战略分不开的。企业对于绿色营销的实施和开展必须要有充足的准备，以便为绿色营销提供必要的条件。这些都要求企业在深入地进行目标市场调研的基础之上，将企业产品和品牌进行合理的市场定位，分析潜在市场容量和潜在顾客购买能力，对绿色营销资源有效整合，发挥绿色营销独特的作用，扬长避短，实现绿色营销的综合效益最大化。

2. 绿色产品和品牌策略　营销理论的发展已经给大家一个共识：营销从采购开始。绿色营销的开端更是要从源头抓起。只有这样，才能保证绿色产品供应链的有效运转，最终实现绿色消费，达到对生态环境保护并减少污染的目的。

绿色品牌策略内容如下：①具有高度责任意识的绿色品牌定位；②精细健康的绿色品牌维护；③科学系统的绿色品牌经营管理；④长期不懈地进行绿色品牌修正。

3. 绿色产品的价格策略及市场定位

（1）绿色产品具有较高的附加值，拥有优良的品质，在健康、安全、环保等诸多方面都具有普通产品无法比拟的优势。

（2）在价格策略上，绿色产品其价格比一般普通产品高是极其正常的。消费者也很愿意接受这样的一种价格。

（3）企业在对绿色产品进行定价时，应该遵循一般产品定价策略。根据市场需求、竞争情况、市场潜力、生产能力和成本、仿制的难易程度等因素综合考虑。

4. 绿色渠道策略　企业开展绿色营销，其绿色营销渠道的畅通是关键。企业只有充分保障绿色产品物流、商流、价值流、信息流在渠道中畅通无阻，才能最终实现绿色消费。在绿色渠道建设中，企业要结合产品特点，充分发挥产品的绿色特质，实现渠道绿化。

5. 绿色促销策略　绿色促销就是围绕绿色产品而开展的各项促销活动的总称。其核心是通过相关活动，树立企业绿色健康形象，丰富企业绿色营销内涵，促进绿色产品推广和消费。这样，企业才可以巩固其绿色产品市场地位，开拓绿色市场容量。

6. 绿色服务　随着近些年企业服务意识和加强，普通产品营销企业在服务上已经开通了具有划时代意义的绿色服务通道，极大地方便了消费者与产品供应者之间的沟通，不但解决了顾客的后顾之忧，也为企业信息的收集和传输建立了渠道。而绿色营销更应该建立绿色服务通道。这一通道将执行如下几项功能：①传播绿色消费观念，减少绿色消费误区；②真正从专业化的角度解决消费者在绿色消费中出现的问题，指导消费者进行纯绿色消费；③实现绿色产品价值再造。通过绿色服务，减少资源浪费、节约物质消耗、减少环保成本、实施资源综合利用，实现绿色产品在绿色服务中价值最大化。

7. 绿色管理　企业在对外推行绿色观念的过程中，也要将绿色观念融入企业的生产经营管理活动中。目前，国际比较通行的做法是"5R"原则。

（1）研究　把环保纳入企业的管理决策中来，重视对于环保的研究及相关的环境对策。

（2）减消　通过采用新技术、新工艺、新材料，减少或消除有害废异物的排放。

（3）再开发　积极进行科研活动，变普通产品为绿色产品，积极创造绿色品牌。

（4）循环　对废旧产品进行回收处理，循环利用。

（5）保护　积极参与环境整治活动，培养员工环保意识，树立企业绿色形象。

企业通过绿色管理原则，建立绿色发展战略，实施绿色经营管理策略，制定绿色营销方案，才能加快企业绿色企业文化的形成，推动企业绿色技术、绿色生产，生产出满足公众绿色需求的产品，实现社会和企业经济的可持续发展。

第五节　体验营销

互联网所形成的网络有很多可以让商家直接与消费者对接的体验接触点。这种对接主要体现在浏览体验、感官体验、交互体验、信任体验等方面。上述体验活动带给消费者充分的想象空间，最大限度地提升用户参与和分享的兴趣，提高消费者对品牌的认同。

具体而言，浏览体验，是指消费者通过网络直接进行品牌信息接触并保证其顺畅。这种浏览体验主要表现在网络内容设计的方便性、排版的美观、网站与消费者沟通的互动程度等。让消费者通过自身对于网络的情感体验，从而对品牌产生感性认识。感官体验，即充分利用互联网可以传递多媒体信息的特点，让顾客通过视觉、听觉等来实现对品牌的感性认识，使其易于区分不同公司及产品，达到激发兴趣和增加品牌价值的目的。交互体验，即网上互动。交互是网络的重要特点，能够促进消费者与品牌之间的双向传播，通常通过论坛、留言板等方式实现。消费者将自身对网络品牌体验的感受再以网络这个媒介反馈给品牌，不仅提高了品牌对于消费者的适应性，更提高了消费者的积极性。信任体验，即借助网站的权威性、信息内容的准确性以及在搜索引擎中的排名等，构成消费者对于网络品牌信任的体验程度。

一、体验营销的内涵

（一）概念

体验营销指通过看、听、用、参与的手段，充分刺激和调动消费者的感官、情感、思考、行动、联想等感性因素和理性因素，重新定义、设计思考方式的营销方法。这种思考方式突破了传统上"理性消费者"的假设，认为消费者消费时是理性与感性兼具的，消费者在消费前、消费时、消费后的体验，才是研究消费者行为与企业品牌经营的关键。

（二）原则

1. 适用适度 体验式营销要求产品和服务具备一定的体验特性，顾客为获得购买和消费过程中的"体验感觉"，往往不惜花费较多的代价。

2. 合理合法 体验式营销能否被消费者接受，与地域差异关系密切。各个国家和地区由于风俗习惯和文化的不同，价值观念和价值评判标准也不同，评价的结果存在差异。因此，体验营销活动的安排，必然适应当地市场的风土人情，既富有新意，又符合常理。

二、体验营销的具体实施

体验营销的目的在于促进产品销售，通过研究消费者状况，利用传统文化、现代科技、艺术和大自然等手段来增加产品的体验内涵，在给消费者心灵带来强烈震撼的同时促成销售。

体验营销主要有以下八种实施模式。

1. 节日模式 每个民族都有自己的传统节日，传统的节日观念对人们的消费行为起着无形的影响。这些节日在丰富人们精神生活的同时，也深刻影响着消费行为的变化。随着我国节假日的不断增多，出现了新的消费现象——"假日消费"，企业如能把握好商机便可大大增加产品的销售量。

2. 感情模式 通过寻找消费活动中导致消费者情感变化的因素，掌握消费态度形成规律以及有效的营销心理方法，以激发消费者积极的情感，促进营销活动顺利进行。

3. 文化模式 利用一种传统文化或现代文化，使企业的商品及服务与消费者的消费心理形成一种社会文化气氛，从而有效地影响消费者的消费观念，进而促使消费者自觉地接近与文化相关的商品或服务，促进消费行为的发生，甚至形成一种消费习惯和传统。

4. 美化模式 由于每个消费者的生活环境与背景不同，对于美的要求也不同，这种不同的要求也反映在消费行为中。

人们在消费行为中求美的动机主要有两种表现：①商品能为消费者创造出美和美感；②商品本身存在客观的美的价值。这类商品能给消费者带来美的享受和愉悦，使消费者体验到美感，满足对美的需要。

5. 服务模式 对企业来说，优越的服务模式，可以征服广大消费者的心，取得他们的信任，同样也可以使产品的销售量大增。

6. 环境模式 消费者在良好的听、看、嗅等感觉过程中，容易产生喜欢的特殊感觉。因此，良好的购物环境，不但迎合了现代人文化消费的需求，也提高了商品与服务的外在质量和主观质量，还使商品与服务的形象更加完美。

7. 个性模式　为了满足消费者个性化需求，企业开辟出一条富有创意的双向沟通的销售渠道。在掌握消费者忠诚度之余，满足了消费大众参与的成就感，同时也增进了产品的销售。

8. 多元化　现代销售场所不仅装饰豪华，环境舒适典雅，设有现代化设备，而且集购物、娱乐、休闲为一体，使消费者在购物过程中也可以娱乐休息。同时也使消费者自然而然地进行了心理调节，从而还能创造更多的销售机会。

第六节　大数据营销

PPT

随着数字生活空间的普及，全球的信息总量正呈现爆炸式增长。基于这个趋势，大数据、云计算等新概念和新范式广泛兴起，它们无疑正引领着新一轮的互联网风潮。

一、大数据营销的内涵

（一）概念

相比于传统模式，大数据营销是基于多平台的大量数据，以客户为中心，通过对数据进行分析整合，做到在合适的时间，通过合适的载体，以合适的方式、合适的价格、合适的营销渠道，将产品和服务送达到需要的消费者。

大数据营销衍生于互联网行业，又作用于互联网行业。依托多平台的大数据采集，以及大数据技术的分析与预测能力，能够使企业更好地了解客户的需求，精准有效地提供产品和服务，来满足顾客需求。一方面，有效提升了顾客的满意度，从而增加对产品的信赖度；另一方面，可以减少不必要的功能开发，从而降低企业成本，最终使企业获得更好的收益。

（二）特点

1. 多平台化数据采集　大数据的数据来源通常是多样化的，多平台化的数据采集能使对网民行为的刻画更加全面而准确。多平台采集可包含互联网、移动互联网、广电网、智能电视未来以及户外智能屏等数据。

2. 强调时效性　在网络时代，网民的消费行为和购买方式极易在短的时间内发生变化。因此在网民需求点最高时及时进行营销非常重要。

3. 个性化营销　在网络时代，营销理念已从"以产品为中心"向"以客户为中心"转变。比如广告行业，以往的营销活动必须以媒体为导向，选择知名度高、浏览量大的媒体进行投放。如今，几乎都是以受众为导向进行广告营销，因为大数据技术可让他们知晓目标受众身处何方，关注着什么位置的什么屏幕。大数据技术可以做到当不同用户关注同一媒体的相同界面时，广告内容有所不同，大数据营销实现了对网民的个性化营销。

4. 性价比高　和传统广告"一半的广告费被浪费掉"相比，大数据营销在最大程度上让广告主的投放做到有的放矢，并可根据实时性的效果反馈，及时对投放策略进行调整。

5. 关联性 大数据营销的一个重要特点在于网民关注的广告与广告之间的关联性，由于大数据在采集过程中可快速得知目标受众关注的内容，以及可知晓网民身在何处，所以这些有价信息可让广告的投放过程产生前所未有的关联性，即网民所看到的上一条广告可与下一条广告进行深度互动。

二、大数据营销的具体实施 📱 微课

1. 用户行为与特征分析 只有积累足够的用户数据，才能分析出用户的喜好与购买习惯，甚至做到"比用户更了解用户自己"。这一点才是许多大数据营销的前提与出发点。

2. 精准营销信息推送支撑 精准营销总在被提及，但是真正做到的少之又少，反而是垃圾信息泛滥。究其原因，主要就是过去名义上的精准营销并不怎么精准，因为其缺少用户特征数据支撑及详细准确的分析。而在大数据时代，后台会根据顾客近期的浏览来精准推送信息，达到精准营销。

3. 引导产品及营销活动投用户所好 如果能在产品生产之前了解潜在用户的主要特征，以及他们对产品的期待，那么企业的产品生产即可投其所好。

4. 竞争对手监测与品牌传播 竞争对手在干什么是许多企业想了解的，即使对方不会告诉你，但你却可以通过大数据监测分析得知。品牌传播的有效性亦可通过大数据分析找准方向。例如，可以进行传播趋势分析、内容特征分析、互动用户分析、正负情绪分类、口碑品类分析、产品属性分布等，可以通过监测掌握竞争对手传播态势，并可以参考行业标杆用户策划，根据用户声音策划内容，甚至可以评估微博矩阵运营效果。

5. 品牌危机监测及管理支持 新媒体时代，品牌危机使许多企业谈虎色变，然而大数据可以让企业提前有所洞悉。在危机暴发的过程中，最需要的是跟踪危机传播趋势，识别重要参与人员，方便快速应对。大数据可以采集负面定义内容，及时启动危机跟踪和报警，按照人群社会属性分析，聚类事件过程中的观点，识别关键人物及传播路径，进而可以保护企业、产品的声誉，抓住源头和关键节点，快速有效地处理危机。

6. 企业重点客户筛选 许多企业家都在纠结：在企业的用户、好友与粉丝中，哪些是最有价值的用户？有了大数据，或许这一切都可以更加有事实支撑。从用户访问的各种网站可判断其最近关心的东西是否与企业相关；从用户在社会化媒体上所发布的各类内容及与他人互动的内容中，可以找出千丝万缕的信息，利用某种规则关联及综合起来，就可以帮助企业筛选重点的目标用户。

7. 改善用户体验 要改善用户体验，关键在于真正了解用户及其使用的企业产品的状况，做最适时的提醒。例如，在大数据时代，或许你正驾驶的汽车可提前救你一

命。只要通过遍布全车的传感器收集车辆运行信息，在汽车关键部件发生问题之前，就会提前向你或 4S 店预警，这绝不仅仅是节省金钱，而且对保护生命大有裨益。事实上，美国的 UPS 快递公司早在 2000 年就利用这种基于大数据的预测性分析系统来检测全美 6 万辆车辆的实时车况了，以便及时地进行防御性修理。

8. SCRM 中的客户分级管理支持 面对日新月异的新媒体，许多企业通过对粉丝的公开内容和互动记录分析，将粉丝转化为潜在用户，激活社会化资产价值，并对潜在用户进行多个维度的画像。大数据可以分析活跃粉丝的互动内容，设定消费者画像各种规则，关联潜在用户与会员数据，关联潜在用户与客服数据，筛选目标群体做精准营销，进而可以使传统客户关系管理结合社会化数据，丰富用户不同维度的标签，并可动态更新消费者生命周期数据，保持信息新鲜有效。

9. 发现新市场与新趋势 基于大数据的分析与预测，对于企业家洞察新市场与把握经济走向都是极大的支持。

10. 市场预测与决策分析支持 对于数据对市场预测及决策分析的支持，过去早就在数据分析与数据挖掘盛行的年代被提出过。比如药品零售企业将儿童用药和妇科用药摆放在一起。只是由于大数据时代对数据分析与数据挖掘提出了新要求。更全面、速度更及时的大数据，必然能为市场预测及决策分析的进步提供更好的支撑。似是而非或错误的、过时的数据对于决策者都是灾难。

【课堂活动】

药店体验营销

一、活动目的

初步了解药店多样化的体验营销方式，针对自己熟悉的一家药店，写出初步的体验营销方案。

二、活动内容

通常药店选择做体验式营销的产品包括化妆品、染发剂、眼贴、足浴盆等非药品，还有保健滋补类、中药养生类、医疗器械类等。秋冬季节，很多药店开始举办阿胶节、品鉴会、健康滋补节等滋补类产品的体验活动，包括燕窝、阿胶、固元膏、龟甲胶等。内蒙古赤峰百姓的养生意识并不强，但人川药房通过员工亲自食用，在每个门店持续宣传、现场摆摊熬胶、请消费者免费品尝等各种体验活动，培养出了顾客消费阿胶的习惯。对于一些中药成品，同样可以尝试体验营销。比如金银花露，春天之星大药房邀请带孩子进店的顾客试饮、品尝，当孩子表示喜欢喝时，顺势介绍金银花露的好处，包括预防中暑、清热解毒的功能等。通过这种方式推介，金银花露销量提升很快。医疗器械是最适合体验的品类之一，在专业药店人员的指导下，消费者对产品性能更了解，也更容易学会操作，成交率会大大提高。三伏贴、膏药、血压计、眼贴、按摩器等都是可以体验的医疗器械。近几年，零售药店的体验器械中越来越多地出现了吸氧机、雾化机等大件器械，以及按摩床、泡脚盆等具备保健功能的产品体验。

场景化体验营销更注重满足顾客的感官需求。近几年，春天之星在门店设置特色体验区，打造门店中最温馨舒适的一角，让顾客在体验产品的同时，享受家的温馨和惬意。此外，与骨关节产品厂家合作，在注重产品 POP 张贴渲染的同时，员工在门店帮助顾客找到不舒服的关节部位，进行一些康复按摩手法的指导，指导顾客做一些有益关节的动作，辅以骨病专业知识的讲解，受氛围影响，进店顾客很乐于尝试这样的体验。以人川阿胶滋补节为例，门店不仅安排 POP 海报、宣传标语、地贴、商品堆头陈列等，同时还现场熬制与品尝，熬胶的气味在全场缭绕，顾客一进门就被吸引过来，主动咨询，店员则顺势宣教养生知识。此外，带有科普性质的场景体验活动，人川还做过针对 16 周岁以内孩子的身高管理知识普及活动、针对孕妇和新妈妈的婴幼儿科学喂养健康讲座等。

三、活动准备

1. 场地准备　模拟药房或教室。

2. 物品准备　多媒体一体机、彩色笔、彩色纸、磁铁等。

3. 人员准备　将同学分成若干项目小组，每组 4 ~ 6 人，推选一人担任组长，负责分配组内成员任务，共同完成活动操作。

四、活动步骤

【第一步】确定案例关键词。各组成员阅读案例，在规定时间内选择出关键词，并用水彩笔写在彩纸上。

【第二步】案例分析。药店中比较常见的有产品体验营销、场景体验营销等，而无论采用何种形式的营销，都必须提供优质的服务，才能达到满意的营销效果。

【第三步】以小组为单位，写出一种适合药店的体验营销方案。

【第四步】药店体验营销方案展示：每组派学生代表上台展示。

【第五步】根据各组展示情况，学生互评，教师点评。

【第六步】根据所提的建议进行药店体验营销方案的修改。

五、注意事项

1. 活动开始前，要科学合理地做好小组的分工安排，确保人人参与，并能充分调动全体成员的积极性。

2. 在写药店体验营销方案时，注意符合《药品广告法》和药品的特殊性，并注意体验营销的几大要素要结合药品本身的属性。

目标检测

一、选择题

（一）单项选择题

1. 在了解搜索引擎自然排名机制的基础上，使用网站内及网站外的优化手段，使网站在搜索引擎的关键词排名提高，从而获得流量，进而产生直接销售或建立网络品牌是指（　　）。

   A. 搜索引擎营销　　　　　　　　B. 季节性

   C. 流行性　　　　　　　　　　　D. 搜索引擎优化

2. 通过寻找消费活动中导致消费者情感变化的因素，掌握消费态度形成规律以及有效的营销心理方法，以激发消费者积极的情感，促进营销活动顺利进行是体验营销中的（　　）。

   A. 感情模式　　　B. 节日模式　　　C. 美化模式　　　D. 服务模式

3. 针对（　　），创建高质量内容，能迅速满足用户需求。

   A. 用户群体的类型　　　　　　　B. 用户群体的性别

   C. 用户群体的年龄　　　　　　　D. 用户群体的特点

4. 建立在互联网基础之上，借助于互联网特性来实现一定营销目标的营销手段是指（　　）。

   A. 网络营销　　　B. 关系营销　　　C. 体验营销　　　D. 饥饿营销

5. 利用互联网即时聊天工具进行推广宣传的营销方式是（　　）。

   A. 自媒体营销　　B. 新媒体营销　　C. O2O 立体营销　D. 即时通讯营销

6. 网络营销更具有针对性，通过提供众多的免费服务，网站一般都能建立完整的用户数据库，包括用户的地域分布、年龄、性别、（　　）等。

   A. 收入　　　　　B. 职业　　　　　C. 婚姻状况　　　D. 爱好

7. 对企业来说，优越的（　　）模式，可以征服广大消费者的心，取得他们的信任，同样也可以使产品的销售量大增。

   A. 服务　　　　　B. 体验　　　　　C. 沟通　　　　　D. 情感

（二）多项选择题

1. 关系营销遵循的原则包括（　　）。

   A. 主动沟通　　　B. 互惠　　　　　C. 承诺信任　　　D. 设立条件

2. 体验营销指通过（　　）的手段，充分刺激和调动消费者的感官、情感、思考、行动、联想等感性因素和理性因素，重新定义、设计思考方式的营销方法。

   A. 看　　　　　　B. 听　　　　　　C. 用　　　　　　D. 参与

3. 网络营销是基于（　　）及（　　）连接企业、用户及公众，向用户及公众传递有价值的信息与服务，为实现顾客价值及企业营销目标所进行的规划、实施及运营管理活动。

    A. 网络   B. 企业   C. 公众   D. 社会关系网络

4. 绿色营销组合策略包括（　　　）。

    A. 绿色管理   B. 绿色服务

    C. 绿色产品和品牌策略   D. 绿色促销策略

二、思考题

1. 简述网络营销的主要优势。

2. 简述绿色营销的管理。

书网融合……

      微课   划重点   自测题

参考答案

第一章

单项选择题

1. D   2. A   3. C   4. B   5. C   6. C   7. B

多项选择题

1. ABC   2. ABCD   3. ABC

第二章

单项选择题

1. C   2. B   3. C   4. C   5. A   6. A   7. D

多项选择题

1. BCDE   2. ABCDE   3. ABCD

第三章

单项选择题

1. A   2. B   3. B   4. B   5. C   6. D   7. A   8. B   9. C   10. B

多项选择题

1. ABC   2. ABD   3. ABC

第四章

单项选择题

1. A   2. D   3. D   4. B   5. A   6. D   7. C

多项选择题

1. ABCD   2. ABCDE   3. ABCD

第五章

单项选择题

1. B   2. C   3. D   4. C   5. B   6. A   7. C   8. A   9. B   10. A

多项选择题

1. ABCD   2. ABC   3. ABCD   4. ABCDE   5. ABCD

第六章

单项选择题

1. B   2. C   3. B   4. A   5. A   6. A

多项选择题

1. ABCDE   2. ABCD   3. ABCD   4. ABC

第七章

单项选择题

1. B   2. A   3. D   4. A   5. C

多项选择题

1. ABD   2. ABD   3. ACD

第八章

单项选择题

1. D   2. D   3. D   4. C   5. C   6. B   7. A

多项选择题

1. ABC   2. ABCDE   3. ABCD

第九章

单项选择题

1. D   2. C   3. A   4. A   5. C   6. A

多项选择题

1. ABC   2. BCD   3. BCD   4. ABCD   5. BCD

第十章

单项选择题

1. A   2. A   3. D   4. A   5. D   6. A   7. A

多项选择题

1. ABC   2. ABCD   3. AD   4. ABCD

参考文献

[1] 王顺庆. 医药市场营销技术 [M]. 北京：人民卫生出版社，2015.

[2] 刘徽. 医药市场营销技术 [M]. 上海：第二军医大学出版社，2012.

[3] 乔德阳. 实用医药市场营销技术 [M]. 北京：化学工业出版社，2008.

[4] 吴虹. 医药市场营销实用技术 [M]. 北京：中国医药科技出版社，2008.

[5] 罗臻，刘永忠. 医药市场营销学 [M]. 2 版. 北京：清华大学出版社，2018.

[6] 官翠玲. 医药市场营销学 [M]. 北京：中国中医药出版社，2018.

[7] 庞海英，石立红，岳伟，等. 市场营销 [M]. 西安：西安电子科技大学出版社，2019.

[8] 甘湘宁，周凤莲. 医药市场营销实务 [M]. 北京：中国医药科技出版社，2017.

[9] 钟明炼. 药品市场营销案例 [M]. 北京：人民卫生出版社，2010.

[10] 严振. 药品市场营销技术 [M]. 北京：化学工业出版社，2014.

[11] 杨文章，林莉莉. 药品市场营销学 [M]. 北京：中国医药科技出版社，2015.

[12] 董国俊. 药品市场营销学 [M]. 北京：人民卫生出版社，2013.

[13] 崔译文，邹剑峰，马琦. 市场营销学 [M]. 广州：暨南大学出版社，2019.

[14] 吴红雁. 药品市场营销 [M]. 上海：复旦大学出版社，2012.

[15] 刘兰茹. 处方药营销与实务 [M]. 北京：人民卫生出版社，2011.